아마존 최후의 부족

THE LAST OF THE TRIBE

아마존 최후의 부족
THE LAST OF THE TRIBE

| 몬테 릴 지음 · 정회성 옮김 |

Archive

나의 가족에게

슬픈 열대의 마지막 생존자, '구덩이 인디언' 구출기

아마존 최후의 부족

아무렇게나 자란 녹색의 양치식물과 야자수 잎 뒤에서 마른 가지가 부러지는 소리가 났다. 그것은 개미잡이새의 지저귐, 잎사귀가 부딪히는 것 같은 곤충의 날갯짓 소리, 한 사람의 숨소리 등에 섞여 날카로우면서도 부자연스럽게 들렸다.

남자는 팔꿈치는 다리에, 턱은 손목에 괸 채 생각에 잠긴 얼굴로 쪼그려 앉아 있었다. 그러다 나뭇가지 부러지는 소리가 나자 화들짝 놀라서 경계 태세를 취했다.

사람들이 그를 잡으려고 살금살금 다가오고 있었다. 그는 나뭇잎 사이로 화려한 색상의 옷을 걸친 남자들의 윤곽을 보았다. 그들 중 한 명이 휘파람을 불어 가늘게 떠는 소리를 냈다.

그는 움막의 가장자리를 돌아서 안으로 들어갔다. 손에 무기를 쥐기 위해서였다. 그는 활을 쥔 채 야자수 잎과 잡초를 얼기설기 엮어 만든 벽 틈으로 밖을 내다보았다. 남자들은 그가 알아들을 수 없는 말을 하면서 점점 가까이 다가왔다. 그는 화살을 시위에 메겼다. 그러고는 날카로운 화살촉을 벽 틈에 찔러 넣고 남자들을 향해 시위를 잡아당겼다.

밖에 있는 남자들이 뭐라고 소곤거렸다. 어느 순간 그는 그들을 보았고, 그들은 그를 보았다. 남자들은 움막 밖으로 튀어나온 화살촉을 발견하고 목소리를 한껏 낮추었다. 잠시 뒤, 그들은 손바닥을 위로 향한 채 천천히 다가왔다. 그러다 그가 화살을 움직이자, 흠칫 놀라서 뒤로 물러섰다. 그가 그들을 못 믿는 만큼, 그들 또한 그를 믿지 못하는 모양이었다.

수적 열세에다 포위까지 당한 그는 얼어붙은 듯 움막 안에 서 있었다. 그만 활을 내려놓고 밖으로 나가서 평화를 도모해야 할까? 아니면 전쟁을 선포해야 할까?

그는 활시위를 당긴 채 두 시간 동안 마비된 듯 꼼짝하지 않았다. 그러다 마침내 활을 내려놓았다.

"우리에게는 야성이라는 강장제가 필요하다. ……우리는 모든 것을 알아내고 탐색하기를 갈망한다. 그러면서도 모든 것이 신비에 싸인 채 탐색되지 않기를, 육지와 바다가 무한의 야성을 띤 미개척 상태로 남아 있기를 바란다."

—헨리 데이비드 소로의 《월든》 중에서

야생을 택한
사람들

THE LAST OF THE TRIBE

모든 것은 아마조니아* 남부에 흩어져 있는 마을에 말라리아 구제용 약품을 전달하던 보건국 직원이 우연히 주워들은 이야기에서 시작되었다. 1996년 중반 무렵이었다. 그는 볼리비아 국경 근처인 브라질의 과포레밸리에 있는 목재 하치장에 들렀다. 그리고 그곳 벌목꾼들에게서 그 부근의 열대우림 지대를 홀로 돌아다니는 원주민에 대한 이야기를 들었다.

벌목꾼들은 이따금 마호가니 나무를 찾으러 우림 지대에 들어가곤 했다. 그 원주민 남자는 야만의 벌거벗은 모습이었으며, 얼핏 보아 인디언 같았다. 하지만 어느 부족에도 속하지 않는 것처럼 보였다. 벌목

● **아마조니아**(Amazonia) 아마존 강 유역을 통틀어 이르는 말로, 아마조나스라고도 한다. 브라질, 페루, 콜롬비아, 베네수엘라, 에콰도르, 볼리비아 등지에 걸쳐 있는 열대우림에 뒤덮인 지역이다. ─옮긴이

꾼들에게 발견되었을 당시 남자는 야자수 잎과 잡초로 덮인 움막에 혼자 있었는데, 다른 사람과는 아무런 교류도 없이 지내는 것 같았다.

그 원주민 남자에 대한 벌목꾼들의 이야기는 이것이 전부였다. 그 남자의 모습을 어렴풋이 보았다는 몇 안 되는 사람들은 그가 재규어처럼 빠른데다 교활하기까지 하다고 말했다. 조금만 가까이 다가가도 금세 어둑어둑한 숲 속으로 사라져버린다는 것이었다. 그와의 조우를 명확히 묘사하는 것은 어슴푸레한 꿈을 기억해내는 것만큼이나 어려운 모양이었다. 두 눈으로 분명히 목격했지만, 세세한 것은 잘 떠오르지 않는다고 했다.

보건국 직원이 생각하기에 벌목꾼들의 이야기는 정글에 전해 내려오는 신빙성이 떨어지는 전설이나 다름없었다. 하지만 그 이야기는 목재 하치장을 떠난 뒤에도 그의 마음에 오랫동안 남아 있었다. 마침내 그는 빌헤나의 중심가로 향했다. 그곳에는 인디언 문제를 총괄하는 브라질 연방정부의 지부가 있었다. 그는 그 일대의 원주민 보호구역에 약품을 전달하던 중에 만났던 마르셀로 도스 산토스라는 담당자를 찾아갔다.

마르셀로는 숲 속에 홀로 사는 원주민에 대한 이야기를 그 자리에서 무시해버렸다. 그런 이야기는 두 번 다시 들을 필요도 없는 헛소문이라는 것이었다. 마르셀로의 업무는 브라질 주류 사회로부터 완전히 배제된 채 숲 속에 고립되어 사는 인디언 부족의 위치를 확인하는 것이었다. 그는 현장 요원들로 구성된 소규모의 팀을 이끌고 있었다. '과포레 연락대'라고도 불리는 이 팀은 '푸나이(FUNAI)'로 알려진 '브라질 원주민 인권보호단체'에 소속되어 고립된 인디언 문제를 담당하는 부서*내의 다섯 탐사대 중 하나였다. 고립된 인디언 담당 부서는 1988년 인디언에 대한 새로운 법이 승인되기 직전에 창설되었다. 새로운 법*에는 열대우림 지대의 어느 지역에 인디언이 살고 있다면 그곳은 그들의 소유이며, 외부인은 절대로 간섭할 수 없다고 규정되어 있었다. 그런데 여기에는 이 새로운 법을 제정한 의도를 완전히 무화시킬 만한 취약점이 도사려 있었다. 브라질의 상당 부분을 차지하는 거대한 아마존*에 얼마나 많은 부족이 살고 있는지 아는 사람

● 푸나이(FUNAI) 내의 이 부서는 1987년에 공식적으로 만들어졌다. 푸나이는 브라질 연방정부의 법무부 산하에 있다.

● 1988년에 승인된 이 법의 제231조에는 다음과 같은 사항이 명시되어 있다.
"인디언들은 그들의 사회 조직, 관습, 언어, 신조, 전통을 인정받아야 한다. 그들이 전통적으로 점유하고 있는 토지에 대한 고유의 권리 역시 인정받아야 한다. 이에 연방정부는 토지에 대한 경계를 설정하고 인디언들의 모든 재산을 소중하게 여기며 이를 법으로 보장해야 한다. 전통적으로 인디언들이 점유하고 있는 토지는 그들이 영구히 사는 땅이고, 그들의 생산 활동을 위해 사용되는 땅이며, 그들의 관습과 전통에 따라 그들의 행복과 종족 유지 및 문화 복원에 필요한 환경 자원을 보존하는 데 없어서는 안 되는 땅이다. 전통적으로 인디언들이 점유하고 있는 땅은 영구히 인디언들의 소유인 만큼 그들은 그 땅에 있는 풍부한 흙과 강과 호수에 대한 독점 사용권을 지닌다." 또한 이런 내용도 있다. "인디언들을 그들의 토지에서 몰아내는 행위를 금한다. 단 국회의 재고가 필요할 때, 즉 국민을 위태롭게 하는 재앙이나 전염병이 발생한 경우 또는 국가의 자주권이 걸려 있는 경우에는 국회의 결정에 따라 예외로 한다. 위험 요인이 없어지면 어느 경우를 막론하고 즉각 토지를 돌려줄 것을 보장한다."

● 아마존은 아홉 개 국가, 즉 브라질, 페루, 콜롬비아, 베네수엘라, 에콰도르, 볼리비아, 가이아나, 수리남, 프랑스령 기아나의 일부 지역에 걸쳐 있다. 아마존 열대우림 지대의 경계는 기관과 독립체마다 다르게 설정되어 있다. 면적의 어림치는 관례상 약 650만 제곱킬로미터(이 수치는 2007년 뉴욕의 랜덤하우스에서 출간한 마크 런던과 브라이언 켈리의 저서 《숲 그리고 희망(The Last Forest: The Amazon in the Age of Globalization)》 21쪽을 포함해 많은 자료에 사용되었다)에서 824만 제곱킬로미터(열대우림 관련 정보의 개요를 다루는 인터넷 사이트 Mongabay.com에서 사용된 수치로, 웹페이지 주소는 www.rainforests.mongabay.com이다), 936만 제곱킬로미터(앤드루 레브킨이 1990년 보스턴의 휴턴미플린에서 출간한 그의 저서 《The Burning Season: The Murder of Chico Mendes and the Fight for the Amazon Rain Forest》 7쪽에 사용한 수치)에 이른다. 출처는 저마다 다르지만 어떤 어림치를 사용했느냐에 관계없이 아마존 우림의 대부분(약 60퍼센트)이 브라질 안에 있다는 점에서는 일치된 의견을 보인다.

은 아무도 없었다. 따라서 그들이 어느 정도의 토지에 대해 소유권을 주장할 수 있는지도 불투명했다. 만일 어느 목축업자가 목초지로 개간하려는 숲 속에서 아직 아무에게도 알려진 적 없는 원주민 부족을 만난다면, 그는 당연히 정부가 원주민의 존재를 공식화하기 전에 그 원주민을 쫓아내려고 할 터였다. 결국 '과포레 연락대'는 개척민과 원주민 사이의 이러한 충돌을 완화시키기 위해 창설된 팀이었다.

마르셀로와 알테어

마르셀로는 1994년, 마흔두 살이 되던 해에 팀의 지휘를 맡았다. 당시 그는 푸나이에서 현장 요원으로 20년째 일하고 있었다. 그런데 누구나 그를 만나면, 그가 빌헤나의 사교계를 주도하는 단정한 목장주들과는 전혀 어울리지 않는 인물임을 알 수 있을 터였다. 그는 머리를 멋대로 길렀고, 대학 때부터 기른 금빛 턱수염도 몇 년 동안 다듬지 않은 채 내버려두었다. 그의 왼쪽 귓불에는 나무껍질을 세공해서 만든 귀걸이가 매달려 있었는데, 이는 그가 10년 넘게 어울려 지낸 남비콰라 부족이 사용하던 것이었다. 옆에서 말리는 사람이 없다면 그는 맨발로 시내 중심가를 누비고 다닐 터였다. 그런 자유분방함 탓에 몇몇 농부는 그를 '히피'라고 불렀다. 또 어떤 사람들은 좀 더 강도 높게 그를 흉보았다. 이를테면 그는 '인디언이 되고 싶어 하는 히피'라는 것이었다. 따지고 보면 크게 틀린 말도 아니었다.

알테어 알가예르는 마르셀로의 최측근이었다. 스물세 살의 청년인 그는 마르셀로의 전임자 밑에서 일했는데, 생의 대부분을 혼도니아 숲과 그 주변에서 보냈다. 알테어는 정규교육을 4년밖에 받지 않았지만 스펀지 같은 이해력을 지니고 있었다. 게다가 무엇이든 척척 해냈다. 트럭이 고장 나면 그 즉시 고쳤고, 연락대가 정글에 샤워장과 화장실이 딸린 야영 시설을 설치할 때도 그가 계획하고 마무리를 지었다. 먹을 것이 없을 때 멧돼지를 쫓거나 들짐승을 사냥하는 것도 그였다. 그는 마르고 호리호리한 체격이었지만 짐을 나르는 노새처럼 힘이 센데다 끈기가 있었다. 그래서인지 마르셀로는 알테어가 동행하지 않으면 탐사에 나서려고 하지 않았다.

1995년 9월, 마르셀로와 알테어는 두 명의 자그마한 인디언 부족민과 마주쳤다. 두 인디언은 그때까지 외부인과 평화적으로 마주친 적이 없었다. 당시만 해도 브라질에서 외부인과 인디언 부족이 조우하는 건 극히 드문 일이었다. 그 사건은 10년, 아니 몇십 년에 한 번 일어날까 말까 한 일이기 때문에 각국의 언론이 큰 관심을 보였다. 그리고 그 사건으로 인해 브라질 정부는 과포레 연락대의 존재 가치를 인정했고, 푸나이가 새로운 개척지를 원주민 보호구역*으로 선언하기 위해 합법적으로 일하고 있다는 점도 인정하게 되었다. 아울러 마르셀로와 알테어는 그 사건을 통해서 외부인이 탐험을 시작한 지 거의 500년이 넘은 지금도 여전히 정글에는 신비함이 남아 있다는 사실을 확인했다.*

---

* 1996년 7월 약 502제곱킬로미터의 지대가 토착민 보호구역으로 공인되었다.

보건국 직원이 빌헤나에 도착해서 그 유령 같은 사람이 인디언일지도 모른다는 소문을 전했을 때, 마르셀로는 누구보다도 주의 깊게 들었다. 마르셀로가 호기심을 보이자 보건국 직원은 더 자세한 사실을 알려줄 만한 사람의 이름을 가르쳐주었다.

마르셀로는 알테어와 함께 그 사람을 찾아가보기로 했다. 차를 몰고 갔다올 경우 하루나 이틀이면 충분할 것 같았다.

마르셀로는 찌그러진 도요타 4륜구동 자동차의 운전석에 앉았다. 도요타는 차들의 바퀴 자국으로 울퉁불퉁한 흙길을 달렸다. 알테어는 옆 좌석에 앉아 있었다. 태양은 뜨겁게 이글거렸다. 열어놓은 차창으로 밀려드는 바람은 조금도 시원하지 않았다. 그저 먼지와 자동차 엔진의 목쉰 듯한 소음만 실어다줄 뿐이었다. 시끄러운 엔진 소리 탓에 이야기를 나누기가 힘들었다. 경쟁하듯 서로 고래고래 소리를 지르는 게 대화의 전부였다. 두 사람은 늘 카세트테이프를 상자 가득 싣고는 스테레오의 볼륨을 최대로 올리고 다녔다.

자동차 스피커에서 울려나오는 첫 번째 노래는 언제나 정해져 있었다. 브라질 사람이라면 누구나 금세 알 만한 노래였다. 그것은 호르헤 벤이 부르는 〈열대의 나라〉로, 브라질 사람들에게는 애국가나 마찬가지였다. 특히 1960년대 후반에 유행했던 '흙으로 돌아가자'라는 구호에 익숙한 마르셀로 세대의 사람들에게는 더욱 그러했다. 마르셀로는

●유럽인들이 아마존에 발을 들여놓기 오래전부터 토착민이 그 지역의 오지를 탐험하고 있었던 듯하다. 오랜 시간에 걸친 유럽 최초의 아마존 탐험은 1541년에 시작되었다. 그 주인공인 프란시스코 데 오레야나와 그의 대원들은 아마존 강에서 대서양에 이르는 지역을 여행했다.

마치 옛 친구를 소리쳐 부르듯 "호르헤!" 하고 외쳤다.

> 나는 열대의 나라에 산다네
> 신이 축복하고 자연이 아름다운 나라
> 아, 얼마나 아름다운가!

　강변 지대는 자연과 신이 아낌없이 축복한 땅이었다. 삼라만상이 극단적으로, 유감없이 드러나 있었다. 꽃은 열대우림 지대의 기후를 한껏 즐기며 화려하게 피었고, 나무는 우람하게 자라 있었다. 그 땅은 거의 모든 종류의 생명체를 품고 있었다. 등나무 줄기처럼 얽혀 있는 리아나, 바람에 가볍게 흔들리는 양치식물, 형광 빛을 내뿜는 이끼, 휘어진 가지에 매달린 큼지막한 열매를 비롯해 오실롯, 토코투칸, 맥(貘), 나무늘보, 원숭이, 페커리, 아르마딜로, 악어 등 다양한 종류의 동물이 넘쳐났다. 이런 것들은 조금만 눈여겨보아도 열대우림 지대 어디에서든 쉽게 목격되었다. 과학자들과 환경운동가들은 동식물과 미생물까지 포함해 전 세계의 모든 생물종 가운데 3분의 1에서 2분의 1이 아마존에서 발견된다고 말한다.● 그러나 이는 어디까지나 추측에서 나온 말이다. 아마존에 서식하는 모든 생물을 조사하고 분류하는 일은 불가능하기 때문이다. 물론 증명되기 어렵기는 해도 그들의 진술

●이에 대한 통일된 수치는 없다. 여러 과학 기관과 생태계 보존 기관의 수치를 인용하는 언론 보도는 대부분 '최소 30퍼센트'(2007년 8월 10일 AP통신사)에서 '3분의 1 이상'(2008년 1월 1일 자 《스미스소니언》지 78쪽), '거의 절반'(1998년 4월 23일 《볼티모어선》지 2A쪽) 등의 수치로 고정되어 있다.

자체는 본질적으로 사실이다. 아마존에는 그 어디든 생명력이 넘치고, 제아무리 야심만만한 분류학자라 할지라도 압도될 만하다.

하지만 모든 사람이 아마존이 지닌 생명력을 무작정 좋게 평가하지는 않았다. 오래전 아마존의 이 열대우림 지대는 '녹색 지옥'이라는 별명●을 얻었다. 이는 '생명으로 가득한 곳'이 아니라 '생명이 썩어가는 불길한 웅덩이'에 비유하고 싶어 하는 사람들이 붙인 별명이다. 이 열대우림 지대에서는 탄생과 죽음의 순환이 뒤얽힌 채 끝없이 이어진다. 그래서 탄생과 죽음을 구분하기 어렵고, 그 차이도 분명하지 않다. 무언가가 죽으려 하면 금세 다른 것이 생겨나곤 한다. 죽어가는 나무의 몸통은 균류에 의해 점령되고, 나무는 어느새 균류 자체가 되어버린다. 페커리가 마지막 숨을 거두는 순간 그 몸에는 풍뎅이가 들끓고, 그 자리에는 눈 깜짝할 사이에 풍뎅이 떼밖에는 아무것도 남지 않는다. 이 지대에서는 개별적인 구분은 거의 할 수 없다. 따라서 분명하면서도 깔끔하게 경계 지어진 세계를 좋아하는 사람들은 불편을 느낄 수밖에 없다. 그런 사람들에게 야생이란 길들여지고 정복되어야 마땅한 그 무엇일 것이다. 그리고 문명과 야만은 별개일 수밖에 없을

●이 별명은 수년 동안 아마존을 따라다녔다. 이것은 또 제임스 웨일이 감독하고 더글러스 페어뱅크스 주니어가 주연을 맡은, 아마존 모험가들에 관한 1940년도 영화의 제목으로도 사용되었다. 1966년 4월 22일 자 《타임》지에는 "아마존은 잊혀지고 버려진 절망의 열대우림 지대"지만 "봄철 홍수처럼 아마존을 휩쓸고 있는" 도로 공사와 산업 발전을 통해 장밋빛 미래가 펼쳐질 것이라는 기사가 실렸다. 기사의 내용을 좀 더 소개하자면 이렇다.
"브라질의 녹색 지옥은 수세기 동안의 잠에서 깨어나고 있다. 새로운 도로가 오지 안으로 쭉쭉 뻗어가고, 건물들이 우후죽순으로 들어서고 있다. 또 새로운 학교와 병원이 가난한 카보클로(아마존의 소작농)를 맞이하기 위해 문을 활짝 열어두고 있다."

것이다.

마르셀로와 알테어는 그 같은 견해를 거부하는 사람들이었다. 그들은 자동차 스테레오에서 흘러나오는 호르헤 벤의 노래를 계속 따라 불렀다. 그들이 부르는 것은 낙원도 지옥도 아닌 숲에 대한 노래였다. 물론 그들의 지도에서 숲은 지옥보다 낙원에 좀 더 가까운 곳에 있었다. 그리고 그들이 노래하는 〈열대의 나라〉는 만물이 생장하는 이 우림 지대였다.

그러나 차를 몰고 목재소로 향하는 그들 곁을 스치고 지나는 풍경은 노래 가사와 맞아떨어지지 않았다. 그것은 열대의 풍경도 아니었고, 아름답지도 않았다. 그저 죽은 땅일 뿐이었다.

개발 붐

바로 최근까지 사방 몇 킬로미터에 걸쳐서 숲이었던 자리는 까맣게 타다 만 나무 그루터기들뿐인, 잿빛의 묘지나 다름없었다. 나무와 풀이 트랙터에 무참히 뭉개지거나 전기톱에 베어져서 불태워졌다. 울창한 나무로 가려졌던 지평선에는 아지랑이 같은 연기만 쓸쓸하게 피어오를 뿐이었다. 숲가는 여전히 불타고, 개척지의 면적은 매일 눈에 띄게 넓어져갔다.

비교적 불에 잘 견디는 아쿠리라는 야자수가 불에 탄 땅바닥 위에 흉물스럽게 서 있는 모습이 심심찮게 눈에 띄었다. 공터마다 베어진 나무가 아무렇게나 흩어져 있었고, 나무를 운반할 대형 트럭이 늘어서 있었다. 마르셀로와 알테어는 하루 동안 이루 헤아릴 수 없이 많은 트럭을 보았다. 그런 트럭은 숲을 밀어내고 사방으로 도로를 내는 데도 쓰였다.

두 사람은 도로변에 흩어져 있는 회색의 움막 앞을 지나곤 했다. 움막들은 모두 살짝만 건드려도 금세 무너져 내려 불쏘시개로 쓰일 것처럼 허술해 보였다. 움막에는 지역 전체에 박테리아와 더불어 늘어나는 목축업자들에게 고용된 노동자들이 거주하고 있었다. 20여 년 전만 해도 혼도니아는 인구가 가장 적은 삼림 지대였다.[●] 그런데 지금은 농업 부흥의 중심지로 탈바꿈했다. 특히 여기저기 새 도로가 펼쳐짐에 따라 아마조니아의 이 지역에 미국 서부 개척 시대를 연상케 할 정도로 수많은 사람들이 쏟아져 들어왔다.

어디에나 신흥 도시가 우후죽순처럼 생겨났다. 도로변의 싸구려 맥줏집에서는 걸핏하면 싸움판이 벌어졌다. 그런 술집은 엉성한 슬레이트 지붕에 몇 개의 플라스틱 의자와 낡은 수영장용 테이블만 놓여 있을 뿐이었다. 목재소로 가는 길의 추핀구아야 시내에 가까워지자 그 같은 술집이 자주 눈에 띄었다. 마르셀로와 알테어는 그런 술집을 수없이 지나쳤다. 1년 전만 해도 추핀구아야는 지도에 존재하지 않았다. 브라질 정부가 그곳을 자치구로 선포한 것은 겨우 몇 달 전의 일이었다. 지역 주민들은 그곳을 '뱅뱅 타운'이라고 불렀다. 아무튼 추핀구

●1981년 혼도니아가 주로 선포되기 전에 현재의 혼도니아를 포함한 그 일대는 마투그로수 주의 일부였다. 사람들은 그 지역을 혼도니아 주를 가로지르는 과포레 강의 이름을 따서 '과포레'라고 불렀다.

아야는 브라질의 개척 시대에 초라한 변방에 흩어져 있던 그만그만한 마을 중 하나였고, 볼일이 있는 외부인들이 드나드는 곳이었다. 당시는 추핀구아야의 인구가 얼마인지 정확하지 않았다.● 기껏해야 몇백 명 정도일 터였다. 그런데 주말 밤이면 사람들이 크게 늘었다. 주말 밤만 되면 근처의 목장 노동자들이 술집으로 몰려들었다. 그리고 일요일 아침이면 볼 만한 광경이 펼쳐졌다. 동이 틀 무렵 황폐한 중앙 광장을 걷노라면, 흙먼지 속에서 밤을 지새운 노동자들이 아무렇게나 널브러져 자는 모습을 흔하게 볼 수 있었다. 하지만 그곳을 '무법 지대'라고 할 수는 없었다. 그것은 정확한 표현이 아니었다. 엄연히 법이 있었다. 1982년 혼도니아가 주로 인정되었을 때 많은 법이 제정되었다. 정확히 말하자면 법이 없는 것이 아니라, 법이 지켜지도록 감독할 인적 자원이 부족했던 것이다.

개발 붐을 타고 해서 안 되는 일은 없다는 식의 분위기가 숲 지대에까지 팽배했다. 지역의 목축업자들은 개인 비행기를 사용해서 '2,4,5-트리클로로 페녹시아세트산(2,4,5-T)'을 나무에 살포하는 것으로 알려졌다. 그것은 국제적으로 사용이 금지된 고엽제인 에이전트 오렌지● 였다. 그런데 그보다 더 나쁜 것은, 화학물질을 담았던 빈 플라스틱

● 추핀구아야 마을은 1996년부터 혼도니아의 391번 고속도로 주변에 자리 잡고 있다. 몇 해 전 브라질 지리통계학 연구소는 2008년 7월 1일 기준으로 그 마을의 인구가 7633명이라고 발표했다.
● 에이전트 오렌지(Agent Orange) 1960년대 베트남전에서 미국이 사용했던 고엽제를 일컫는 말이다. 다이옥신 계열의 제초제들인 고엽제의 이름은 이들을 저장한 55갤런 드럼통을 두른 띠 색깔에 따라 에이전트 오렌지, 에이전트 화이트, 에이전트 블루 등으로 불렸고, 이 가운데 에이전트 오렌지가 가장 많은 양이 살포되어 고엽제의 대명사가 되어왔다.—옮긴이

통들을 그 지역의 한 부족이 가져가서 물을 저장하는 데 썼다는 사실이다.● 그 부족은 통에 조그맣게 인쇄된 '재사용 금지'라는 경고문을 알아차리지 못했던 것이다. 개척자들은 당당하게 그런 짓을 일삼았지만, 한 사람도 처벌받지 않았다.

마르셀로와 대원들은 경찰이 아니기 때문에 이렇다 할 권한이 없었다. 그러나 불법적인 삼림 벌채나 환경 범죄를 목격하면 주의를 주거나 연방 검사에게 기소를 요청하곤 했다. 경찰이 있기는 했다. 하지만 그 역할을 했다고는 볼 수 없었다. 명백한 증거물, 예를 들어 특정 소유주에게 등록된 땅 고르는 기계나 전기톱 같은 도구는 경찰이 조사하러 오기도 전에 감쪽같이 치워졌다. 그런 일이 빈번하게 발생하자 마르셀로는 참다못해 빈센트 카렐리를 초청했다. 빈센트는 전직 푸나이 직원으로, 다큐멘터리 영화에 대한 열정이 대단한 사람이었다. 그는 마르셀로의 요청에 따라 과포레 연락대 대원들의 여행에 동참해서 비디오카메라로 증거물을 확보해나갔다. 그런 탐사 활동은 당연히 목축업자와 벌목꾼들의 심기를 불편하게 했다. 과포레 연락대는 발전과 성장을 가로막는 장애물이라는 인식이 혼도니아 전역에 빠르게 퍼져나갔다.

마르셀로와 알테어가 그 인디언에 대한 이야기의 사실 여부를 알아보기 위해 목재소로 가기로 결정하기 전에도, 그 지역의 몇몇 목축업

●화학물질 살포와 빈 플라스틱 통에 관련된 정보는 David Price의 *Before the Bulldozer: The Nambiquara Indians and the World Bank* (Cabin John, Md.: Seven Locks Press, 1989), p. 120에서 참고한 것이다.

자는 과포레 연락대를 공개적으로 비난했다. 그들의 주장은 과포레 연락대가 그 지역 전체의 경제적인 이익보다 소수 인디언의 이익을 더 중요하게 여긴다는 것이었다. 바로 한 달 전 두 대원이 고립된 인디언을 발견했을 때, 그 지역의 토지 소유권을 주장하는 목축업자들이 자신들의 권리를 방어하기 위해 똘똘 뭉쳤다. 그들은 변호사까지 고용했다. 정부가 약 500제곱킬로미터의 땅을 원주민 보호구역으로 확정한 것을 개발 제한으로 판단하고는 싸우기로 작정했던 것이다. 목축업자들의 입장은 분명했다. 과포레 연락대는 그들의 적이었다.•

숲 속으로

1995년 9월 3일, 마르셀로와 알테어는 고립된 채 생활하는 카노에 인디언들과 최초로 접촉했다.• 이 인디언 부족은 겨우 다섯 명만이 생존해 있었다.

평화적이었던 그 만남 또한 소문으로부터 시작되었다. 마르셀로와 알테어가 카노에 부족을 찾으러 출발하기 전, 많은 사람들이 그 지역에 원주민들이 살고 있다고 믿었다. 하지만 실제로 목격한 사람은 아

• 카노에와 아쿤추 부족의 마을 인근 지역에 사유지가 있는 목축업자들은 변호사 오데어 플라우지노를 돈으로 매수했다. 플라우지노는 목축업자들을 대표하여 이미 설정된 마을의 경계에 대해 이의를 제기했다. 그리고 여러 언론 매체를 이용해 과포레 연락대가 하는 일을 강도 높게 비난했다.
• 이 책에 실린 모든 대화를 비롯해 시각적·청각적 내용까지, 과포레 연락대와 카노에 부족의 조우에 대한 세부적인 설명은 빈센트 카렐리가 찍은 영상을 참고한 것이다.

무도 없었다. 마르셀로는 설령 원주민들이 있다손 치더라도, 시시각각 숲 깊숙이 잠식해 들어오는 개발 세력에 의해 그들의 생존이 크게 위협받을 거라고 생각했다.

마르셀로와 알테어, 그리고 그들의 여정을 비디오카메라에 담는 빈센트 카렐리는 오메레 강변 근처의 숲을 탐사했다. 마르셀로가 앞장서서 무성한 덤불 속으로 이어진 한 줄기 오솔길을 따라 걸었다. 오솔길은 얼핏 보기에 멧돼지나 그 밖의 짐승들이 숲을 드나들면서 생긴 것 같았으나, 자세히 보면 그와는 약간 달랐다. 길 양쪽의 부러진 나뭇가지와 덩굴이 땅바닥에서 1미터도 넘는 높이에 있었다. 그 숲에 깃들여 사는 동물 가운데 그만한 높이에 닿을 만큼 키가 큰 종은 없었다. 사람에 의해 만들어진 길임이 분명했다.

마르셀로 일행은 사흘 동안 시내를 건너고 오솔길을 걸으며 어디로 가는지도 모른 채 더 깊은 숲 속으로 들어갔다. 일행이 불에 탄 흔적이 있는 곳에 당도한 것은 사흘째 되는 날 아침이었다. 불에 탄 땅바닥은 흰색의 부드러운 재로 덮여 있었고, 야트막한 잿더미 한가운데에는 생긴 지 얼마 안 되는 듯한 사람의 맨발 자국이 찍혀 있었다. 일행은 무거운 짐을 덜기 위해 꼭 필요한 것만 챙겨서 더 깊이 들어가보기로 했다. 알테어는 22구경 윈체스터 총을 왼쪽 어깨에 메고, 오른손에는 정글용 칼인 마체테를 들었다. 그는 계속 마체테를 휘둘러 오솔길을 덮은 덩굴과 가지를 쳐냈다.

일행은 신중하게 경계하면서 조금씩 앞으로 나아갔다. 낯선 방문자들과 원주민의 조우는 위험한 일이었기 때문이다. 브라질의 역사에 기록된 외부인과 원주민의 첫 접촉은 폭력과 파괴로 점철되어 있었다. 1980년대 초반 푸나이 소속의 탐사대는 혼도니아에서 우루에우 와우와우 인디언의 화살 공격을 받았다.● 작은 갈고리 모양의 화살촉 에는 쿠라레라는 독이 묻어 있었다. 그 같은 사건은 흔하게 발생했다. 그런데 폭력은 인디언 쪽에서 일으킨 것이 아니었다. 대부분의 폭력 은 낯선 방문자들에게서 비롯되었다. 예를 들어 혼도니아의 무모한 광산업자들은 카타울루 남비콰라 인디언들을 잔인하게 짓밟고 그들 의 재산과 토지를 강탈했다. 광산업자들은 원주민들이 금을 숨겨두고 있다고 믿었다. 그래서 원주민들을 무자비하게 고문하기도 했다. 개 발 예정 구역에서 인디언들을 몰아내기 위해 고용한 총잡이들이 저지 른 만행에 대한 이야기는 신흥 개발 지역 어디에서든 흔하게 들을 수 있었다.●

"이것 좀 봐!"

앞장서서 가던 마르셀로가 걸음을 멈추고 나무 한 그루를 자세히 들여다보았다. 그는 나무의 몸통에서 인디언이 남긴 흔적 중 가장 일 반적인 특징이랄 수 있는 것을 찾아냈다. 속이 빈 몸통에는 쐐기 모양 으로 잘린 흔적이 남아 있었다. 나무 속에 든 벌집에서 꿀을 꺼내기 위해 만든 것이 분명해 보였다.

● 이 공격에 관한 자세한 설명은 Adrian Cowell의 *Decade of Destruction* (New York: Henry Holt, 1990), p. 115에 실려 있다.

● 이것은 존 헤밍(John Hemming)의 저서 *Die if You Must: Brazilian Indians in the Twentieth Century* (London: Pan Macmillan, 2004), p. 577에 실린, 인디언들과 일부 브라질 사람들의 대립 에 관한 여러 이야기 가운데 하나다. 존 헤밍의 이 책은 브라질 인디언에 관한 3부작 중 세 번째 작품이다. 첫 번째와 두 번째 작품의 제목은 각각 *Red Gold*와 *Amazon Frontier*다. 브라질 인디 언에 관한 영어 정보를 얻으려면 존 헤밍의 저서를 참고하는 게 가장 좋다.

마르셀로는 다시 걸음을 옮기다가 갑자기 얼어붙은 듯 멈춰 서서 뒷사람들에게 조용히 하라는 신호를 보냈다. 그는 몸을 앞으로 숙이고 허리를 굽힌 뒤 귀를 기울였다. 그러다 뒷사람들이 바짝 다가서자 재빨리 뒤돌아보며 잠자코 있으라는 손짓을 했다.

"조용히 물러서!"

일행이 서 있는 오솔길 앞에 누군가가 있었다. 마르셀로는 머뭇거리다가 한 걸음 내딛었다. 잎이 무성한 맞은편 덤불에 사람들이 있었다. 그들은 소리를 내지 않으려고 애쓰는 듯했다.

위장하기 위해 잎사귀로 몸을 가린 인디언들이었다. 몇 명인지는 알 수 없었다. 한둘일 수도 있고, 어쩌면 열두 명이나 그 이상, 아니 부족민 전체일 수도 있었다. 그들은 아무것도 눈치채지 못했을 수도 있지만, 방어 태세를 취한 채 화살을 쏠 준비를 하고 있을 수도 있었다. 늘 그랬던 것처럼 그때는 원주민과의 첫 만남이 성공이냐 비극이냐를 결정하는 아주 중요한 시점이었다. 1970년대부터 120명의 푸나이 직원 가운데 상당수가 아마존에서 인디언에게 목숨을 잃었다. 마르셀로는 그런 사실을 잘 알고 있음에도 전진해야만 했다. 과포레 연락대가 좋은 의도를 갖고 있다는 사실을 인디언들에게 알려야만 했던 것이다.

"후우우!"

마르셀로가 소리쳤다. 오솔길 끝에 누가 숨어 있든 간에 우호적으로 접근한 이쪽의 존재를 알리기 위해서였다. 아무런 응답이 없었다. 마르셀로는 "휘익!" 하고 휘파람을 불었다.

15미터쯤 떨어진 곳의 나뭇잎 사이로 두 얼굴이 나타났다. 남자와 여자였다. 그 둘이 대원들을 향해 조용히 다가왔다. 활을 든 남녀의 손이 가늘게 떨고 있었다.

"친구."

마르셀로가 그들에게 말했다.

두 인디언은 무표정했으나 눈을 동그랗게 뜬 것으로 보아 긴장한 듯했다. 마르셀로가 손을 움직여서 이쪽으로 다가오라는 신호를 했다. 그는 따뜻하게 미소를 지으며 평화적인 분위기를 조성하려고 애썼다. 여자가 남자에게 뭐라고 말했고, 둘은 곧 걸음을 멈추었다. 마르셀로가 다가가자 남자가 조심스레 활을 들었다. 위협하려는 게 아니라 만일의 사태에 대비해서 그런 것 같았다. 마르셀로와 대원들은 마치 의식을 치르듯 조심스럽게, 최대한 천천히 다가갔다. 인디언들은 대원들을 긴장된 시선으로 주의 깊게 바라보았다. 그러다 마침내 마르셀로가 원하는 반응을 보였다. 조심스러운 미소를 지어 보였던 것이다.

마르셀로는 움츠렸던 어깨를 펴고 호탕하게 웃었다. 인디언들이 손바닥을 위로 한 채 손을 내밀었다. 마르셀로와 알테어도 이에 답하듯 손을 내밀고는 한 걸음 다가섰다. 인디언들과 대원들이 오솔길에서 악수를 나누기 시작했다. 마르셀로는 남자 인디언의 손이 떨리는 걸 알아챘다. 나중에 알게 된 사실이지만 남자 인디언의 이름은 푸라였다. 그는 20대 청년으로 보였다. 푸라의 누이인 티라만투는 그보다 두 살쯤 위인 것 같았다. 둘 다 나무로 만든 코걸이를 한데다 귓불과 목에는 조개껍질로 만든 장신구를 걸고 있었다. 그리고 팔 윗부분에는 식물성 섬유로 된 5센티미터 두께의 띠를 두르고 있었는데, 그 한쪽에는 크고 붉은 깃털이, 다른 한쪽에는 30센티미터가량의 풀이 장식품처럼 붙어 있었다. 두 사람은 각각 사슴 가죽과 야자수 섬유질로 만든 둥그런 모자도 쓰고 있었다. 반바지도 입고 있었는데, 소금 자루로 만든 것이었다. 숲과 경계를 이루는 목초지의 가축에게 먹이기 위한 소금을 담던 자루를 주워다가 만든 모양이었다. 둘은 이전에 한 번도 외부 세계와 접촉한 적이 없었다. 그런데 그 옷차림은 수세기에 걸쳐서 숲을 돌아다니던 고무 채취업자, 광부, 목축업자의 모습을 엿본 적이 있음을 암시했다.

두 인디언은 마르셀로와 알테어의 손을 잡고 더 깊은 숲 속에 자리 잡은 그들의 작은 마을로 인도했다. 그들은 그곳에서 마르셀로 일행에게 파파야를 대접했다. 그리고 세 명의 부족민을 소개해주었다. 푸라와 티라만투는 높고 날카로운데다 활발한 목소리로 의사소통을 했다.

"바투, 바투."

티라만투가 마르셀로의 눈을 바라보더니 수수께끼 같은 웃음을 터뜨렸다. 마르셀로는 영문을 모른 채 미소만 지었다. 그는 과포레밸리에 거주하는 부족 가운데 하나인 남비콰라의 말을 할 줄 알았다. 그런데 새로 만난 원주민들의 말은 남비콰라의 그것과 사뭇 달랐다. 그래서 한마디도 알아들을 수가 없었다.

마르셀로는 한 달쯤 뒤에야 그것이 카노에 부족의 방언이라는 사실을 알았다. 하지만 이는 어디까지나 학자들이 그 언어를 연구한 끝에 내린 결론이었다.● 카노에는 1940년대에 고무 채취업자들과 충돌한 이래 그 지역에서 완전히 사라진 것으로 추측되는 부족이었다.

빈센트는 새로 만난 인디언들에 대해서 세심하게 기록했다. 빈센트의 이 기록은 나중에 획기적인 자료가 되었다. 어째서 획기적이냐면, 지방의 지주들은 원주민의 존재란 상상이 빚어낸 신화나 농업 발전에 장애가 되는 낭만적인 망상의 산물에 지나지 않는다고 주장하고 있었기 때문이다. 빈센트의 비디오 자료는 신문과 방송을 통해 전 세계에 공개되었다. 《타임》지 '아마존의 발견'이라는 제목의 기사●에는 시드니 포수엘로의 말이 소개되었다. 마르셀로의 상관인 포수엘로는 브라질리아에서 카노에 부족과의 만남을 "10년 만에 브라질에서 일어난 새로운 발견"이라고 했다. 그는 또 "우리의 접촉은 극적인 상황에서만 이루어진다"라고 하면서, 과포레 연락대가 나서지 않았더라면 카노에 부족은 토지개발자들 탓에 살아남지 못했을 것이라고 말했다.

목격자

첫 접촉을 하고 서너 달이 지난 뒤, 다섯 명의 카노에 부족이 마르셀로와 알테어를 그들의 마을로부터 6.5킬로미터 떨어진 낯선 부족의

● 푸나이는 그 언어가 카노에 부족의 것이라는 결론을 내리고 혼도니아의 또 다른 인디언 보호구역에 살고 있는 모눈치노라는 노인을 찾아갔다. 모눈치노는 포르투갈어와 카노에 방언을 구사했다. 그는 고무 채취업자들로 인해 인디언 보호구역으로 쫓겨온 카노에 부족과 50년 이상을 함께 지내왔다.
● 1995년 10월 2일 자 《타임》지 146호. "아마존의 발견: 인디언 노동자들이 열대우림 지대에서 지금껏 알려지지 않은 언어를 구사하는 한 커플을 발견하다? 새로운 부족을 발견한 것일까?(An Amazon Discovery: Indian Workers Find a Couple in the Rain Forest Who Speak No Known Language—Are They a New People?)"

마을로 데리고 갔다. 낯선 부족은 아쿤추라고 불렸는데, 겨우 일곱 명만 생존해 있었다. 아쿤추는 나체족이었다. 우루쿰 나무 열매에서 채취한 염료를 몸에 칠한데다 귀걸이를 차고 야자나무 섬유로 만든 팔찌와 발목 장식만 했을 뿐이었다. 아쿤추와 카노에는 전통적으로 적대적인 관계였다. 하지만 숲이 빠른 속도로 사라져가자, 두 부족은 생존이라는 절체절명의 목표 때문에 서로의 존재를 인정해야 했다. 그럼에도 두 부족의 수는 갈수록 줄어들었다. 수십 년에 걸쳐 전 지구를 휩쓴 개발 열풍은 원주민들의 땅에 집중되었고, 그로 인한 외부인과 원주민의 갈등은 극한에 이르렀다. 결국 두 부족은 공동의 적 앞에서 무언의 휴전을 할 수밖에 없었다.

카노에와 아쿤추 부족을 발견한 이후 마르셀로와 알테어는 그 지역을 방문할 때마다 마음이 언짢았다. 목축지 경계에 세워진 나무 문마다 자물쇠가 단단히 잠겨 있었는데, 그 수는 점점 늘어만 갔다.* 일부 목장주들은 출입문 근처에 기관총으로 무장한 경비원을 세워두기도 했다. 당연히 과포레 연락대는 그들에게 눈엣가시 같은 존재였다.

하지만 어느 누구도 목장 둘레를 돌아 목재소로 이어지는 흙먼지 길을 달리는 대원들을 막을 수 없었다. 그들은 도요타 자동차가 겨우 지나갈 수 있을 만한 너비의 판자로 만들어진 탓에 몹시 삐걱거리는 다리를 건넜다. 바퀴가 조금만 미끄러져도 대원들은 밑으로 떨어져서

●두 사람은 잠긴 문을 열 수 없었으므로 포르투벨류의 연방 검사에게 영장을 청구하곤 했다. 그 무렵 마르셀로가 법무부에 제출한 수십 건의 보고서를 보면 목장주들이 과포레 연락대 대원들에게 얼마나 많은 횡포를 부렸는지 알 수 있다.

강물에 휩쓸릴 터였다.

그들이 도착했을 때 목재소 마당에는 윙윙하는 기계음이 울려퍼지고 있었다. 그들은 마당 한가운데 있는 창고로 들어갔다. 불규칙하게 덧댄 판자 틈으로 오후의 햇빛이 흘러들었다. 무거워 보이는 앞치마를 두른 인부들이 작업을 하고 있었다. 그 흰 앞치마에 묻은 톱밥과 먼지는 인부들의 폐와 목구멍에 들어가서 그들의 집으로 고스란히 옮겨질 터였다. 지게차들이 3미터짜리 페로바 통나무를 거대한 톱이 돌아가는 컨베이어로 옮기고 있었다. 그 통나무 중에는 지름이 1.5미터나 되는 것도 있었다. 두 명의 인부가 묵직한 쇠갈고리로 통나무를 찍어서 바퀴 달린 널빤지에 올려놓으면, 그것은 자동으로 커다란 띠톱이 돌고 있는 구멍 속으로 들어갔다. 통나무가 길고 평평한 판자가 되는 것은 순식간이었다. 인부들은 숙련된 솜씨로 판자를 리프트에 실었다. 그러면 리프트가 판자를 마당에 차곡차곡 사람 키만큼 쌓았다. 하루에도 수십 번씩 수많은 목재들이 트럭에 실려 혼도니아 숲 밖으로 나갔다.[*] 목재들이 향하는 곳은 다양했다. 그것들은 상파울루에 있는 멋진 레스토랑의 의자가 되기도 했고, 뉴욕에 있는 가정의 식탁이나 런던의 커피숍 탁자가 되기도 했다.

마르셀로는 목재소 마당을 가로질러 트럭이 줄지어 세워져 있는 곳을 지났다. 그는 이리저리 두리번거리다가 마침내 마당 구석에 있는 건물을 발견했다. 그것은 거친 판자로 아무렇게나 지은 식당이었다.

● 혼도니아는 목재 산업으로 국제 시장에서 우위를 점하고 있다. 브라질 지리통계학 연구소에 따르면, 목재는 혼도니아 주 수출품의 80퍼센트 이상을 차지한다.

그 식당은 원칙적으로 공장의 일부지만 그곳에서 일하는 사람은 공장 주가 공식적으로 고용한 게 아니었다. 식당을 맡은 사람은 길슨이라는 남자로, 목재소에서 일하는 벌목꾼과 노동자들에게 식사를 제공하는 것이 그의 업무였다. 본래 길슨은 회사에 소속된 요리사였다. 맨 처음 마르셀로에게 홀로 사는 그 신비로운 인디언의 이야기를 들려준 보건국 직원의 말에 따르면, 길슨이 직접 그 인디언의 움막을 보았다고 했다.

길슨은 서른 살가량 되어 보였다. 그의 머리는 불규칙하게 이마를 가리고 있었는데, 검고 숱 많은 수염은 세심하게 손질되어 있었다. 길슨은 마르셀로 일행을 방 한가운데 놓인 합판 탁자 앞에 앉혔다. 그리고 그는 조금 떨어져서 등받이가 없는 걸상에 앉았다.

"어떻게 그 움막을 발견했습니까?"

마르셀로가 자리에 앉자마자 다짜고짜 물었다.

길슨은 목재소에 고용된 인부 몇몇이 새로운 벌목지를 찾아 숲으로 들어갔는데, 그중 두 명이 인디언을 만났다더라고 대답했다. 그 두 인부는 인디언을 제대로 보지는 못했는데, 그들이 가까이 다가서려 하자 도망쳤다는 것이었다. 그리고 근처의 나무 뒤에서 땅에 떨어져 있는 대나무 화살을 발견했다고 했다.

인부들은 겁을 집어먹고 그곳을 떠났다. 인디언이 근처에 숨어서 활을 들고 자신들을 노리고 있을지도 모르기 때문이었다. 그런데 그들은 다음 날 다시 그곳에 갔고, 길슨도 동행했다. 그때 일행은 겨우 한 사람이 살 만한 크기의 지붕 있는 움막을 발견했다.

길슨은 마르셀로가 원한다면 그 장소를 보여줄 수도 있다고 말했다. 마르셀로 일행은 길슨을 따라서 목장과 정글을 가르는 경계를 넘어 숲에 발을 들여놓았다. 그들은 며칠 동안 그 장소에 뻔질나게 드나들며, 움막을 짓고 그 안에 거주했던 원주민에 대해 알 수 있을 만한 단서를 찾아 헤맸다.

흔적

어느 날 500미터쯤 숲으로 들어갔을 때였다. 마르셀로 일행은 쐐기 모양의 구멍이 난 나무를 발견했다. 카노에 부족을 만났을 때 보았던 꿀 채취용 구멍과 같은 모양이었다. 마르셀로는 그 나무 밑의 땅바닥에서 리아나 덩굴로 만든 섬유 뭉치를 발견했다. 인디언들이 스펀지와 비슷한 용도로 쓰는 것이었다. 마르셀로는 일행에게 그것의 용도를 설명해주었다. 인디언들은 그 뭉치를 나무 구멍 속에 넣어 꿀이 스며들게 한 다음, 그것을 꺼내어 꿀을 짜는 것이다.

그 나무에서 몇 미터 더 들어가자 잎이 무성한 가지로 가려진 좁은 공터가 나왔고, 거기에는 움막 한 채가 있었다. 움막은 2미터가 조금 넘는 높이에 1제곱미터도 안 되는 크기였다. 벽은 야자나무로 되어 있었고, 지붕은 갈색의 마른 잎으로 덮여 있었다. 언뜻 보아 움막은 땅 위에 사는 거대한 새의 둥지 같기도 했다. 움막을 짓는 데 사용된 재료들은 모두 위장 효과가 뛰어난 것들이었다. 움막을 찾으려고 주의를 기울이지 않았다면 그냥 지나쳐버렸을 수도 있을 만큼 완벽한 위장이었다.

일행은 허리를 숙이고 처마 밑으로 들어가서 벽에 나 있는 비좁은 입구를 통해 안을 들여다보았다. 길슨의 말이 옳았다. 두 명 이상이 살았다면 너무 좁아서 움막이 터졌을 터였다. 바닥의 한쪽 구석에 자그마한 모닥불 흔적이 있었다. 숯의 상태로 보아 몇 주째 불을 피우지 않은 것 같았다.

그 움막에서 가장 이상한 것은 바닥 한가운데 나 있는 직사각형 구덩이였다. 그것은 1미터 조금 안 되는 길이에 너비는 약 35센티미터, 깊이는 1미터쯤 되어 보였다. 사람이 들어가 잠을 자기에는 비좁아 보였는데, 그렇다고 물건을 저장하는 데 쓰인 것 같지도 않았다. 그 구덩이는 그 지역 어떤 부족의 움막에서도 본 적이 없는 것이었다.

마르셀로는 그 움막에 다녀오고 나서 곧바로 더 긴 탐사 여행을 준비했다. 그의 생각은 확고했다. 만일 과포레 연락대가 먼저 그 인디언을 찾아내지 못한다면 다른 누군가가, 가령 지역의 지주들이 고용한 총잡이들이 찾아낼 터였다. 그 움막을 발견한 것이 대원들을 어디까지 나아가게 할지, 그 인디언의 존재에 대한 수수께끼를 밝히는 것이 얼마나 힘든 일이 될지 마르셀로는 전혀 감을 잡을 수 없었다.

대원들이 확실하게 알 수 있는 것은 그 소문이 근거 없는 뜬소문이 아니란 사실뿐이었다. 움막을 지은 미지의 인물은 최근에 더 깊은 숲속으로 쫓겨 들어간 게 틀림없었다. 아무튼 대원들은 그를 찾아나서기로 했다.

발견되었을 당시 그는 야자수 잎과 풀을 얼기설기 엮은
초가지붕의 자그마한 움막에서 홀로 살고 있었다.

2장

───────────────────

원주민들 속으로

───────────────────

THE LAST OF THE TRIBE

마르셀로는 숲에서 살아갈 운명을 타고났다. 하지만 숲과는 전혀 다른 곳에서 태어났다. 빌라 막달레나는 마치 양복 단춧구멍에 꽂힌 밝고 붉은 꽃처럼 상파울루 주변에서 가장 특색 있는 예술가 마을이었다. 다양한 예술가들이 사는 그곳 거리에는 재즈 바와 알록달록한 색채의 갤러리가 죽 늘어서 있었다. 마르셀로의 부모는 그 같은 보헤미안적인 분위기를 좋아했고, 그래서 그곳에 가정을 꾸렸다.

1964년 브라질 군부가 쿠데타에 성공해 20년 동안 이어질 독재 정권을 수립하자, 마르셀로의 아버지 도스 산토스는 아들에게 시민으로서의 저항 정신을 심어주기 시작했다. 화가이자 시립 극단의 무대 디자이너이기도 했던 그는 사회주의에 호감을 갖고 있었다. 냉전 시대의 독재 정권 아래서, 그것도 부도덕한 전쟁과 무법이 난무하는 남미에서 그런 성향은 위험천만한 것이었다. 군사 정권은 도스 산토스 집

안사람들에게 억압, 감금, 무조건적인 복종, 경직성과 야만성을 떠올리게 하는 것 외에는 아무것도 아니었다.

따라서 1974년 마르셀로가 공무원직을 얻은 것은 그들 모두에게 충격이었다. 하지만 마르셀로가 의도적으로 공무원이 된 것은 아니었다. 그것은 단지 우연일 뿐이었다.

소년 시절 마르셀로는 아버지와 캠핑 여행을 자주 갔다. 그것은 마르셀로에게 자연에 대한 사랑을 심어주었고, 이로 인해 그는 대학에서 생물학을 전공했다. 그런데 대학을 졸업하자 전공을 활용할 마땅한 일자리가 선뜻 눈에 띄지 않았다. 마르셀로는 약사나 그 계통의 연구원을 놓고 고민에 빠졌다. 그럴 즈음 포르투벨류로 간 친구에게서 연락이 왔다. 포르투벨류는 상파울루에서 북서쪽으로 2400킬로미터나 떨어진 곳인데, 그 친구는 브라질 토지개혁연구소(INCRA)에 취직할 참이었다. 그는 마르셀로에게 전화를 걸어 커다란 나무들이 들어찬 숲이 끝없이 펼쳐져 있다고 말했다. 마르셀로가 원하는 바로 그런 곳이었다.

마르셀로는 가지고 있던 것들을 대부분 팔아버렸다. 그것은 마르셀로의 아버지 눈에는 무모한 짓으로 보였다. 그러나 공산주의자를 자처하는 입장에서 대놓고 아들의 뜻에 반대할 수도 없었다. 며칠 뒤, 마르셀로는 포르투벨류의 한 버스 정류장에 서 있었다. 마데이라 강가에 있는 그 도시는 발전이 더딘 지역이었다. 배수로가 없어서 술집들이 가파른 강둑 위에 줄지어 늘어서 있었다. 그래서 저녁 무렵이면 브라질의 대중가요가 공기 중에 떠돌았고, 술 마신 사람들이 희부연 강물 위로 뛰어오르는 강돌고래를 보기 위해 손을 이마에 댄 채 햇빛을 가리곤 했다.

마르셀로는 친구 집이나 토지개혁연구소 사무실로 가려고 했다. 누가 어디 가냐고 물어도 그렇게 대답할 참이었다. 그런데 그런 곳에 가지 않았다. 그는 주소나 전화번호도 없이 누군가와 마주치기를 기대하며 햇볕에 달구어진 뜨거운 거리를 헤매고 다녔다. 그러다 푸나이 사무실을 발견했다.

자그마한 사무실은 텅 빈 채 잠겨 있었다. 마르셀로는 종종 인디언에 대해 생각했다. 인디언에 대한 그의 생각은 현실적이라기보다 모험소설에 가까웠다. 그에게 인디언들은 무엇이든 공동으로 소유하고, 아무것도 쌓아두지 않으며, 브라질 군부 정권의 관료주의와는 무관한 삶을 살아가는 사람들이었다. 그는 푸나이에 소속되어 야생의 숲 속에서 생활하는 자신을 상상해보았다. 무척 흥분되었다. 그는 이 숲이야말로 자신이 태어났어야 할 곳이라고 생각했다.

세르타니스타

마르셀로는 사무실 밖에서 한참 동안 기다렸다. 그러나 아무도 나타나지 않았다. 그는 사무실 책임자인 아포에나 메이렐레스가 리오 페쿠에노 근처의 캠프에 있다는 사실을 알게 되었다.

아포에나는 거무스름한 피부에 약간 마른 스물다섯의 사내로 덥수룩한 머리에 구레나룻을 기르고 있었다. 그는 아마존을 여행하는 사람들 사이에서는 전설 같은 존재로 2대째 세르타니스타였다. 세르타니스타는 브라질에만 있는 직업으로, 정글 탐험가인 동시에 인류학자이며 정부에 소속된 공무원을 일컫는 말이다. 그의 아버지 프란시스코 치코 메이렐레스는 1930년대부터 1960년대까지 브라질의 인디언들을 '진압'하는 다수의 탐험대를 지휘한 사람이었다.[●] 치코 메이렐레스는 인디언 동화 정책을 지지했다. 그는 인디언을 브라질 사회로부터 따로 떨어져 있게 해서는 안 된다고 주장했다. 인디언을 브라질 사회의 일원으로 받아들여야 한다는 것이 그의 생각이었다. 그는 또 인디언 보호구역이 생기는 것을 반대했는데, 이는 피할 수 없는 개발의 물결에 맞서 인디언의 저항을 부추기는 건 문제만 더 악화시키는 행위일 뿐이라는 생각에서였다. 마르셀로가 푸나이 사무실에서 치코의 아들을 만나던 당시에도 브라질의 공식적인 인디언 정책은 그 같은 견해가 지배적이었다.

아포에나는 사반테 인디언들 사이에서 전문 벌목꾼이 되도록 길러졌다. 청년으로 성장한 그는 아버지가 은퇴한 자리, 즉 숲 속을 헤치고 들어가 '평화 협정'을 주도하는 일을 이어받았다. 그러나 같은 세대의 많은 이들이 그랬듯이 아포에나도 보호주의에 완강하게 반대하는 아버지의 견해로부터 멀어져서 인디언의 존엄과 땅을 가질 권리를 인디언의 입장에서 대변하는 쪽으로 점차 기울어져갔다. 푸나이가 안고 있는 근본적인 문제랄 수도 있는 그 이중성으로 인해 그는 '걸어다니는 모순'이기도 했다. 아포에나는 인디언의 대변자인 동시에, 그 자

●아포에나의 외모에 대한 묘사와 프란시스코에 대한 내용은 존 헤밍의 *Die if You Must: Brazilian Indians in the Twentieth Century*를 참고한 것이다.

신이 인디언 문제에 직접 개입하는 것이 오히려 인디언에게는 이익보다 해가 되는 그런 존재였다. 인디언 보호 구호를 내걸고 시작된 그의 탐사 활동은 종종 폭도들이 끼어든 폭력적인 정글의 소동으로 번졌고, 그 결과 양쪽 모두에서 사상자가 나오곤 했다.

1980년의 《컬처럴 서바이벌 뉴스레터》지에서는 그 같은 섬뜩한 부조화를 분명하게 표현했다. 아포에나의 평화 협정 캠페인 결과 사망한 인디언의 시체를 일렬로 늘어놓으면 거의 1킬로미터에 달한다는 것이었다.

아포에나는 마르셀로에게 일거리를 주었다. 마르셀로는 무보수로 식사 담당부터 시작했다. 보고서를 타자 치고, 사무실 주변의 잔디를 깎는 등 아포에나가 하라는 일은 무엇이든 했다. 그런데 얼마 지나지 않아 캠프의 수색대원 중 한 명이 마르셀로에게 다른 일을 권했다. 능력에 비해 너무 하찮은 일을 하고 있다면서 푸나이가 새로운 세르타니스타를 모집하기 위해 제공하는 훈련 프로그램에 지원해보라는 것이었다.

그 새로운 훈련 프로그램은 푸나이가 부패와 무능이란 평판을 쇄신하기 위해서 고안해낸 방책이었다. 푸나이는 생긴 지 얼마 안 된 기관으로, '인디언 보호국'이라는 이름의 이전 기관을 대신하고 있었다. 인디언 보호국은 1968년에 엄청난 규모의 뇌물 수수 혐의가 드러난 바람에 폐쇄되었다. 115쪽 분량의 정부 보고서에 따르면, 인디언 보호국 소속 700여 명의 직원 가운데 134명이 범죄로 기소된 바 있고, 38명은 부정한 방법으로 채용되었다. 직원들은 다이너마이트부터 독약에 이르기까지 온갖 수단과 방법을 동원해 부족을 몰살시켰다. 게

다가 보호국 관리들은 어린 소녀들을 유괴해서 노예로 전락시켰다. 보호국 총책임자는 마흔두 개의 범죄 혐의로 기소되었다.[●]

당시 브라질 법무장관이었던 제이더 피게이레두는 기자에게 다음과 같이 털어놓았다.

"공금 횡령과 더불어 도착적 성범죄, 살인, 그 밖에 인디언과 그들의 재산에 대해 행할 수 있는 모든 형법상의 범죄들을 저질렀다. 인디언 보호국은 수년에 걸쳐 부정부패와 무차별적인 학살의 온상이 되어온 것이다."

언론 보도 이후 푸나이가 창설되어 인디언 보호국이 사라진 자리를 재빨리 대신했다. 1971년 브라질 북부 파라 주의 파라카난 인디언 마을을 방문한 의사는 35명의 인디언 여성과 두 명의 푸나이 남성 직원이 우연찮게도 같은 시기에 성병에 감염된 사실을 발견했다. 1년 뒤 한 푸나이 직원은 파라카난 마을에서 일어난 일이 유일한 예가 아니라고 언론에 밝혔다. 그는 퇴직한 뒤, 직원들이 인디언을 어떤 식으로든 이용 대상으로만 보았으며, 그들의 생존 따위에는 관심조차 없었다고 말했다. 그는 또 아마조니아를 가로지르는 고속도로를 건설하려는 정부의 야심 찬 계획을 강도 높게 비판했다. 산업화된 지역을 늘린다는 대규모 개발 계획 탓에 원주민들이 죽어가고 있다는 것이었다. 그는 이렇게 토로했다.

"인디언들의 시체를 처리하는 일에 지칠 대로 지쳤습니다. 원주민

● Shelton H. Davis, *Victims of the Miracle: Development and the Indians of Brazil* (Cambridge, U.K.: Cambridge University Press, 1977), p. 10.

문화를 말살하는 대가로 경제적 이익을 올리는 데 기여하고 싶은 생각은 추호도 없습니다."

　몇 년이 지나면 마르셀로는 푸나이의 새로운 세르타니스타 육성 모집이 대외 여론과의 문제를 덮으려는 성의 없는 몸짓일 뿐임을 깨닫게 될 터였다. 하지만 1974년의 그는 매우 낙관적이었다. 새로운 직원들이 진심으로 일한다면 푸나이가 변모하리라고 믿었다. 마르셀로는 프로그램에 참가하기 위한 시험에 응시하기로 결심했다. 시험은 상파울루에서 치러졌다.

　그는 빌라 막달레나의 아버지 집으로 돌아왔다. 그리고 정글 한가운데서 살기 위해, 세계에서 가장 큰 도시 가운데 한 곳으로 돌아왔다고 말했다.

자연과 하나 된 삶

1970년대에 혼도니아 남부 삼림 지대에서 인간의 맨발 자국을 보았다면, 마르셀로의 것이라고 확신해도 틀리지 않을 터였다. 그는 거친 숲길을 맨발로 수킬로미터씩 걸었다. 그의 발에는 당연히 수십 군데의 상처가 생겼다. 그는 활과 화살을 휴대한 채 사냥감을 찾아 나무 꼭대기를 살피고 다니기도 했다. 털이 많은 거미원숭이들이 서너 마리씩 가지에서 가지로 옮겨다니면서 경고의 울음소리를 냈다. 그는 원숭이들을 해치고 싶지 않았다. 결국 그에게 희생된 원숭이는 한 마리도 없었다.

마르셀로는 1979년부터 1990년까지 거의 12년 동안 남비콰라 부족과 함께 살았다. 처음에 그에게 맡겨진 일은 그 부족을 절멸의 위기에서 구할 프로그램을 만드는 것이었다. 그는 인디언과 정부기관들 간의 연락책으로 고용되었던 것이다. 그 공공기관 가운데 국민 건강재단은 인디언들이 외부인에게 노출되면서 얻은 질병에 쓰는 약품을 공급했다.

1960년대까지만 해도 남비콰라는 남미에서 가장 원시적인 생활 형태를 유지하는 부족으로 알려져 있었다.* 맨땅 위에서 잠을 자고, 옷을 입지 않았으며, 도구를 거의 사용하지 않았던 것이다. 프랑스 인류학자 클로드 레비 스트로스는 1930년대에 거의 1년 동안 이 부족과 함께 생활했다. 그는 1907년에 부족이 발견될 당시 약 만 명이었던 인구가 1930년대에 500명으로 줄어들었다는 사실을 알아냈다. 남비콰라족의 경우 그 수가 줄어든 주된 원인은 홍역 때문이었다. 홍역이 창궐했던 1946년에는 시체를 묻기조차 어려울 정도였다고 한다.*

마르셀로는 네가로테라는 남비콰라 하위 부족과 함께 살았다. 네가로테는 한때 300명을 헤아렸으나 1979년까지 겨우 열여덟 명만이 살아남았다. 그들의 영역은 열대우림 지대와 초원 지대 사이에 있었는데, 혼도니아와 마투그로수 주의 숲 지대와 마찬가지로 줄어들고 있었다.

● David Price, *Before the Bulldozer: The Nambiquara Indians and the World Bank* (Cabin John, Md.: Seven Locks Press, 1989) 참고.
● Claude Lévi-Strauss, "South American Indians", *Handbook of South American Indians*, Vol. 3: *The Tropical Forest Tribes* (New York: Cooper Square Publishers, 1963).

마르셀로는 처음엔 부족의 가족과 그들의 자그마한 움막에서 마치 외국인 입양아처럼 함께 지냈다. 그가 착용한 귀걸이와 목걸이를 보고 그를 인디언으로 볼 사람은 아무도 없었겠지만, 인디언들은 그를 동족처럼 사랑했다. 마르셀로는 곧 푸나이 안에서 반항아로 알려졌다. 그는 인권보호단체에 대한 충성심이 부족하다는 이유로 상사가 눈총을 주어도 전혀 개의치 않았다. 마르셀로는 푸나이 본부에 보낸 편지에서, 인디언들이 위기 상황에 처했을 때 그들을 돕기 위해 정부에서 보낸 직원들의 소극적인 행태를 비판하곤 했다. 실제로 1980년 말라리아가 유행한 해에 보건국 직원들은 마르셀로의 기준에 미치지 못하는 행동을 했다. 마르셀로는 본부에 이렇게 보고했다.

"그들은 봉급 외에는 아무것에도 관심이 없습니다. 인디언들에게는 신경도 쓰지 않습니다."•

그는 동료 공무원들 편에 서기보다 인디언들 편에 섰고, 그들과 어울리는 것을 더 좋아했다. 그를 푸나이로 이끈 낭만적인 생각들은 인디언들과 접촉한 뒤에도 변하지 않았다. 아니, 더 강해졌다. 그는 외교적인 거리를 두고 그들의 문화를 관찰하지 않고, 그것에 깊숙이 뛰어들어 직접 겪어보려고 노력했다. 아직 준비가 덜 되었는데도 그랬다.

그는 원주민들이 부리티 야자나무를 진흙 속에 40일 정도 박아두어 채집한 애벌레를 먹으면 자신도 따라서 먹었다. 그러고는 목구멍이

• 마르셀로 도스 산토스가 1983년 4월 17일에 루이스 페르난넬레즈에게 보낸 편지의 내용으로, 데이비드 프라이스의 저서 *Before the Bulldozer: The Nambiquara Indians and the World Bank* (Cabin John, Md.: Seven Locks Press, 1989)에서 인용한 것이다.

알레르기 반응으로 부어오르는 것을 무시해버리려고 애썼다. 그는 꼬박 2년 동안 맨발로 지냈다. 하지만 통증과 자극이 너무 심해서 사냥에 따라가려면 어쩔 수 없이 신발을 신을 수밖에 없었는데, 그 뒤로는 플립플롭을 신고 다녔다. 네가로테와 지내는 동안 그의 피부에는 벌레 물린 자국이 사라질 날이 없었다. 걸핏하면 진드기들이 발목에 들러붙고 머리카락 속으로 파고들어서 그것들을 털어내느라 애쓰곤 했다. 말라리아에 걸린 적도 있었다. 하지만 그 모든 것은 그가 선택한 삶을 살기 위한 조건이었다. 그는 깨달았다. 자연과 하나가 되고 싶으면, 자연이 하는 대로 내버려둘 수밖에 없다는 사실을.

그의 그 같은 열의와 열성은 부족민들과의 관계에 놀라운 결과를 가져왔다. 하지만 얻은 것 못지않게 잃은 것도 있었다. 대부분의 세르타니스타와 마찬가지로, 그런 생활은 그의 이성 교제를 크게 위축시켰다. 그렇다고 현장 요원으로서 원주민 여성을 사귈 수는 없었다. 그것은 용납할 수 없는 비윤리적인 행위로 여겨졌다. 그의 극단적일 만큼 자연 친화적인 생활 방식을 받아들일 만한 여성은 다른 데서도 찾기 어려웠다. 대부분의 푸나이 현장 요원들에게 교제할 만한 이성의 범위는 현장에서 일하는 사람들에 국한되어 있었다. 마르셀로는 그 지역 원주민을 담당하는 간호사를 사귀었다. 그는 남비콰라족과 지내는 동안 그 간호사와 결혼했지만 결국 헤어졌다. 이것은 젊은 현장 요원들에게는 드문 일이 아니었다. 그 지역 원주민들과의 관계는 그 결혼보다 오래 지속되었다.

마르셀로는 친구와 가족들에게 인디언들은 상파울루에서 보았던 사람들보다 훨씬 더 행복하다고 말하곤 했다. 그는 인디언들의 행복이 쉽게 흔들리지 않는 것이라고 믿었다. 보통 사람들이 슬픔에 빠질 상황에서도 인디언들은 낙심하지 않았다. 마르셀로는 그런 모습을 본 적이 없었다. 물질적인 소유에 대한 무관심, 느긋한 생활, 현재의 삶에 만족하는 그들의 모습은 마르셀로의 눈에는 현대인의 삶보다 훨씬 단순하고 바람직한 것으로 보였다. 그러나 그것은 일반화의 오류•였고, 마르셀로가 부정적인 태도를 취하도록 만들었다. 마르셀로는 '고상한 야만인'의 신화에 빠진 나머지 그들의 세계를 일종의 에덴동산, 잃어버린 낙원으로의 회귀로 보았던 것이다. 그 자체로 무익한 것이든 아니든 네가로테 문화가 눈앞에서 사라지고 있다는 사실은 부족 안에서 그의 역할이 무엇인지를 결정지었다. 그는 대변인이지 통신원이 아니었다.

마르셀로가 그들과 살기 위해 들어오기 전까지, 인디언들은 이미 수년에 걸쳐서 이따금씩 바깥 세상과 접촉하고 있었다. 그들은 알루미늄 캔에 요리를 했고, 총으로 사냥을 했다. 마르셀로는 가끔 그들을 차에 태우고 가까운 마을로 가서 손으로 만든 화살이나 목걸이를 칼과 도끼, 괭이, 탄약통 등과 교환해 오기도 했다. 그 부족은 전통적으로 유랑 생활을 해왔다. 그들은 넓은 지역을 돌아다니며 계절과 지역에 따라 다른 열매가 나오는 숲에서 열매를 얻고 사냥을 하며 살았다. 그러나 새로운 연장과 무기를 얻은 뒤로는 그렇게 멀리까지 떠돌아다

•**일반화의 오류** 부분을 전체로 착각해서 범하는 생각의 오류. 즉 여러 경우의 공통점을 추출해서 일반화하지 않고, 일부의 제한된 경우들에만 주목해 그것들의 공통점을 뽑아서 모든 경우가 다 그런 속성을 갖고 있는 것처럼 주장하는 오류다. —옮긴이

닐 필요가 없어졌다. 마르셀로는 전통이 스러져가는 것을 목격했고, 그때마다 약간의 죄책감을 느꼈다.

전통과 생존 사이에서

그는 부족민들이 버리는 관습을 되살리려고 시도해보았다. 그들이 사냥을 하기 위해 총을 가지고 갈 때 마르셀로는 활과 화살을 가져갔다. 그는 총성이 울려퍼지는 대신 조용히 당겨지는 활줄 소리와 쉿 하고 날아가는 화살 소리, 명중한 순간의 갑작스러운 침묵 같은 것을 듣고 싶었다. 물론 실제로 그가 나무 위에 앉은 새를 조준할 때면, 그러한 시적인 음향 대신 화살이 높은 가지에 탕 하고 부딪히는 소리를 들었다. 온종일 걸려 만든 화살은 다시 가져올 수도 없는 숲 속 깊숙한 어느 구석으로 날아가버렸다.

인디언들은 그를 순진한 몽상가로 여겼다. 하루는 긴 사냥 끝에 총알이 다 떨어진 적이 있었다. 마을로 돌아가던 중, 그들은 길 앞쪽에서 코로 나뭇잎 더미를 파헤치고 있는 멧돼지 떼를 목격했다. 모두 마르셀로와 그가 가져온 활과 화살을 바라보았다.

마르셀로는 자기보다 훨씬 솜씨가 좋은 인디언에게 활을 건넸다. 몇 분 뒤 일행은 죽은 멧돼지 두 마리를 끌고 마을로 돌아왔다. 그리고 며칠 동안 고기를 배불리 먹었다.

그것은 그 부족에게 있어 전통으로 돌아가는 길의 첫걸음과도 같은 것이었다. 마투그로수의 사반테족이 벌목꾼들과 무력 충돌을 하자,

정부는 벌목꾼들의 총기 사용을 금지하기 시작했다. 그리고 벌목꾼들은 현대 세계로 통합됨에 따라 구식 유물이 되어버린 활의 위협 아래 놓이게 되었다. 네가로테족은 사반테족의 일을 전해 듣고 마르셀로의 생각이 옳을지도 모른다고 여겼다. 활과 화살로 돌아가는 게 현명할 수도 있었다. 1년 반 동안, 원주민들은 자발적으로 총을 버리고 활을 다시 사용하기 시작했다. 대기에 울려퍼지는 화살 날아가는 소리는 마르셀로에게는 승리의 소리였다. 전통이 현대를 이겨낸 것이었다.

하지만 그것은 오래가지 않았다.

1990년대 초반까지, 네가로테족에게 그들이 사는 땅에서 자라는 나무를 팔라고 가해지는 압력은 거의 전쟁을 일으킬 정도였다. 벌목 회사들은 그 지역 원주민들과 거래를 하기 위해 다방면에 걸친 시도를 했다. 회사들은 원주민들의 거주지에 있는 마호가니 나무에 접근하는 대가로 음식과 총을 제공했다. 네가로테족은 마르셀로의 영향을 받아 부분적으로나마 벌목 회사들과의 거래를 거부했다. 그러자 남비콰라족의 하위 부족인 남비콰라 도 캄포족이 벌목 회사와 광산업자들에게 고용되어, 네가로테족으로 하여금 목재를 포기하게 하려고 압력을 가해왔다. 벌목업자들과 광산업자들은 그 하위 부족을 무장 경호원으로 이용하면서 네가로테족의 구역에 침입했다. 이에 네가로테족은 총을 집어들었다. 활과 화살로는 대적할 수 없었기 때문이다. 1991년경까지 두 명의 벌목꾼과 두 명의 광부가 무력 충돌에 의해 살해되었고, 이로 인해 과포레밸리 인근에는 반인디언 감정이 들끓었다. 인디언 마을을 습격하는 것은 흔한 일이 되어버렸다. 마르셀로와 푸나이 직원들을 비롯해 원주민 편에 선 사람들에 대한 생명의 위협도 공공연하게 벌어졌다. 빌헤나에 있는 푸나이 지부 사무실에는 방화 미수 사건이 발생하기도 했다.

마르셀로는 두려웠다. 인디언들이 누려야 하는 기본적인 권리나 항구적인 행복 따위는 마르셀로의 순진한 생각에 지나지 않는 것이 되어버렸다. 무력 충돌 후 몇 개월이 흐르자 미국 의회 의원들조차 불법적인 벌목과 목재 무역이 행하는 대규모 폭력에 대해서 언급했다. 외교 담당 위원회의 보고서를 발표하는 자리에서 한 관계자는 마르셀로를 가리켜 "당국과 지방 세력가들로 하여금 법을 준수하게 하려고 끊임없이 애쓰는 푸나이 요원"이라고 설명했다. 그는 마르셀로가 수년에 걸쳐서 점점 더 강도 높은 생명의 위협과 더불어 그 주를 떠나도록 강요받았다고 덧붙였다.

그것은 사실이었다. 1992년 어느 날 네가로테족 마을에서 인디언과 벌목꾼의 충돌이 벌어졌을 때, 마르셀로는 연방 경찰에 의해 구조되었다. 그는 경찰차가 마을을 빠져나오는 동안 뒷좌석에 바짝 엎드려 있었다. 벌목꾼들의 눈에 띄면 그 즉시 총격을 받기 때문이었다.

마르셀로는 빌헤나로 실려 갔고, 경찰은 그를 쿠이아바로 가는 첫 비행기에 태워 644킬로미터 떨어진 곳으로 보냈다. 그가 혼도니아로 돌아와 과포레 팀을 맡은 것은 3년 뒤의 일이었다. 다시 돌아왔을 때 그는 전통문화에 아무리 훌륭한 장점이 있다 할지라도 기계화된 무기를 앞세운 개발 세력 앞에서는 무력할 수밖에 없다는 사실을 깨달았다.

개발 세력들이 밀고 들어올 경우 충돌하는 과정에서 부족 문화가 살아남을 가능성은 거의 없었다.

두번째 움막

1996년 중반, 길슨이 벌목장 옆의 그 신비스러운 움막을 보여준 뒤 마르셀로와 알테어는 근처에 인디언의 흔적이 있는지 알아보기 위해 짧은 도보 여행을 했다. 그들은 첫 번째 움막에서 4킬로미터가 채 떨어지지 않은 곳에서 두 번째 움막을 발견했다. 그것은 첫 번째 것과 똑같은 양식이었고, 크기도 비슷했다. 그 움막 또한 최근에 버려진 것 같았다.

두 움막은 그것을 지은 사람이 반 유랑 생활을 한다는 걸 암시하고 있었다. 요컨대 어느 한 곳에 살다가 외부인들이 가까이 다가오면 그 장소를 버리고 떠나는 것이다. 하지만 그것은 논리와 상상에 근거해서 추측한 결과에 지나지 않았다. 움막의 주인은 숲을 살피기 위해 자기가 속한 부족민 마을을 잠시 떠나 있는 사람일 수도 있었다. 그런 식의 행동은 그 지역 원주민들에게서 흔히 볼 수 없었지만, 다른 정보가 없는 상황에서는 모든 가능성을 열어둘 수밖에 없었다. 마르셀로는 정보를 더 얻기 위해 본격적인 탐사 여행을 떠나기로 마음먹었다. 그 인디언이 향한 곳을 발견한다면 그것만으로도 행운일 터였다.

마르셀로는 빈센트 카렐리에게 연락대의 여행에 동참해 달라고 부탁했다. 연락대에는 알테어 외에도 경험 있는 벌목꾼들이 있어, 그들이 차례를 정해 동행하기로 했다. 벌목꾼들은 숲을 헤치고 나아가는 데, 그리고 긴 여행 동안 캠프를 만드는 데 힘을 보탤 터였다. 첫 번째 여행에서 그들은 파울로 페레이라라는 인물과 동행했다. 파울로는 마르셀로가 과포레 연락대를 맡기 몇 년 전부터 그곳에서 일해 온 사람이었다. 8월의 어느 날 아침, 탐사 대원 중 네 명은 푸나이가 카노에와 아쿤추 마을 사이에 마련해둔 캠프에 모였다. 그곳은 바로 며칠 전에 공식적으로 인디언 보호구역이 되었다. 그곳의 명칭은 가까운 강의 이름을 따서 '오메레 토착민 보호구역'이라 붙여졌다. 원주민들이 외부 사회에 노출된 뒤에는 새로운 질병으로 사망자가 생기거나 외부인과 충돌을 일으키곤 했는데, 오메레는 그런 곳으로 악명이 높았다. 그 새로운 캠프는 현장에서 의료 관계자들이 원주민들을 돕거나, 연락대가 외부인의 무단 침입을 감시할 수 있게끔 돕는 거점으로 이용되었다.●

졸졸거리는 물소리가 들리는 강둑에 위치한 캠프는 파빌리온 형태의 초가집이었는데, 여섯 명가량이 해먹을 걸고 잘 수 있을 만한 공간이었다. 모기가 들끓기 때문에 대나무 벽에는 모기장이 드리워졌다. 마당에는 발전기 도는 소리와 얼룩무늬 닭들의 울음소리가 끊이지 않았다. 닭들은 옥수수, 파인애플, 토마토가 자라는 밭을 헤집고 돌아다녔다.

주방에는 큰 나무 탁자가 자리를 잡았다. 마르셀로는 거기에 포스터 크기의 과포레밸리 위성사진을 펼쳐놓았다. 사진에서 사람의 발길이 닿지 않은 숲은 어두운 녹색이었다. 숲이 없는 빈터는 연한 녹색이었고, 목초지와 개간된 곳은 분홍빛이 도는 회색이었다. 그 사진을 보면 거의 절반가량의 지역이 이미 개발되어 있었다. 사진은 마르셀로가 브라질 우주국에서 얻은 가장 최근 것이지만, 이미 1년 전에 찍은

● 이 내용은 포르투벨류에 있는 브라질 법무부 사무실에서 제공한 공식적인 푸나이 탐사 보고서를 참고한 것이다.

것이었다. 캠프로 오는 도중에 그들이 목격한 수많은 빈터는 그 위성사진에는 나와 있지도 않았다.

마르셀로는 지도의 왼쪽 하단 구석을 손가락으로 가리키며 일행에게 현재 위치를 알려주었다. 사람들은 몸을 굽혀 사진을 들여다보았다. 마르셀로는 19킬로미터쯤 떨어진, 길슨의 도움으로 찾아낸 움막의 위치를 가리켜 보였다. 목재소 공터와 두 개의 목장도 알아볼 수 있었다. 목장 가운데 하나는 목재 회사 소유였고, 다른 하나는 헤르쿨레스와 데네스 달라피니 형제 소유의 모델로 목장이었다. 모델로 목장은 열대우림 지역으로 둘러싸인 몇 개의 목초지로 이루어져 있었다. 사진을 보면, 그 인디언은 달라피니 형제 소유의 숲 속으로 도망쳐서 움막들이 있는 빈터로부터 멀리 떨어져 있는 것이 거의 확실했다.

마르셀로는 사람들에게 자신이 추측한 바를 말했다. 그 인디언은 첫 번째 움막에서 상당 기간 살았을 테지만, 두 번째 움막을 지은 지 얼마 안 되어 떠난 것 같다고 했다. 마르셀로와 알테어가 두 번째 움막에 갔을 때, 그들은 주변에서 일곱 그루의 옥수수를 발견했다.

"그는 맨손으로 집터를 만들었어. 옥수수도 심었지만, 심자마자 떠나서 자라는 것도 못 봤지."

마르셀로는 이렇게 말하며, 위성사진 위에 반투명 종이를 놓고 그들이 탐사할 곳의 경로를 연필로 그리기 시작했다. 그들은 모델로 목장의 삼림 지대로 들어갈 터였다. 알테어는 마르셀로가 일행이 건너야 할 진흙길을 그리는 데 도움이 되도록 위성 좌표를 조사했다. 그들이 걸어서 여행해야 하는 곳이므로 모든 것을 확실히 해둘 필요가 있었다.

그들은 여행을 하면서 그 인디언에 대해 알아낼 만한 것이 있는지 주변의 목장 사람들을 만나보기로 했다.

알테어는 한 목장에 찾아갔지만 그곳을 조사해볼 수는 없었다고 마르셀로에게 말했다.

"입구에 경비원이 있었어요. 총까지 갖고 있더라고요."

목장주들이 이미 과포레 연락대가 기웃거리고 다닌다는 걸 알아채고는 대원들의 탐사 활동을 가능한 한 방해하기로 마음먹은 것 같았다.

새로운 멤버

다음 날 아침 출발하기 전, 일행은 다섯 명의 주민이 사는 카노에 마을로 갔다. 연락대의 새로운 대원 두 명을 데려가기 위해서였다. 그들은 푸라와 그의 사촌 누이인 오와이모로였다.

마르셀로는 숲 속에서 그 인디언의 흔적을 찾으려면, 그와 똑같은 환경에서 살아남기 위해 분투해 온 두 원주민을 데려가는 것이 큰 도움이 될 거라 믿었다. 또 그 인디언과 만나면, 연락대와 의사소통을 하는 데 푸라와 오와이모로가 도움을 줄 거라고 여겼다. 낯선 사람들을 맞닥뜨린 인디언에게는 그 만남이 두려운 것일지라도, 연락대는 할 수 있는 모든 외교적 수단을 동원해야 한다고 그는 생각했다.

일행은 카노에 부족의 말을 하는 나이 든 통역자와 함께 마을에 도착했다. 그들은 푸라와 오와이모로가 집 안에서 여행 준비를 하는 동안 밖에서 기다렸다.

푸라는 고리버들 바구니에 파파야와 옥수수를 담고, 20여 개의 대나무 화살 다발을 몸에 지니고 나타났다. 그는 야생 칠면조의 큰 깃털로 만든 코걸이도 하고 있었다. 그것은 그가 짐을 꾸릴 때 그의 발치에서 꾸꾸거리며 돌아다니던 칠면조의 깃털과 똑같은 종류의 것이었다. 그는 또 보건국 직원이 선물한 티셔츠를 입고 있었는데, 개미들 때문에 수십 개의 구멍이 뚫려서 마치 스위스 치즈 같았다.

오와이모로는 숲에서 사는 여자들과 마찬가지로 다부진 체격에 억세 보였다. 20여 년을 숲에서 지내며 스스로를 돌보아야 했기 때문일 터였다. 그녀의 맨발은 푸라와 함께 정기적으로 사냥을 다니면서 단단해지고 무뎌졌다. 다리는 짧고 튼튼했다. 오와이모로는 조개껍질로 만든 귀걸이, 그리고 노끈과 조개껍질로 만든 목걸이를 열두어 개쯤 걸고 있었다. 사슴 가죽과 야자나무로 만든 모자도 썼다. 그녀는 자신의 애완동물인 꼬리감기원숭이를 데려가고 싶어 했다. 그 원숭이는 그녀에게 한시도 떨어져 지낼 수 없는 친구였다. 원숭이의 목줄은 오와이모로의 가슴에 두른 띠와 이어져 있었다. 원숭이는 그녀의 어깨에 앉아 호기심에 찬 눈동자로 끊임없이 이곳저곳을 두리번거리며 어떤 작은 소리에도 불안한 듯 머리를 떨면서 반응했다.

나이 든 통역자와 대원들은 도요타 자동차의 뒷좌석에 자리를 잡았다. 대원들과 통역자는 팔 장식 깃털이 구겨질 정도로 바싹 붙어 앉았다. 알테어가 운전하고 빈센트는 총을 맡았다. 마르셀로와 파울로는 다른 트럭으로 뒤따라왔다. 일행은 두 시간쯤 달려서 자그마한 공터에 도착해 한쪽에 차를 세웠다. 그러고는 등짐과 바구니를 차에서 내리고 여러 날이 걸릴 것으로 예상되는 도보 여행을 시작했다.

일행은 두 번째 움막이 있는 숲 쪽으로 걸었다. 목적지에 가까워지자 푸라가 무언가 단서를 찾아내려는 듯 이리저리 훑어보기 시작했다. 그는 활과 화살을 쥔 채 나뭇가지와 낙엽들 사이로 가볍게 발을 옮겼다. 오와이모로는 그의 발자국을 따라갔다. 마르셀로는 그 움막이 버려진 것 같다고 말했는데, 푸라는 확신하지 못하는 것 같았다. 그는 한 나무에 서더니 땅에서 1.2미터 높이에 나 있는 둥근 자국을 가리켰다. 꿀을 채취하기 위해 구멍을 낸 자국이 아니었다. 고무나무에 내는 자국도 아니었다. 그 지역의 거의 모든 부족은 횃불의 연료로 쓰기 위해 고무나무에서 수액을 채취하곤 했다. 푸라는 통역자에게 그 둥근 모양의 흔적이 왜 생겼는지 모르겠다고 말했다.

근처에는 길에서 1.8미터 떨어진 땅 위에 야자나무 잎이 늘어져 있었다. 처음에는 아무렇게나 늘어진 것처럼 보였지만, 마르셀로가 가까이 가서 보니 사람 하나가 뒤에 완전히 숨을 수 있도록 교묘히 잎으로 가리개를 만들어놓은 것이었다. 푸라와 오와이모로가 원주민들이 사냥할 때 만든 것이라고 알려주었다. 사냥꾼은 나뭇잎으로 만든 벽 뒤에 숨어서 사냥감이 다가오기를 기다린다는 것이었다. 그들은 최근의 흔적을 찾기 위해 주변을 조사했다. 하지만 아무것도 나오지 않았다.

푸라는 움막에 도착하자 나무 뒤에서 잠시 동안 그것을 뚫어지게 바라보았다. 그러고는 눈을 크게 뜬 채 천천히 다가갔다.

그는 움막 주변을 조심스레 돌아본 뒤, 움막의 벽에서 야자나무 조각을 하나 떼어냈다. 그리고 그 안을 들여다보았다. 그러다 자신의 모자에서 야자나무로 만든 테두리를 떼어 처마에서 튀어나온 잔가지에 걸었다. 그런 다음 방금 만든 입구를 통해 안으로 들어갔다.

희미하게 비쳐 들어오는 빛으로 움막의 지붕이 격자 모양임을 알 수 있었다. 푸라의 갈색 발이 부드러운 재에 닿았고, 이내 발가락이 넓은 그의 발 모양이 찍혔다. 잿빛의 먼지구름이 일었다. 그는 움막 한가운데 있는 직사각형 구덩이 주위를 조심스럽게 돌아보았다. 입구를 통해 마르셀로가 30센티 정도 길이의 손전등을 건네주었다. 푸라는 그것으로 구덩이를 비추고 허리를 굽혀 그 안을 자세히 들여다보았다. 몇 개의 막대기가 구덩이에 길게 놓여 있고, 리아나 줄기들이 막대기에 걸려 있었다. 푸라는 긴 막대기 하나를 집어서 구덩이에 넣고 천천히 휘저었다.

마르셀로가 통역자에게 물었다.

"이곳에 몇 명이나 있었을까요?"

통역자가 푸라에게 물었으나 푸라는 전혀 모르겠다고 대답했다.

통역자는 막대기에 걸쳐 있는 줄기들을 살펴보고, 그것이 구덩이 위에서 해먹이나 일종의 의자로 쓰였을 것이라고 말했다.

"그는 앉아서 잠을 잘 거요. 누워서 자는 게 아니고……. 반쯤 구덩이 속에서 산다고 볼 수 있지요."

일행은 그곳에 서서 움막과 구덩이, 그리고 거주자에 대해 이것저것 의견을 주고받았다. 목소리는 사뭇 진지했지만 모든 것은 그저 추측일 뿐이었다. 그들은 이미 혼도니아 인디언에 대한 모든 문헌을 뒤지며 조사를 했는데, 움막 안에 그런 구덩이를 파는 부족은 없었다. 마르셀로는 푸라와 오와이모로가 그곳을 보면 다른 사람이라면 놓칠 만한 사실을 알아낼 것이라고 기대했다. 그러나 두 사람도 알아낸 것이 없었다.

숲 속의 전쟁

결국 일행은 빈터를 떠나, 다음 방향을 정하기 위한 단서를 숲 속에서
찾기로 했다. 얼마 동안 걸은 뒤 알테어가 길 옆의 마른 나뭇잎 더미
를 발견하고는 걸음을 늦추었다. 그가 보기에 무언가 이상했다.

그는 허리를 굽히고 나뭇잎 더미를 자세히 들여다보았다. 나뭇잎이
깊은 구덩이를 덮고 있다는 걸 알 수 있었다.

나뭇잎을 치우자 움막 안에 있던 구덩이와 거의 비슷한 깊이의 구
덩이가 드러났다. 그런데 이번 것은 비어 있지 않았다. 알테어는 구덩
이 가장자리에 무릎을 꿇고 바닥에 무엇이 있는지 보기 위해 빠지지
않을 만큼 깊숙이 팔을 뻗어 보았다. 그는 곧 껍질이 딱딱한 야자수인
팍시우바로 만든 꼬챙이를 찾아냈다. 구덩이 바닥에는 여러 개의 꼬
챙이가 튀어나와 있었다.

그 주변을 주의 깊게 탐사하자 덤불 아래에 위장된 구덩이가 몇 개
더 있었다. 아니, 그들을 둘러싼 숲에는 구덩이가 가득했다.

일행은 그날 오후 늦게 해먹을 나무에 매달고 야영 준비를 했다. 알
테어는 불에 거북을 구웠고, 마르셀로는 지도를 들여다보았다. 그들
은 계속 걸어서 나아가기로 했다. 이제까지 찾은 흔적들은 사람의 것
임이 명백했고, 그 인물과 직접 마주칠 가능성이 피부에 와 닿았다.
어떤 면에서는 두렵기도 했다. 그들이 뒤쫓는 인디언은 움막 안에 구
덩이를 판다든지 하는, 카노이 부족으로서는 이해할 수 없는 관습을
지니고 있었다. 따라서 푸라와 오와이모로가 그 인디언의 언어를 이
해할 가능성은 적었다. 마르셀로는 지금까지 발견한 증거들을 바탕으

움막 안에 있는 직사각형 구덩이는 너비 38센티미터, 깊이 1.7미터가량이었다.

과포레 연락대가 탐사 활동을 벌이던 중에 인디언의 움막 바깥에 선물로 음식을 놓아두는 푸라.

로 그 인디언이 아직 알려지지 않은 부족이라고 믿었다. 그는 예전의 성공적인 경험, 즉 카노에와 성공적으로 접촉했지만 그것은 그저 운이 좋았던 것일 수도 있었다. 브라질에서 미지의 부족과 첫 대면한 느낌이 어떠했나를 돌이켜보면, 그 인디언이 낯선 사람들의 접근에 적대적으로 반응할 가능성을 배제할 수 없었다.

그날 밤 일행은 피곤한 채 해먹에 누웠지만 잠을 이룰 수 없었다. 불확실한 만남에 대한 생각 때문이 아니라 오와이모로의 원숭이 때문이었다. 원숭이는 계속 소리를 질러댔다. 오와이모로가 나무에 묶어놓자 사이렌 같은 비명 소리를 내면서 신경까지 거슬리게 주변을 폴짝폴짝 뛰어다녔다. 원숭이가 비명을 지르면 지를수록 괴로워서 견딜 수가 없었다.

오와이모로는 예외였다. 원숭이가 불안해하는 데는 이유가 있을 터였다. 위협으로 가득한 정글에서 원숭이는 또 다른 눈과 귀가 되어주었다. 오와이모로는 일어나서 원숭이의 신호를 따라 캠프 주변을 둘러보기 시작했다. 다른 사람들도 그녀의 뒤를 따랐다.

해먹 옆의 풀숲을 조사하자 원숭이가 경고하려 했던 것이 드러났다. 작은 뱀이었다. 그것은 일행에게 걱정거리도 되지 않을 만큼 미미한 존재였다.

숲에서 며칠 밤낮을 더 보냈지만, 흔적을 더 찾아보려는 노력은 성과가 없었다. 숲은 너무 넓고 커서 자세히 조사한다는 것이 불가능했다. 수색을 제대로 하려면 여러 번 거듭해야만 했고, 사유지를 조사할 구실도 준비해두어야 했다.

과포레 연락대는 브라질 사법부 산하에 있었으므로 삼림 지대만이 아니라 지주들의 땅 일부를 조사할 권한도 갖고 있었다. 그러나 마르셀로와 알테어가 개별적으로 근방의 목장 지대를 둘러보기 시작하자, 목장 사람들은 개인 자격의 허가증을 요구했다. 마르셀로는 그 형식상의 허가증을 얻기 위해 포르투벨류에서 서류가 도착하기를 기다리느라 며칠을 허비했다. 카초에이라 목장 근처의 숲을 지날 때는 목장 주가 그의 소유지를 둘러싸고 있는 공용 도로의 출입을 막기까지 했다. 마르셀로는 1996년 9월, 브라질리아의 상관에게 편지를 통해 이렇게 보고했다.

"통행세를 내라고 했습니다. 대화를 해볼 여지가 전혀 없어서, 우리는 그 지역을 즉시 포기하고 벗어나기로 했습니다."

마르셀로와 알테어는 첫 번째 탐사 활동을 벌인 뒤 몇 주 동안 숲속에서 여러 경로를 계속 조사해보았다. 며칠은 한나절 동안 하이킹을 했고, 며칠은 야영을 하기도 했다. 과포레밸리 숲 지대에는 잎맥처럼 뻗어 있는 수십 개의 강줄기가 있었다. 그 시기에 그들은 강둑을 따라 꼬박 이틀을 걷기도 했다. 인디언이 물을 쉽게 얻을 수 있는 곳에 거처를 만들었을지도 모르기 때문이었다. 강줄기는 소셀 목장에 속한 숲을 들쭉날쭉한 모양을 만들며 지났다. 그 목장은 목재 공장의 소유지와 달라피니 형제가 소유한 숲에 맞닿아 있었다. 하이킹을 한 첫째 날 밤 캠프에서, 마르셀로는 그들이 본 것을 간략히 메모했다.

"청정한 숲, 사방이 높고 풍요롭고 무성하다. 동물의 흔적이 많다. 맥과 원숭이 울음소리, 야생 칠면조의 날갯짓 소리, 재커새의 울음소리가 끊이지 않는다. 얼마나 아름다운지 모르겠다. 하이킹하는 중에도, 우리가 지나온 큰 늪에서도 원주민의 흔적은 발견하지 못했다. 날씨는 건조하고 상쾌하지만 밤에는 춥다. 우리는 좁은 강변의 제방에서 야영하기로 했다. 아침에는 약간 낮게 흐르는 왼편 강둑의 지류를 거슬러 올라가기로 했다. 밤에는 가위개미가 달려들어서 모든 짐을 줄에 묶어 매달아두었다."

마르셀로는 자신의 능력을 발휘할 상황에 놓였고, 그것을 즐기고 있었다. 사방이 빽빽한 숲으로 둘러싸인 곳에서 자연의 아름다움 말고 다른 풍경을 상상하기는 쉽지 않았다. 다음 날 아침, 마르셀로와 알테어는 길게 자라난 수십 개의 가지가 숲에 어지럽게 얽혀 있는 것을 발견했다. 풀이 다시 자라난 것으로 미루어 5년 전쯤 벌목꾼들에 의해 베어졌던 것으로 보였다.

그 여행에서 마르셀로의 기록은 자연스러운 흥을 잃었다. 이제 정글이 하나의 전쟁터라는 것, 그리고 지도의 짙은 녹색 부분에 생존을 걸고 있는 존재는 인디언만이 아니라는 사실을 떠올리지 않을 수 없었기 때문이다.

마르셀로, 2007년 집 앞에서

3장

사람 없는 땅

마르셀로는 인디언이 달라피니 형제의 모델로 목장을 둘러싼 숲 어딘가에 있으리라 믿었다. 그 목장과 다른 숲 지역을 구분하는 표지나 울타리는 없었다. 그곳은 하나의 커다란 정글로만 보였다. 하지만 혼도니아 여기저기에 흩어져 있는 삼림 지대는 눈에 보이지 않는 경계선에 의해 100헥타르 또는 250에이커 등등의 크기로 나누어져 있었다.

인디언에 대해 말하고 싶어 하는 지주나 목장주는 거의 없었다. 인디언 문제에 관해 언급하는 사람은 의혹과 불신에 찬 시선을 받았다. 이러한 의혹과 불신은 그 지역의 근대사에 뿌리를 두고 있었다. 그 역사는 혼도니아의 최초 개척자들과는 다른 세계관을 지닌 사람들에 의해 뒤집히고 다시 쓰여지곤 했다.

1970년대 초, 브라질 정부는 사람들에게 그 지역으로 이주할 것을 적극 권장했다.* 브라질 토지개혁연구소(INCRA)는 250에이커씩 구획 지은 땅을 최저 가격으로 경매했다. 개척민의 숫자를 늘리기 위해 개인이 소유할 수 있는 토지는 2000헥타르 또는 5000에이커로 제한되었다. 정부는 그 지역의 자줏빛 화산토에 대해 휘황찬란하게 홍보하면서 혼도니아가 농업에 적합한 곳이라고 선전했다. 당시의 브라질 대통령 에밀리우 가라스타주 메디시는 아마조니아 전역에 도로를 건설하는 야심 찬 계획을 발표했다.[*] 정글을 세계에서 가장 경제성 높은 지역으로 탈바꿈시키고자 했던 것이다. 정부는 공익 광고를 통해 "사람에게 알려지지 않은 땅, 땅이 없는 사람들을 위한 곳"이라며 국민을 유혹했다. 과포레밸리를 관통하는 도로가 생겼고, 이로 인해 상파울루나 리우데자네이루에서 포르투벨류까지 6주일이 걸리던 힘겨운 여정이 3, 4일로 줄어들었다. 정부는 삼림 지대를 소유하는 것은 경제적으로 도약하는 기회일 뿐만 아니라 애국적인 의무라고 주장했다. 메디시 대통령은 브라질이 아마존의 경제적 잠재성을 이용하지 않으면 다른 국가들이 밀고 들어와 기회를 낚아챌 거라고 경고했다. 당시 정부의 구호는 "Integrar para não entregrar"였다. 이는 브라질이 다른 누군가에게 아마존을 내주지 말고 경제적 이득을 취해야 한

- 혼도니아에 사람들을 이주시키려는 브라질 정부의 노력에 대해 기술한 책은 무척 많다. 여기에 기술된 내용은 존 헤밍의 *Die if You Must: Brazilian Indians in the Twentieth Century* (London: Pan Macmillan, 2004)와 쉘턴 H. 데이비스(Shelton H. Davis)의 *Victims of the Miracle: Development and the Indians of Brazil* (Cambridge, U.K.: Cambridge University Press, 1977)을 참고한 것이다.
- 도로건설에 대한 것은 Gabriel A. Ondetti, *Land, Protest and Politics: The Landless Movement and the Struggle for Agrarian Reform in Brazil* (University Park: Pennsylvania State University Press, 2008), p. 63에 상세히 소개되어 있다.

다는 뜻이었다.

그 두 개의 움막이 발견된 목재 하치장과 바로 곁에 있는 목장은 자이메 바가톨리의 소유였다. 그의 가족은 정부의 광고에 이끌려 1978년 브라질 동부 해안에서 혼도니아로 이주해왔다. 바가톨리는 당시를 이렇게 회고했다.

"텔레비전을 켜기만 하면 그 구호가 나왔어요. 정부는 정말로 뭔가 제대로 해보려고 했습니다. 그건 농업 개혁을 위해서 획기적인 기획이었고, 잘 계획된 것 같아 보였어요."●

1982년 혼도니아는 주가 되었고, 군부 정권은 BR-364 고속도로를 건설하기 위해 국제적인 투자를 받는 계획을 발표했다.● 그 고속도로는 개척 운동에 새로운 활기를 불어넣어 줄 터였다. 1980년에만 7만 명이 넘는 사람들이 1970년 인구 조사에 따르면 겨우 11만 명이 거주하던 지역으로 이주했다.● 그런데 도로는 아직 생기지도 않은 상태였다.

1984년 포장도로가 생기자 브라질 전역에서 개척자들이 몰려들었다. 10년이 채 되지 않아 100만 명의 이주민이 도착했다. 대부분 농부와 목축업자들이었다. 그들은 소작 노동자로 일하기보다 자기 재산을 가질 기회를 찾아서 온 사람들이었다. 조너선 캔덜은 아마존 개척에 관한 책에서 그 현상에 대해 이렇게 언급했다.

"BR-364의 개통으로 인해 혼도니아는 19세기 서부 개척 시대의

● 저자가 인터뷰하는 자리에서 바가톨리가 한 말이다.

● Jonathan Krandall, *Passage Through El Dorado* (London: William Morrow, 1984), p. 132.

● John Hemming, *Die if You Must: Brazilian Indians in the Twentieth Century* (London: Pan Macmillan, 2004) 참고.

미국 이래 그 어느 곳과도 비교할 수 없을 정도로 급격하고 맹렬하게 개척민을 맞이했다. 세계 어디에서도 혼도니아와 같은 규모의 개척민은 찾아보기 어렵다."

사람들은 도착하는 즉시 땅을 개간했다. 돈을 벌기 위해서였다. 전무후무한 속도로 벌목이 이루어졌다. 1978년 한 해에만 42만 헥타르의 숲이 혼도니아에서 사라졌다. 그 뒤 1988년까지 해마다 3백만 헥타르의 숲이 더 사라졌다. 1993년까지는 4백만 헥타르로 늘었고, 1996년까지 매년 520만 헥타르 이상의 숲이 사라졌다.• 과포레 연락대가 인디언을 찾아 떠났을 때 혼도니아의 숲은 절반 이상이 개간되어 있었다.

농부들이 나무를 베어낸다 해도 이익이 보장되는 것은 아니었다. 아마존의 토양은 식물이 자라기에 부적합하기로 악명이 높았다. 혼도니아의 토질은 평균보다 조금 나은 정도였다. 옥스퍼드대학의 지리학 및 환경학 명예 교수인 마이클 윌리엄스에 따르면, 전체 아마존의 3퍼센트만이 농업에 적합한 토양인 데 비해 혼도니아는 10퍼센트 정도가 농업이 가능했다. 소농들은 작물을 재배해 보려고 안간힘을 썼는데, 성공하는 경우에도 상업적 기반 구조가 허약하기 때문에 판매하기가 어려웠다. 은행과 정부의 아마존 개발국(SUDAM)은 소농들보다 목장주들에게 더 수월하게 대출해주었다. 혼도니아로 옮겨온 소농들은 땅

• 세계은행이 1997년에 출간한 보고서 외에 2007년 12월 브라질 환경부가 펴낸 "Cutting Down Deforestation in the Brazilian Amazon"과 우즈홀 연구소(Woods Hole Research Center)가 2007년 12월에 발간한 "The Costa and Benefits of Reducing Carbon Emissions from Deforestation and Forest Degradation in the Brazilian Amazon" 등을 참고함.

을 팔도록 권유받았다. 부동산 투자자들이 작은 땅에 몰려들었다. 땅이 일단 개간되면, 정부는 '개선된 토지'를 투자자들에게 넘김으로써 다른 이주자들에게 가격을 올려 팔아 수익을 내도록 했다. 땅을 사는 이주자들은 대부분 대목장주들이었다. 그 결과 혼도니아의 개간지 85 퍼센트가 목축지로 변해버렸다.

바가톨리는 이렇게 말했다.

"그 무렵 정부는 사람들이 땅을 개간하도록 압박했습니다. 지주가 땅을 개간하지 않으면, 토지의 생산성을 높여야 할 의무를 소홀히했다면서 땅을 도로 빼앗곤 했지요. 그런데 이젠 모든 게 달라졌어요. 앞으로는 나무를 그대로 두는 사람한테 상을 줄 겁니다. 정부가 우리를 끌어들여놓고 이제 와서 내쫓으려는 거지요."•

그의 말에 따르면, 정부의 이 같은 태도 변화는 1988년 브라질에 새 법령이 생기던 즈음에 시작되었다고 한다. 이 시기는 국제적으로 벌목에 대한 법 기준이 강화되던 때와 일치한다. 그러나 혼도니아에서는 그러한 문서상의 변화들이 눈에 보이는 변화로 곧바로 이어지지 않았다. 실생활에서 사람들에게 새 법이 적용되기까지는 그로부터 몇 년이 더 걸렸다. 지주들에게 최초로 새 법을 들먹이기 시작한 사람들은 과포레 연락대였다. 마르셀로와 대원들은 거리낌 없이 법령 조문을 언급했다. 인디언이 살고 있는 땅은 어디까지나 인디언의 것이었다. 언제 어떻게 지주의 손에 들어갔는지는 전혀 상관이 없었다.

• 저자가 인터뷰하는 자리에서 바가톨리가 한 말이다.

그러자 대부분의 지주들이 부당하다며 법에 호소했다. 그 지역 목장주들은 오데어 플라우지노라는 변호사를 고용했다. 그는 빌헤나에서 왔는데, 그 또한 목장을 소유하고 있었다. 그래서인지 목장주들의 실질적인 대변인 역할을 했다. 그는 걸핏하면 마르셀로와 대원들을 문젯거리로 치부하면서 그들이 그 지역을 누비고 다니며 수정주의적인 역사관을 이용해 준법 시민들을 범법자로 몰고 있다고 비난했다. 1970년대 정부가 숲을 경매에 내놓기 전, 혼도니아에는 몇 개의 인디언 보호구역이 생겨나 있었다. 따라서 팔아넘긴 모든 땅은 인디언이 없는 것으로 여겨야 한다는 것이었다. 몇 년 뒤 과포레 연락대가 어느 토지에서 인디언의 흔적을 찾아냈을 때, 플라우지노는 그것이 법적으로 무의미하다고 주장했다. 심지어 그는 증거품을 보여도 흔들리지 않았다. 오히려 리우데자네이루의 고층 건물 밑을 파도, 한때 인디언이 살았던 흔적이 나올 거라고 맞섰다. 그렇다면 리오에 사는 땅 주인들은 이제는 존재하지도 않는 문명에게 그들의 땅을 반납해야 한단 말인가? 플라우지노와 그의 고객들은 논의의 여지가 없는 일이라고 믿고 있었다.

플라우지노의 견해대로라면, 목장주들은 근대화 시대의 실질적인 대표자들이고 연락대의 대원들은 잃어버린 낙원을 찾아다니는 몽상가들이었다. 그런데 이는 아마존 거주자들에게 널리 퍼져 있는 견해였다. 왜냐하면 문자로 기록된 역사 시대 이후 그곳에는 그들만의 상상에 매혹되어 찾아온 사람들이 넘쳐났기 때문이다.

정복자들의 상상

프란시스코 데 오레야나는 1500년대에 아마존을 최초로 탐험한 에스파냐 정복자였다. 그는 나중에 아마존 강으로 이름 붙여진 강을 배를 타고 내려가며 전설 속의 황금 도시 엘도라도를 찾아 헤맸다. 그 탐험에 동행한 도미니크파 수도사 가스파르 데 카르바할의 기록에 따르면, 탐험대는 그리스 신화에 나오는 여전사들의 이름을 따서 강 이름을 지었다고 한다.● 그의 이야기는 희극적일 만큼 역사적인 사실성이 떨어지는 것으로 보인다. 그의 말에 의하면 탐험대는 정글에서 나타난 키 크고 상반신을 노출한 여성들로부터 습격을 받았고, 그녀들은 탐험대에게 자신들과 짝짓기를 할 것을 요구했다는 것이다. 카르바할은 이것이 아마존 여성들의 관습이라고 기록했다. 그 여성들은 다른 부족의 남성들을 공격해서 강제로 짝짓기를 하고 임신을 한 뒤, 태어난 사내아이는 모조리 죽이고 여성만으로 이루어진 사회를 유지해나간다는 것이었다. 카르바할은 이렇게 기록했다.

"탐험대는 강압적으로 여자들의 성적 욕구를 만족시켜준 뒤 강을 따라 내려갔고, 다행히 목숨을 건져 탈출했으나 완전히 탈진했다. 원주민을 직접 보기 위해 떠났던 남자들은 출발할 때는 청년이었으나 돌아올 때는 노인이 되어 있었을 것이다."

이 같은 기록은 사람들을 속이기 쉽다. 그리고 외설적인 것을 좋아

● 찰스 만(Charles C. Mann)이 쓴 《인디언: 이야기로 읽는 인디언 역사(1491: New Revelations of the Americas Before Columbus)》(전지나 옮김, 오래된미래, 2005) 참고.

하는 사람들에게는 공공연한 초대나 다름없다. 그렇게 본다면 아마존 탐사 활동은 시작부터 더럽혀진 것이나 마찬가지일 것이다. 역사가들은 카르바할의 기록을 비웃었다. 그러면서 그를 괴팍한 우화 작가로 치부해, 그의 기록은 1894년까지는 공식적으로 출간되지 않았다. 아무도 그의 말을 믿으려 하지 않았기 때문이다.

하지만 수백 년 뒤의 현대판 카르바할들은 지금 이 순간에도 오레야나의 땅으로부터 수천 킬로미터 떨어진 정글 어딘가에는 미지의 신비로운 문명이 존재한다고 주장하고 있다. 1970년대에 독일의 부족 연구가이자 사진가인 예스코 폰 푸트카머가 과포레밸리의 모델로 목장에서 몇 킬로미터 떨어진 곳에서 동굴 벽에 새겨진 그림을 발견했다.[*] 그것은 삼각형으로 한 꼭지점에서 도형의 중심까지 깊이 파여 있었다. 그 도형들은 카르바할이 아마존 여전사들의 장신구에 새겨져 있었다고 묘사한 모양과 일치했다. 브라질의 인류학자 알테어 살레스는 그 도형이 여성을 상징하는 것이라고 주장했다. 그는 동굴에 새겨진 가면들은 여성들이 이웃 마을의 남성들을 공격할 때 썼을 것이며, 동굴 주변에서 짝짓기 의식을 거행했을 법한 터를 찾아냈다고 했다. 이 발견 직후 《타임》지에는 "살레스는 이 증거물들로 미루어볼 때 이것들을 만든 사람은 아마존족일 것이라고 확신하고 있다. 그는 또한 브라질의 정글을 돌아다니던 여성 중심 문화를 지닌 부족들이 존재한 적이 있을 것이라고 했다"라는 기사가 실렸다. 미국에서는 당시 새롭

● 이에 대한 것은 1971년 12월 27일 자 《타임》지에 실린 "Women's Lib, Amazon Style"이란 기사에 자세히 나와 있다.

게 나타난 평등주의자들 중 일부가 이 일을 자신들의 정치적인 목적에 이용하려 했다. 그러나 이 이야기에 대한 흥미는 그것을 뒷받침하는 물증이 더 이상 나오지 않자 금세 시들해져버렸다. 목장주들의 입장에서 이 일은 하찮은데다 상상력이 빈약한 '숲 속 문명'의 흔적을 얼마나 어마어마한 환상으로 부풀려대는지를 보여주는 일례에 불과했다.

정글은 흡사 로르샤흐 테스트*와도 같았다. 사람들은 종종 자기가 보기를 원하는 것만 보았다.

총잡이들

달라피니가의 모델로 목장은 15제곱킬로미터 이상에 걸쳐 있었다. 돌이 많은 도로는 목장의 두 주 건물로 이어졌다. 집들은 하얀 회칠을 한 벽과 테라코타 지붕이 있는, 지중해풍이었다. 건물들은 목초지로 둘러싸여 있었다. 화이트 브라만 목초지가 은빛 연못들 옆에 자리 잡고 있었다. 곳곳에 흩어져 있는 연못들은 마치 동전들처럼 보였다. 해오라기는 소 떼들 사이에서 여기저기를 날아다니며 소의 발자국에 솟아오른 벌레를 찾았다. 창백한 화석처럼 땅에서 솟아오른 뭉툭한 그

● **로르샤흐 테스트**(Rorschach test) 1921년 스위스의 정신과 의사 로르샤흐가 개발한 성격 검사 방법. 좌우 대칭의 불규칙한 잉크 무늬가 어떠한 모양으로 보이는가에 따라 그 사람의 성격이나 정신 상태, 무의식적 욕망 따위를 판단하는 인격 진단 검사법이다. 열 장의 카드로 이루어진 일종의 투사법으로 성격심리학, 문화인류학 따위의 분야에 널리 응용한다. —옮긴이

루터기에는 피그미 부엉이가 앉아 있었다.

과포레 연락대가 숲을 조사하기 시작한 직후, 헤르쿨레스와 데네스 달라피니 형제는 목장의 나무 문을 잠가놓기 시작했다.* 그들은 임시 봉쇄 조치의 관리 책임을 밀튼이라는 목장 감독에게 맡겼다. 밀튼은 주 출입구에서 1.6킬로미터쯤 내려온 길 위에 있는, 흰색과 녹색 판자로 만든 집에서 살았다. 과포레 대원들은 그 입구를 지나가려고 시도했으나 밀튼에게 저지당했다. 마르셀로와 대원들이 소유지에 들어가려면 미리 허가증을 보여야만 했다.

1996년 9월 어느 날 아침, 헤르쿨레스 달라피니는 튀어나온 집 현관으로 걸어 나와 계단 끝에 서 있는 과포레 연락대 대원들과 대면했다.* 몇 명의 경찰관과 브라질 환경보호국에서 나온 직원들도 함께였다. 마르셀로가 얻어놓은 법원 명령서 덕분에 그들은 입구를 통과할 수 있었다.

헤르쿨레스가 서류를 훑어볼 때, 빈센트가 그의 소유지에 인디언이 살고 있다는 소문을 들은 적이 있냐고 물었다. 헤르쿨레스는 말없이 빈센트의 발치를 바라보다가 그런 이야기는 전혀 듣지 못했다고 대답했다.

헤르쿨레스의 부정은 탐사대가 그곳 목장 노동자들에게 들은 이야

● 과포레 연락대가 1996년에서 2000년까지 푸나이에 제출한 보고서를 보면, 여러 차례 모델로 목장에 갔지만 그때마다 문이 잠겨 있었다고 기술되어 있다. 이 보고서는 브라질 법무부에서 제공한 것이다.
● 이 내용은 빈센트 카렐리의 영상을 참고했다. 빈센트는 달라피니를 만났을 당시 소형 카메라를 셔츠 주머니에 넣고는 셔츠에 난 구멍을 통해 당시의 상황을 녹화했다고 한다.

기와는 반대되는 것이었다. 그들은 모델로 목장과 인디언에 대한 소문을 들었을 뿐만 아니라, 인디언을 쫓아내기 위해 총잡이들을 고용했다는 이야기도 들었다.

혼도니아에서는 목장주들이 인디언이나 무단 거주자를 쫓아내기 위해 아직 개간되지 않은 그들의 땅에 총잡이를 고용했는데, 종종 사망자가 나오기도 했다. 1995년 8월 모델로 목장 근처에 있는 작은 마을 콜롬비아라 외곽의 목장주가, 무단 거주자들을 쫓아내기 위해 사적으로 고용한 총잡이들과 동행해 달라고 무장 경찰에게 돈을 지불했다. 연방 군사위원회가 제출한 보고서에 따르면, 총잡이들과 경찰은 무단으로 거주하는 농부들이 잠든 사이에 급습해 천막에 불을 질렀다. 이런 혼란 속에서 최소한 열한 명이 사망했다. 전해지는 말로는 총잡이들이 농부 몇 명을 처형이라도 하듯 고문하고 살해했다고 했다.

일자리를 잃을 것이 두려웠으므로, 고용주에 대해 안 좋은 이야기를 하려 드는 노동자들은 거의 없었다. 그러나 마르셀로, 알테어, 빈센트는 총잡이들이 모델로 목장 둘레의 숲을 돌아다닌다는 소문이 없는지 알아보기 위해 일대를 뒤졌다. 무장한 무리들이 인디언 마을을 습격하는 것을 보면 단 한 명의 인디언이 혼자 몸으로 정글에서 도망 다니는 것이 얼마나 고달픈 일일지 짐작할 수 있었다.

그들은 첫 번째 움막을 안내해준 목재소 요리사 길슨을 다시 찾아가보기로 했다. 빈센트가 길슨에게 총잡이에 대한 소문을 들었냐고 물었다.

"모델로 목장에서 있었던 일에 대해선 들은 적이 있어요. 하지만 여기서는 없었어요. 여기는 다른 목장이니까요."

길슨은 이렇게 말하며 자신을 보호하려 했다. 만일 연락대가 그의 상사들을 탐문하기 시작하면 골치 아파질 것이기 때문이었다. 길슨은 더 이상 정보를 주려 하지 않았으나 빈센트가 집요하게 붙들고 늘어졌다. 그리하여 마침내 그는 모델로 소유지에 있는 정글에서 총잡이들이 인디언을 찾아냈고, 움막에 총을 쏘았다는 소문을 들었다고 털어놓았다.

"그들이 인디언을 죽였는지는 모르지만, 겁을 준 건 확실해요."

빈센트는 더 상세히 알고자 했으나 길슨은 그 이상 알지 못했다. 길슨은 연락대에 총잡이에 대해서 언급하는 것만으로도 위험을 무릅쓰고 있는 것임을 빈센트에게 상기시켰다. 길슨은 모델로 목장의 출입구를 늘 지키는 밀튼이 최근 자기를 찾아왔다고 귀띔했다. 자신이 연락대 측에 정보를 주고 있다는 소문이 퍼졌고, 좋지 않은 평이 나기 시작했다는 것이다.

이는 그날 그들이 들은 이야기 가운데 가장 흥미로운 것이었다. 그의 고용주와 마찬가지로 밀튼도 연락대에 목장 안에 있는 인디언 이야기 같은 것은 모른다고 말했던 것이다.

개발론자들

과포레 연락대가 탐사 활동을 벌인다는 소식은 재빨리 인근 목장들에 퍼졌다. 지방 지주들을 대표하는 오데어 플라우지노 변호사는 이 탐사 활동을 푸나이에서 벌이는 또 다른 헛소동으로 치부했다. 그는 수년에 걸친 지독한 분쟁으로 말미암아 푸나이를 증오하고 있었다.

플라우지노는 푸나이 혼도니아 지국이 1980년대 어느 시점부터 빗나가기 시작했다고 믿었다. 그때 호아오 카를로스 노브레 다 베이가는 개인적인 비리를 시인하고, 기꺼이 총책임자 자리에서 사임했다. BR-364를 건설하던 시절 푸나이의 국장이었던 육군 대령 노브레 다 베이가는 목축업자와 농부들에게 지지를 받고 있었다. 마리안느 쉬민크와 찰스 H. 우드는 그들의 저서 《아마존 개척 세력의 확장》에서 "그는 반인디언적인 발언을 공공연히 했고, 인디언이 지닌 자원을 기반으로 경제 개발을 하려는 세력과 공개적으로 우호적인 태도를 유지했다"고 썼다. 1970년대에 마르셀로와 함께 일했던 미국의 인류학자 데이비드 프라이스는 노브레 다 베이가에게, 남비콰라와 관련 있는 미지의 부족이 혼도니아에 존재할 가능성이 있다고 말했다. 프라이스에 의하면 노브레 다 베이가는 이렇게 실망의 말을 쏟아냈다고 한다.

"맙소사, 이 나라에 문제만 일으키는 인디언들이 끝도 없이 쏟아져 나오게 하는군."

이 같은 불만은 혼도니아 전역에서 꽤 자주 터져나왔고, 그 선두에 플라우지노가 있었다. 그의 생각은 이러했다.

'인디언 때문에 숲을 개발할 수 없다면, 개발에 반대하는 자들은 숲 속에 인디언이 있다고 믿게 할 터였다. 개발될 예정인 땅 한가운데에다 아무 부족에서나 인디언을 데려다놓지 말란 법도 없는 것 아닌가?'

플라우지노는 1980년 혼도니아로 대량 이주해온 브라질인 가운데 한 명이었다. 2년 뒤 빌헤나에 BR-364가 개통되자 그와 몇 명의 지주가 개통식에 참석한 장군과 면담을 했다. 지주들은 전력을 다해 고속도로 건설을 지원했는데, 2600제곱킬로미터나 되는 땅이 인디언 보호 구역으로 묶인 것에 대해 항의했다. 플라우지노에 따르면 그 장군은 지주들에게, 워싱턴 D.C.의 세계은행 간부들이 인디언 보호구역 지정을 요구했기 때문이라고 대답했다. 보호구역 지정 없이는 고속도로 건설비를 융자해주지 않겠다고 했다는 것이었다. 플라우지노는 불길한 국제적인 음모를 감지했다.

몇 년 뒤 그는 이렇게 말했다.

"보호구역이 된 땅은 풍요롭고 비옥했지. 거기서 얼마나 많은 식량을 재배할 수 있었는지 알아요? 물론 세계 유일의 초강대국인 미국이 말이오. 왜 그럴까? 그들의 농업 생산량 덕분이오. 미국은 그 땅이 브라질에서 가장 비옥한 농지가 될 걸 알고 있었던 거요. 그래서 그곳에 보호구역을 지정하게 한 거지."

장군과 면담을 한 후 플라우지노는 한 가지 계획을 생각해냈다. 푸나이를 설득해서 몇몇 지방의 벌목업자들이 보호구역 안에 방치될 마호가니 나무를 가져오게 하는 것이었다. 목재에 대한 권리를 대가로 벌목업자들은 인디언들이 필요로 할 만한 것들, 이를테면 학교, 활주로, 라디오 방송국, 기간 시설의 개선 등을 지원하겠다는 것이었다. 그러나 푸나이는 그 제안을 거절했다. 플라우지노의 생각에 그것은 엄청난 경제적 가능성을 무시한 처사였다.

플라우지노는 빌헤나의 사무실에서 이렇게 회상했다.

"양쪽 모두에게 이익이었을 텐데. 하지만 불발됐지. 장담하는데, 성사됐다면 나도 지금 여기 이러고 있진 않을 거요. 코파카바나의 펜트하우스에 있겠지."

그는 확실하지도 않은 인디언의 존재가 의심되는 땅의 소유주들을 대리하기 시작했다. 그러다 생애 최고로 골치 아픈 인간을 상대하게 되었다. 그건 바로 마르셀로 도스 산토스였다.

1986년 남비콰라 부족과 살고 있던 마르셀로는 목장주의 소유지에 있는 인디언 마을을 파괴하던 인부들이 화살에 맞았다는 소식을 들었다. 마르셀로는 푸나이의 지역 책임자로서, 아마 남비콰라족과 관련된 듯한 고립된 인디언이 있을 가능성에 대해 조사하기로 했다. 마르셀로는 한 무리의 부족민 그룹과 함께 그 지역을 조사해 진흙 항아리, 감자와 비슷한 작물인 마니옥 껍질을 벗기는 데 쓰인 강판, 나무 컵 따위를 찾아냈다. 함께 갔던 남비콰라족 중 한 명은 꼬챙이가 박혀 있는 구덩이에 빠지기도 했다. 마르셀로는 불도저로 밀어놓은 땅도 발견했다. 그곳에서는 바나나 나무, 고구마, 담배, 목화, 마니옥, 땅콩, 옥수수가 꺾인 덤불들 사이에서 싹을 틔우고 있었다. 인디언은 산 사람이고 죽은 사람이고 단 하나도 발견되지 않았지만, 두 군데에서 38구경 탄창과 20구경 엽총의 탄약들이 나왔다.

문제는 이것이었다. 뒷날 마르셀로의 상사가 되는, 당시 푸나이 인디언 책임자였던 시드니 포수엘로는 1년 전에 그 땅을 찾아갔다가 그곳에는 인디언이 없다고 보고했던 것이다. 포수엘로는 숲 밖에 캠프를 차려놓고 탐사에 나섰는데, 인디언은 발견하지 못했다. 그 일로 인해 그 지역의 벌목이 허용되었던 것이다.

마르셀로가 인디언의 흔적을 찾기 위해 탐사를 시작하자마자, 플라우지노는 목장주로서의 이익을 지키기 위해 마르셀로를 저지하는 일을 시작했다. 마르셀로와 탐사대가 탄창과 탄약을 발견한 바로 그날,

플라우지노는 개인 비행기로 목장에 날아가서 마르셀로에게 포수엘로의 보고서를 상기시켰다. 마르셀로는 포기하지 않았고, 결국 두 사람의 불꽃 튀는 전쟁이 시작되었다. 시드니 포수엘로는 일을 해결하기 위해 혼도니아로 돌아왔다. 포수엘로가 돌아오자 한 무리의 목축업자들이 몰려와서 콜룸비아라의 먼지 덮인 거리를 지나는 그를 에워쌌다. 포수엘로는 그들에게, 마르셀로의 활동이 예전 보고서와 꼭 충돌하는 것만은 아니라고 말했다. 포수엘로는 예전에 자신이 직접 가보았던 당시의 상태를 보고했을 뿐이라며 이렇게 말했다.

"인디언이 한때 거기 살았다는 건 확실합니다. 지금은 아니지만요."

그 뒤 10년 동안 마르셀로와 플라우지노는 서로 자신이 이겼으며, 자기가 옳다고 확신했다. 마르셀로는 그곳의 인디언 마을이 최근에 파괴된 것이 분명하다고 주장했다. 플라우지노는 마르셀로가 탐사하기 전에는 인디언이 없었다는 포수엘로의 보고를 거듭 강조했다.

1996년 푸나이가 카노에와 아쿤추 부족을 위해 보호구역을 지정하려 하자, 플라우지노는 공격적으로 나가기로 했다. 그는 푸나이의 '발견'을 불신하는 운동을 공개적으로 시작했다. 또한 브라질의 주요 신문사들에, 마르셀로가 그 지역에 일부러 인디언을 데려다놓았다는 근거 없는 말을 퍼뜨렸다. 플라우지노는 오스니 페레이라라는 전 푸나이 직원의 협조를 받아, 카노에 부족은 브라질 북쪽 지역에 살던 신타라르가 부족 가운데 일부를 과포레밸리로 데려온 것이라고 주장했다.

이 같은 플라우지노의 주장을 들은 빈센트는 비디오카메라를 들고 플라우지노의 법률 사무소를 방문했다. 빈센트는 자기가 마르셀로의 친구임을 밝히지는 않았으며, 플라우지노에게서 직접 설명을 듣고 싶었다.

플라우지노는 책상 앞에 놓인 가죽 의자에 앉은 채 잡지를 집어 들었다. 그 잡지에는 소금 자루로 만든 반바지 차림의 푸라와 오와이모로, 그리고 카노에 부족의 사진이 실려 있었다.

"세상에! 이것 좀 보시오."

플라우지노는 사진을 가리키며 말했다.

"어떻게 이런 인디언의 이야기를 믿을 수가 있소? 백인과 접촉한 적이 없다는데, 이 인디언들 옷 입은 것 좀 보시오."

그는 최근 푸나이가 그 지역에서의 활동과 관련해 세계은행에서 지원받은 일을 지적하며 마르셀로의 위치를 비난했다. 마르셀로는 브라질이 저개발 상태에 머물기를 원하는 단체의 손아귀에 들어 있는 인물이라고 넌지시 알린 것이다. 그는 가장 흥미 있는 화제를 끄집어냈다. 어떻게 외국의 기관이나 민간단체, 환경운동가들이 브라질의 국내 문제에 간섭할 수 있냐는 것이었다.

"미국은 미시시피 강 건너 북서부의 인디언을 모조리 죽였소. 그러고는 세계에서 제일 부강한 나라가 됐단 말이지!"

땅의 주인

플라우지노는 브라질 장군에게서 세계은행이 보호구역 지정을 부추겼다는 말을 들었을 때부터 음모를 확신했고, 그 확신은 더욱 굳어졌다. 광신자처럼 보이기도 했으나 브라질이 외부 세력에 의해 방해받고 있으며, 과포레 연락대는 '녹색 마피아'의 하수인일 뿐이라는 그의 주장은 혼도니아 이주민들 사이에서 큰 반향을 일으켰다. 아마존은 세계적인 축제 장소가 되었다. 스팅과 마돈나는 아마존 보호를 외치는 콘서트를 열었고, 미국 정치가들은 열대우림 지대에 대한 브라질의 관리 능력을 의심했다. 앨 고어 상원의원이 "브라질의 생각과는 달리 아마존은 브라질의 것만이 아니라 우리 모두의 것이다"라고 말했을 때, 많은 브라질 사람들은 이를 국가주권에 대한 노골적이고 직접적인 도전이라고 여겼다. 그 발언은 북미 인디언이 점유하던 숲과 평원 위에 세워진 강대국에서 나온 것이었으므로 계급적 위선의 냄새가 풍겼다. 시어도어 루스벨트는 미국 역사에 대해 다음과 같이 말한 적이 있다.[●]

"정의는 정착민과 개척자들 편에 있었다. 이 거대한 대륙이 한낱 더러운 야만인들의 사냥터로 남아 있어서는 안 되기 때문이다."

그 뒤 퇴임한 루스벨트는 브라질의 아마존 강 유역을 여행하게 되었는데, 그때는 이렇게 말했다.[●]

"이 아마존 유역에 있는 나라는 천혜의 목축지이고, 훗날 크게 발전할 것이다."

아마존 유역은 브라질의 영역이며, 브라질에 열대우림을 보존하라

[●] 루스벨트의 말은 미국의 생리학자 제레드 다이아몬드의 저서 《제3의 침팬지: 인류는 과연 멸망하고 말 것인가(The Rise and Fall of the Third Chimpanzee)》(김정흠 옮김, 문학사상사, 1996)에서 인용한 것이다.

[●] Theodore Roosevelt, Through the Brazilian Wilderness (Teddington, U.K.: Echo Library, 2007), p. 80.

고 요구하는 것은 100년 전의 미국에 미시시피 강 서쪽 지역에서 손을 떼라고 하는 것이나 마찬가지였다. 개발을 주장하는 사람들의 입장에서 보면 브라질의 미래는 아마존에 달려 있었다.

브라질 밖에서 보는 시각은 환경론자들과 토착민의 권리를 옹호하는 편이 선하고 목재업자와 목축업자들이 악하게 보일지 모르나, 브라질 안에서 보면 상황은 그리 단순하지 않았다. 갈수록 증가하는 빈민가와 폭력이 도시에 가득한 상황에서 브라질 사람들에게 본래의 막대한 자연 자원을 건드리지 말아야 한다는 주장은 공정하지 못한 것으로 여겨졌다. 브라질 최대의 여론조사 기관이 조사한 결과를 보면, 브라질 국민 다섯 명 중 세 명이 환경보호단체의 활동을 불신하는 것으로 나와 있다.● 혼도니아 같은 개척 지대에서는 그 같은 불신이 더욱 컸다.

1988년 법령 아래서 토착민에게 얼마만큼의 자치권을 허용하느냐에 대한 논란이 진행되는 동안, 브라질의 최대 신문사 가운데 하나인 《오 에스타도 데 상파울루》는 일주일 분량의 연재 기사를 내보냈다. 이 기사에는 원주민에게 더 많은 자치권을 주어야 한다고 정부를 압박하던 선교사 단체가 실은 토착민을 강화시킴으로써 브라질을 약하게 만들려는 국제적 음모의 일부였다는 내용이 들어 있었다. 이 신문은 '믿을 만한 것으로 확인된 문서'를 통해, 외국의 이익 집단이 브라질의 자원을 인디언에게 넘겨줌으로써 해외의 세력이 자원을 통제하

●이 여론조사의 결과는 2007년 7월 27일 자 《뉴욕타임스》에 보도되었다.

기 쉽게끔 하려는 의도가 증명되었다고 보도했다. 이 기사는 근거가 없는 것이었고, 나중에 문서는 위조된 것으로 밝혀졌다. 그러나 의혹은 사라지지 않았다.

플라우지노와 목축업자들이 과포레 연락대와 국제 단체들의 연관성을 의심하기 시작하자, 많은 사람들은 양측의 금전적인 관련이 연락대의 신뢰성에 큰 타격을 주는 것으로 받아들였다. 또한 언어 연구를 통해 푸라와 그들 부족의 정체성이 신타라르가족이 아니라 카노에 부족에게 이어져 있음이 밝혀진 뒤에조차도, 플라우지노는 자신의 믿음을 버리지 않았다. 플라우지노와 그가 대표하는 목축업자들은, 푸나이 안의 새로운 급진파들이 내놓은 증거들이 아무리 확실하다 해도 땅을 위한 투쟁을 멈출 수 없었다. 그는 이렇게 말했다.

"마르셀로가 인디언들을 데려왔다는 건 확실합니다."

연락대가 또 다른 인디언, 즉 몇몇 사람이 쓰는 표현에 따르면 '구덩이 속의 인디언'이 있을 가능성에 대해 전해 듣자 플라우지노는, 자신이 속기 쉬운 바보들이 떠들어대는 헛소리로 여긴 이 소문에 대해 또 다른 대처 방안을 준비하기 시작했다.

과포레 연락대가 오메레 토착민 보호구역에 만든 캠프. 이곳은 카노에와 아쿤추 마을 사이에 있다.

4장

원주민 마을

THE LAST OF THE TRIBE

　　　　　과포레 연락대 대원들은 목축업자와 지주들을 더 만나보려 시도했지만 고집불통과 장애물에 부딪힐 뿐이었다. 마르셀로는 숲을 탐사할 수 없는 상황에서 그 자신이 몹시도 혐오하는 관료주의를 이용할 수밖에 없는 지경에 처했다. 1996년 9월 내내 그는 정글에서만큼이나 많은 시간을 에어컨이 돌아가는 사무실에 앉아서 보냈다. 그러나 숲 속 탐사 활동을 잠시 중단한 그 시간 동안 마르셀로와 대원들은 탐사에 도움이 될 몇 가지 실마리를 찾아냈다.

　마르셀로는 포르투벨류를 방문했다. 그곳에는 연방 법무부가 혼도니아를 관리하는 사무실이 있었다. 연락대가 어떤 사유지를 조사하려면, 연방 검사의 승인이 있는 허가증을 얻기 위해 기약도 없이 마냥 기다리며 귀한 시간을 낭비해야 했다. 그 절차는 항상 이러했다. 그러나 6월에 포르투벨류 사무소로 새로 온 프란시스코 마린호 검사는 정부의 권력체제(특히 농업과 관련된) 안에 연줄이 거의 없었고, 마르셀로는 이 점을 이용하기로 했다.

대부분의 혼도니아 사람들과 마찬가지로 마린호도 이미 마르셀로에 대한 소문, 특히 카노에와 아쿤추 부족을 발견한 것에 관한 이야기를 들었다. 그는 오데어 플라우지노가 마르셀로가 인디언을 몰래 데려왔다며 공공연히 비난하는 것 또한 알고 있었다. 신문에서 플라우지노가 주장하는 음모론을 읽었을 때, 마린호는 거기에 휩쓸리지 않았다. 이 젊은 검사는 브라질 내의 영토 분쟁 사건들에 열중했고, 연방 법무부 안에서 이 분야의 전문가로 입지를 만들어가고 있었다. 또한 그는 목축업자들의 이처럼 근거 없는 주장이 아마존에서는 흔하다는 사실도 알고 있었다.

마르셀로가 그를 만나서 전에 알려진 것과는 달리 그 지역 숲 속에 인디언이 더 있을지도 모른다는 의견을 밝히자 마린호는 흥미를 보였다. 그는 마르셀로에게 목축업자들의 방해를 피하도록 도와줄 수는 있지만, 연방정부의 보호를 받기 위해서는 한 가지 조건이 있다고 말했다. 그 자신이 직접 그 지역에 가보아야 한다는 것이었다.

마르셀로는 즉시 그 조건을 받아들이며 검사에게 말했다.

"알지도 못하는 것을 보호할 수는 없는 겁니다."

그해 9월 마린호는 새로 생긴 오메레 보호구역 근처의 숲을 걸어서 여행했고, 그곳을 둘러싼 몇 개의 목축지를 방문했다. 카노에와 아쿤추 부족의 마을을 방문한 날, 그는 커다란 불길을 목격했다. 근처의 목장주가 놓은 불이 적어도 가까이에 있는 숲 200에이커가량을 태우고 있었다. 그 사건이 있은 뒤 마린호는 연락대가 정글을 탐사할 권한 정도가 아니라 의무가 있다고 결론 내렸다.

그때 이후로 마르셀로는 탐사 활동을 하다 방해물에 부딪힐 때면 언제든 마린호 검사에게 부탁할 수 있게 되었다. 그때마다 마린호는 조금도 지체 없이 협조를 명령하는 공문서를 팩스로 보내왔다.

마르셀로와 빈센트는 그 달에 토지 구획을 맡고 있는 정부 산하의 사무소를 방문했다. 그들은 정부가 그 지역을 경매에 붙이기 전인 1970년대에 숲을 탐사한 사람이 그 사무소에서 일했다는 사실을 알아 냈다. 당시 달라피니 형제와 이웃의 지주들은 인디언들이 자신들의 땅에 살고 있을 가능성에 대해 언급한 사람은 아무도 없었다고 주장 했다. 그 주장의 근거는, 만일 인디언이 있었다면 1970년대에 정부가 숲을 경매에 내놓지 않았으리라는 점이었다. 하지만 마르셀로와 빈센 트는 그 당시 숲을 탐사한 공무원은 분명 인디언에 관한 증거를 발견 했으리라 확신했다. 그런데 이는 나중에 그 땅을 구획한 지주들이 그 사실을 아는지 여부와는 상관없는 일이었다.

소문의 확인

그 공무원의 이름은 루이스 클라우디오였다. 그는 마르셀로와 빈센트 에게 기울어진 탁자 앞에 있는 의자를 권했다. 탁자 위에는 혼도니아 의 숲 지역을 찍은 위성사진이 펼쳐져 있었다. 그는 1977년에 자신이 탐사한 땅을 가리켜 보여주었는데, 그곳은 후에 모델로 목장이 되는 지역이었다. 인디언이 거기에 살았을 거라고 생각하냐는 빈센트의 물 음에 클라우디오는 솔직하게 답했다. 당시 탐사대는 인디언의 것으로 보이는 자취를 발견했다고 말한 것이다. 탐사 대원 중 한 명은 그들이 자는 동안 인디언이 캠프에 침입해서 그의 소지품을 털어갔다고 믿고는 탐사대를 떠나기까지 했다고 말했다.

"그래서 어떻게 됐습니까?"

빈센트가 묻자, 클라우디오가 말했다.

"아무 일도 없었어요."

그 뒤 정부는 그냥 토지의 경계를 정해버렸고, 땅은 경매에 부쳐졌다. 클라우디오가 아는 바로는 브라질 토지개혁연구소(INCRA) 안의 어느 누구도 이 사건에 대해 알지 못했다.

마르셀로와 빈센트는 한껏 고무된 채 곧바로 빌헤나로 돌아와서는 이전보다 더 철저하게 숲을 조사하기로 했다. 그들은 인디언의 존재를 전면 부정하는 목축업자들의 태도는 무지에서 비롯된 것일 수도 있다고 생각하면서도 고의적인 것이라고 확신했다. 포르투벨류에서 돌아온 지 얼마 안 되어, 그들은 길가 식당에서 만난 사람을 통해 목장주들의 태도가 무지에서 나온 것만이 아님을 알게 되었다.

마르셀로와 빈센트는 아르투르 페레이라라는 사람을 만났다. 마흔여섯 살의 농부인 그 남자는 몇 년 전 달라피니 형제의 모델로 목장 인근에 있는 땅에서 일했다고 했다. 그는 자기와 몇 명의 목장 일꾼이 길 잃은 소를 찾으러 경계선 근처의 숲을 돌아다녔다고 했다. 헤르쿨레스와 데네스 달라피니 형제 소유의 숲 속으로 1.6킬로미터 남짓 들어갔을 때, 그들은 진흙 집을 발견했다는 것이었다. 그 집은 사방이 덫으로 둘러싸여 있었고, 옆의 땅바닥에는 야생 동물의 사체 일부가 남아 있었다고 했다. 돼지와 맥의 시체, 그리고 여러 종류의 새 깃털이었다. 사람은 아무도 보이지 않았지만, 움막 밖에 피운 모닥불에서는 그때까지 연기가 나고 있었다는 것이었다.

"우리는 그게 방랑자거나 인디언일 거라고 짐작했어요."

페레이라가 말했다.

그날 오후에 움막을 떠난 뒤, 그들은 모두 궁금증을 떨치지 못했다고 했다. 그래서 추핀구아야 경찰에게 그들과 함께 다시 그곳에 가줄 것을 요청했지만, 경찰이 청을 들어주지 않아서 다시 가보지 못했다는 것이었다. 그런데 인접한 다른 두 목장의 인부들과 이야기해보니, 그 지역에 미지의 인디언이 살고 있다는 소문은 이미 널리 퍼져 있었다. 몇몇 사람은 아직 알려지지 않은 부족을 피해 도망다니는 인디언 한 명이 그 숲에 살고 있다는 이야기가 떠돈다고 했다. 또 어떤 사람들은 그 인디언이 자기 부족으로부터 추방된 자라고 하기도 했다고 페레이라는 증언했다.

그런데 헤르쿨레스 달라피니는 현관에 서서 빈센트를 바라보며, 소유지 근처에 인디언이 있다는 이야기 따위는 들어본 적이 없다고 말했다. 빈센트는 목장주가 이런 소문을 못 들었을 리 없다고 생각했다. 그는 모델로 목장의 주인이 자기 소유지 안에 있는 움막에 대한 이야기를 알고 있으리라 생각하냐고 페레이라에게 물었다.

그러자 페레이라가 고개를 끄덕이며 말했다.

"그럼요. 그 사람들도 그때 그 이야기를 들었어요. 데네스랑 헤르쿨레스 두 사람하고 그 문제에 대해서 이야기까지 했는걸요."

바로 그즈음 마르셀로는 브라질 우주국으로부터 그 지역의 또 다른 위성사진을 받았다. 그 사진은 우기가 끝난 직후 그해 상반기에 찍힌 것이었다. 전년도 7월의 사진과 비교해보았을 때, 새 사진에는 달라피니의 숲 한가운데에 직사각형의 연분홍색이 나타나 있었다. 이는 개간된 부분을 보여주는 것으로, 이전 사진에는 짙은 녹색으로 나타났던 부분이다. 울창한 숲 한가운데, 이전에 만들어진 길들로부터 떨어진 곳에 작은 영역이 생긴 것은 벌목꾼들에 의한 것이라고 보기엔 이상했다. 벌목꾼들이 기존의 개간지에서 그렇게 떨어진 곳에 가는 것은 거의 언제나 새 벌목지를 찾기 위해서였다. 그들은 별 볼 일 없는 나무들 사이에 서 있는, 한두 그루의 크고 값진 나무를 잘라냈다. 그런데 더욱 이상한 것은 그 사진이 찍힌 날짜였다. 날짜로 미루어볼 때 연분홍색 영역이 생긴 것은 11월에서 3월 사이의 우기일 가능성이 컸다. 목재소는 보통 그 시기에 작업을 하지 않았다.

마르셀로는 탐사 경로를 짜는 데 있어 숲 속 한가운데 생긴 그 연분홍색 영역이야말로 탐사를 시작할 최적의 지점이라고 생각했다.

사라진 마을

11월 13일, 숲 속으로 걸어 들어가는 마르셀로의 머리 위로 타는 듯한 태양이 내리쬐었고 날씨는 무더웠다. 알테어와 빈센트, 푸라가 서로 거리를 둔 채 뒤따랐다. 그 작은 빈터로 향하는 짧은 여정이라 야영할 계획도 없었는데, 출발하자마자 일이 지연되었다. 마르셀로의 발뒤꿈치에 가시가 박혀 알테어가 즉석에서 응급 처치를 해야만 했던 것이다. 알테어가 칼을 가지고 가시를 빼내는 동안 마르셀로는 이를 악물고 얼굴을 찡그리며 견뎠다. 그러고 몇 분 뒤 그는 싸구려 플립플랍을 신은 채 울퉁불퉁한 땅을 걸어와 여정에 복귀했다. 그의 어깨에는 카메라가 걸려 있었고, 손에는 흰색 플라스틱 통이 들려 있었다. 그 안에는 지도와 위성사진 뭉치가 들어 있었다. 그 지도에 의하면 그들은 약 두 시간 뒤 그 공터에 다다르게 되어 있었다. 마르셀로는 숲 속으로 난 흙길을 발견했다. 불도저와 다른 무거운 장비들의 타이어 자국이 나 있는 그 길은 곧바로 공터로 이어졌다.

공터에 발을 디디는 것은 허공을 밟는 것만 같았다. 나무들은 잘려나갔고, 그루터기도 불도저에 의해 뽑혔으며, 모든 것이 불에 타버렸다. 어느 부분에는 흙이 드러나 있었고, 숯이 된 나무와 마른 나뭇가지들이 쌓여 있었다.

잿더미 위에 비둘기처럼 맨발 자국을 남기며 살펴보던 푸라가 마른 가지들 사이에서 줄기 하나를 찾아냈다. 그는 마체테로 마른 가지를 자르고 잔가지들은 치워버렸다. 갈색의 덩어리 줄기를 잘라내자 연한 흰색의 중심 부분이 나왔다. 그는 그것을 빈센트에게 보여주었다. 그건 아마존 인디언들이 애용하는 마니옥으로, 인디언들이 집 근처에 주로 심는 작물이었다. 푸라는 마체테를 휘둘러 마른 가지 더미에서 더 많은 마니옥을 찾아냈다. 불도저가 이곳을 밀어버린 것은 적어도 몇 달 전이 틀림없었다. 심어둔 마니옥이 다시 자라나기에 충분한 시간이었다.

마르셀로는 공터 건너편에서 뭔가를 발견했다.

그는 무릎을 굽히고 죽은 풀을 한 아름씩 치웠다. 그 밑에는 일정한 크기로 잘린 통나무 더미가 있었다. 그것은 인디언들이 집을 짓는 데 종종 사용하는 야자나무와 같은 종류였다. 통나무 더미 아래에는 깊이 파 내려간 구멍이 있었다.

그 뒤 몇 시간 동안 그들은 나뭇가지 더미 속을 뒤지며 탐사 활동을 계속했다. 푸라는 작은 옥수수밭의 흔적을 포함해서 몇 개의 식물을 더 찾아냈다. 불도저가 지나간 뒤 몇 개의 나뭇가지가 다시 자라나기 시작했던 것이다.

그리고 몇 개의 구덩이가 더 나왔다. 모두 열네 개였는데, 빈터 전체에 반원형을 그리게끔 배치되어 있었다. 구덩이들은 직사각형 모양으로, 약 1.7미터 깊이였다. 두 움막 안에 있던 것들과 같은 크기였다. 구덩이 주변에서는 통나무가 몇 개 더 나왔다.

"이게 뭘 뜻할까?"

마르셀로는 마음속으로 이 광경을 길슨과 첫 만남을 가진 후 그가 본 움막들과 비교하면서 말했다.

"여긴 외딴집이 있었던 게 아니야. 마을이었어."

그날 오후 모델로 소유지를 떠나기 전 마르셀로, 알테어, 빈센트는 달라피니 목장의 관리 책임자인 밀튼을 깜짝 방문하기로 했다.

밀튼은 길슨이 연락대 대원들에게 인디언 이야기를 한 것을 알고 그를 나무랐다. 마르셀로가 예전에 물어보았을 때 밀튼은 모르는 일이라고 잡아뗐다. 모델로 목장 근처에서는 어떤 인디언도 본 일이 없다는 거였다. 그러나 며칠 동안 인디언 마을과 경작지가 파괴된 것으로 보이는 곳을 조사한 뒤, 마르셀로와 빈센트는 이제 그를 다시 만날 때가 왔다고 결정했다.

일행은 흰색과 녹색 판자로 이루어진 자기 집 현관에 앉아 쉬고 있는 밀튼을 발견했다. 마르셀로는 집주인 허락도 없이 플립플랍을 벗어 던지고 현관 앞 난간 위에 자리를 잡았다.

밀튼은 피로해 보였다. 그는 셔츠도 없이 갈색 반바지 차림이었고, 어깨 주위에서 윙윙거리는 벌을 손으로 때리려 하고 있었다. 늙은 개 한 마리가 그의 곁에 늘어져 있었다. 빈센트가 그 땅에 사는 인디언 이야기를 더 많이 입수했다고 하자, 밀튼은 지친 기색으로 자기는 아는 게 없다고 대답했다. 그들의 질문에 그는 판에 박힌 듯 모른다는 말만 되풀이했다. 빈센트가 집요하게 파고들었다. 빈센트는 누군가가 과포레 연락대에 밀튼 자신이 인디언의 숲 속 경작지에 대해 이야기했다는 사실을 알려주었다고 했다.

"상황이 점점 복잡해지는 걸 알겠어요? 우리는 거기에 갔었어요. 인디언들이 만든 밭도 봤고."

빈센트의 말에 밀튼은 숨을 크게 들이쉬더니 횡설수설하듯 웅변을 쏟아냈다. 그는 그 빈터에 간 적이 있다고 시인했다. 거기서 작업할 건축업자가 고용되었지만, 자기는 그 이상 아는 게 없다고 했다. 자기는 하찮은 목장 인부일 뿐이며, 맡겨진 가축들을 돌볼 책임밖에 없다는 것이었다.

마르셀로는 불신에 찬 표정으로 그의 말을 듣고는, 빈센트를 향해 돌아서서 그들에게 거짓말을 한 밀튼을 비난했다.

"이자는 우리가 갓난애처럼 우스워 보였나봐."

마르셀로는 밀튼의 귀에 들리도록 일부러 크고 또렷하게 말했다.

"저 자가 거기에 가서 그런 거야. 인디언이 살던 곳을 저 작자가 부순 거라고."

밀튼은 다시금 결백을 주장했지만 마르셀로와 빈센트는 여지를 주지 않았다. 질문을 하면서 몰아붙이자 결국 밀튼은 한창 우기였던 그해 1월에 건축업자가 그곳을 그렇게 만들었다고 털어놓았다. 밀튼은 인부들이 일하는 동안 그곳에 갔고, 움막 한 채가 아직 남아 있는 것을 보았다고 했다. 하지만 그도 그 이상은 모른다고 했다.

밀튼은 인디언의 존재에 대한 이야기를 하고 싶지 않았던 건, 숲에 들어가서 인디언을 찾아내라고 요구할까봐 두려워서였다고 빈센트에게 설명했다. 그건 정말 하기 싫은 일이었다고 했다.

밀튼은 이렇게 우겼다.

"난 숨기는 게 없어요. 이제 당신들은 나한테 인디언을 찾아내라고 하겠지만, 난 인디언이 어디 있는지 몰라요."

그러자 마르셀로가 말했다.

"우리가 원하는 건 진실을 말해줄 사람뿐입니다."

마르셀로와 빈센트는 그 공터를 치웠다는 '건축업자'에 대한 정보를 얻기 위해 밀튼을 더 추궁했다. 그 인부들은 그곳에서 한 무리의 인디언들을 겁주고 마을을 부수라고 고용된 것인지, 만일 그게 사실이라면 그건 총잡이들이 숲 속에서 인디언의 흔적을 없애기 위해 고용되었고 한 명의 인디언만이 살아남았다는 소문과 일치하는 데가 있다고 말했다.

그러나 그날 오후 밀튼은 더 이상은 이야기해주지 않았다.

"제발 그만해요. 머리가 아파요."

성과 없이 계속된 심문 끝에 빈센트는 눈을 비비고 집 곁의 마당을 곁눈질했다. 닭 두 마리가 마른 갈색 흙을 쪼아 먹으며 돌아다니고 있었다.

며칠 후, 연락대는 예전에 마을이 있었으리라 추정되는 그곳에 다시 가보았다. 그런데 그들보다 먼저 도착한 사람들이 있었다.

모델로 목장에서 온 인부들이, 맨 처음에 파괴된 뒤 덤불 밑에서 자라난 마니옥과 파파야를 불도저로 다시 없애고 있었다. 그들은 갈아엎어진 땅 위에 잔디 씨앗을 뿌리고 있었다.

마르셀로는 불도저를 가로막고 서서 설명을 요구했다. 운전사는 불도저에서 내려 마르셀로와 마주 섰다. 허리춤에 손을 올린 그의 셔츠에는 목과 겨드랑이를 따라 땀자국이 얼룩져 있었다. 운전사는 어깨를 으쓱하고는 눈썹을 추켜올렸다. 그러고는 자기는 그저 여기에 왔을 뿐이고, 왜 공터를 치우라고 부탁받았는지는 잘 모르겠다고 했다.

마르셀로는 태연스러운 그의 모습을 참을 수 없었다. 그는 땅에서 나무판자를 집어들어 운전사의 머리 위로 들어올렸다.

"당신이 인디언 마을을 부수고 있다고!"

마르셀로와 다른 사람들이 인부들이 작업을 계속하는 걸 막았지만, 곧 그곳에 도착한 헤르쿨레스 달라피니가 연락대는 그의 소유지에 들어올 권리가 없다고 말했다. 그는 제복을 입은 경찰 한 명과 함께 왔다.

그들은 그 경찰관에게 포르투벨류에서 법원 명령을 받았고, 그곳에 대한 탐사 허가가 나왔다고 설명했다. 알테어는 인부들과 경찰관에게 공터의 구덩이 하나를 보여주었다. 그러고는 탐사대가 다른 곳에서 발견한 움막에도 비슷한 구덩이가 있었다는 것을 설명했다.

빈센트는 모든 것이 녹화되어 있는 비디오카메라를 경찰관에게 증거로 보여주겠다고 제안했으나 헤르쿨레스가 반대했다. 헤르쿨레스는 법무부가 푸나이에 소유지를 탐사하도록 허가를 해준 것은 인정했지만 빈센트는 푸나이 소속이 아니라는 것이었다. 따라서 비디오카메라를 휴대한 빈센트는 불법 침입자이고, 구류에 처해져야 한다고 주장했다.

경찰관은 잠시 생각해보고는, 카메라를 압수할 수는 없지만 빈센트를 체포할 수는 있다고 말했다.

당장은 헤르쿨레스에게 유리한 결정이었다.

빈센트는 결국 추핀구아야로 향하는 경찰차에 태워졌다. 그는 경찰관이 마음을 바꿔 카메라를 압수할 경우에 대비해서 속옷에 작은 비디오카메라를 숨겨두었다. 그러나 두 시간이 지나자 경찰관은 빈센트를 풀어주었다. 빈센트는 마르셀로에게 전화를 걸어 계획을 세웠다. 그는 추핀구아야에 머물며 목장 인부들 틈에 섞여서 정확히 누가, 그리고 왜 숲 속 한가운데 있는 공터에 손을 댔는지 알아낸다는 것이었다. 빈센트는 그곳 목장 노동자들의 의심을 살 만한 짓인, 트럭을 타고 마르셀로와 관련이 있다고 광고하며 번화가를 돌아다니는 대신 신분을 감추고 살짝 위장한 채 탐사하겠다고 했다.

푸나이 소속이 아닌 빈센트는 탐사대 편에서 일할 수 없다는 점을 계산에 넣었던 것이다.

빈센트의 비디오

빈센트는 프랑스에서 태어났지만 마르셀로와 마찬가지로 브라질 예술을 주도하는 상파울루의 예술가의 아들로 자라났다. 1978년, 두 젊은이는 만나자마자 곧바로 의기투합했다.

빈센트는 10대 시절부터 사진을 찍어왔고, 스무 살 무렵에는 파라주 시크린 인디언 마을에서 살았다. 그는 그들이 피부에 바르는 자규아의 강렬한 붉은색, 대기에 가득한 송진 향기, 모닥불 옆에서 춤추는 밤의 고동 소리 등 감각을 자극하는 것들에 매료되었다. 그러나 그는 그들에게 영원한 외부인이며, 주변의 변화하는 세상과 그들 사이의 문화적 통역자 역할을 해줄 친근한 외국인일 뿐임을 깨달았다. 그는 인디언 보건 프로그램이 조정되는 것을 도왔고, 브라질 정부를 상대로 원주민에 대한 인식이 높아지게끔 노력했다. 그는 1975년 푸나이에 들어간 뒤 상사와 자주 충돌했고, 2년 후에는 푸나이 활동을 그만두었다.

1979년 빈센트는 토착민 변호센터라고 이름 붙인 비영리기관을 세웠다. 이 기관은 정부를 상대로 싸울 무소속 변호사를 쓰는 등 브라질 원주민들에게 주어지지 않은 권리를 보호하려는 목적을 갖고 있었다. 1980년대 중반 VHS 캠코더가 브라질 시장에서 돌풍을 일으키기 시작하자 빈센트는 이것에서 가능성을 발견했다. 카메라를 사용하면 빠르게 사라지는 인디언의 문화적인 전통, 민간전승, 부족의 역사 등을 기록, 보존할 수 있을 터였다. 1987년 서른여섯이 된 빈센트는 다시금 스스로를 사진가로 자각하기 시작했다. 그는 정치적인 목표를 지니고 인디언의 생활을 기록하는 다큐멘터리 작가가 되기로 했다. 즉 인디언들에게 스스로 그들의 운명을 결정지을 힘을 주겠다고 다짐했던 것이다.

이 일에 대한 빈센트의 열정은 마르셀로가 그러했듯이 빈센트로 하여금 많은 시간을 아마존의 숲에서 보내게 만들었다. 세 번 결혼한 빈센트의 첫 번째 부인은 인류학자였다. 그녀는 종종 빈센트의 여행에 동행했고, 빈센트 또한 그녀의 작업에 동행했다. 빈센트의 다큐멘터리 스타일은 부분적으로 그들 부부의 공통된 감수성에 의해 형성되었다. 즉 그들은 현장의 연구원들이 연구 대상의 삶에 의식적으로든 아니든 영향을 준다는 것을 인지하고 있었다.

이 같은 예로, 부족민들을 영상에 담을 때 배경으로 물러나 카메라가 말 없는 관찰자의 시선을 유지하게 하는 것은 불가능하다는 사실을 빈센트는 초창기에 깨달았다. 전기나 어떤 종류의 현대적 장치도 없는 곳에서, 카메라는 항상 이목을 끌었고 사람들의 행위에 영향을 미칠 수밖에 없었다. 빈센트는 무엇보다 가식적으로 보이는 영상이 되지 않도록 신경을 썼다. 그의 첫 번째 영화, 즉 마르셀로의 도움을 받아 남비콰라족의 발자취를 담은 영화를 제작하는 동안, 빈센트는 카메라에 찍히는 이미지들이 조작 가능함을 인디언들이 인식하고 있다는 사실을 알았다. 어떤 축제 의식을 찍고 있을 때, 추장이 찍은 필름을 보더니 다시 촬영하기를 원했다. 추장은 그 영화가 의식의 포악한 요소를 특히 강조해야 한다고 여겼다. 그럼으로써 그들의 문화를 스스로 방어할 능력이 있음을 보여줄 필요가 있다는 게 추장의 생각이었다. 빈센트는 추장이 원하는 대로 했는데, 이는 결국 남비콰라족이 그 영화의 공동 감독이 된 셈이었다. 곧 모든 촬영 작업에서 빈센트는 인디언들에게 카메라를 조작하고 내용을 그들 스스로 편집하는 법을 가르치게 되었다. 그의 비디오 자료는 점점 늘어나서 토착민 변호센터가 수용할 수 있는 범위를 넘어섰다. 빈센트는 '마을에 간 비디오'라는 이름의 비영리기관을 새로 설립했다.

대학이나 영화제에서 영화를 발표할 때마다, 학계에선 그가 현대 기술을 원주민들에게 소개함으로써 그 문화를 오염시킨다고 비난했다. 일부 사람들은 그가 영화 제작 과정에서 남성들에게 더 큰 통제권을 줌으로써(남성 부족민들은 거의 모든 문제에서 주도권을 지니고 있다) 부족 안에서 여성들의 역할을 약화시킨다고 했다. 하지만 빈센트에게 있어 그러한 비평들은 대부분의 아마존 인디언 마을에서 영위되는 실제 삶에 대한 무지를 드러내는 것으로 보였다. 비평가들은 실제의 아마존이 아닌, 자신들이 생각하기에 그럴듯한 아마존을 보기를 원했다. 그러고는 빈센트의 작업이 그들의 이상적인 관념에 맞지 않으면 비난했다. 학자들은 이따금 고립된 부족들과 접촉하려는 모든 시도들, 심지어 아직 실현되지 않고 진행 중인 경우까지도 '온정주의적'이라고 부르면서, 백인들을 힘없는 인종을 보호하는 우월한 자들로 재현하고 있다고 비난했다. 이에 대해 빈센트는 '그러면 어떤 대안이 있냐고', '한 발짝 물러나서 부족 문화가 파괴되는 것을 보고만 있어야 하냐고' 되물었다. 브라질 원주민들의 지지자로 일해 오는 동안, 그는 직접 개입하지 않는 접근 방법이 어떤 결과로 이어지는지를 수없이 목격해왔다. 인디언들은 죽었다. 조만간 누군가가, 그것이 목재업자든 고무 채취업자든 또는 광산업자든 인디언을 발견하는 것은 피할 수 없는 일이고, 그런 예기치 못한 만남은 거의 항상 비극으로 끝났다. 1954년 홍역에 걸린 한 고무 채취업자가 투파리족과 만났을 때, 병이 퍼져 200명이었던 부족민이 일주일 안에 절반으로 줄어들었다. 현대 사회의 접근은 피할 수 없을지 모르지만, 빈센트는 그것이 원주민의 필멸로 이어져야 한다고는 생각하지 않았다.

빈센트가 만난 모든 부족의 문화는 이미 수십 년에 걸쳐 변화하고 있었다. 브라질의 여러 원주민이 백인들과 최초의 접촉을 시작한 이래로 그러했다. 빈센트는 그의 영화를 정치적인 도구로 보았다. 영화는 인디언들이 더 큰 목소리를 내도록 도와줄 것이고, 그들의 사회가 어떻게 진화해나가야 할지를 그들 스스로 결정할 수 있게 도와주리라고 믿었다. 비디오 영상을 통해, 빈센트는 인디언과 인디언 아닌 사람들 모두가 부족들을 새로운 각도에서 보기를 바랐다. 부족들은 고립된 타자가 아니라 인간이었다.

위험한 증언

빈센트가 과포레밸리에 도망 중인 인디언이 있을 가능성을 추적하는 과포레 연락대와 일하기 시작했을 때, 그의 마음속 계획은 이러했다.

'그 인디언을 찾아내면 평화적인 만남을 갖고, 목축업자나 벌목꾼들로부터 그를 보호하며, 그가 원하는 대로 지내도록 해주자. 어떤 기대도 하지 않고, 탐사대가 은혜를 베푼 것처럼 굴지도 않으며, 스스로 방향을 정할 힘을 주자'는, 그것을 온정주의라고 해도 빈센트로서는 다른 식의 태도는 무관심 또는 지적인 마비 상태로 느껴졌다.

빈센트는 달라피니 목장에서 체포된 뒤에 금세 풀려났다. 그는 가방에 비디오카메라와 펜 크기의 작은 카메라도 챙겼다. 셔츠 주머니에 자세히 들여다보아야만 알아차릴 수 있는 작은 구멍을 뚫어놓아서, 그 작은 카메라를 숨겨두면 비교적 또렷한 영상을 찍을 수 있었다. 그는 목장 인부들에게서 조각조각 얻어들은 소문을 철저히 파헤치고 싶었다.

추핀구아야의 마을은 군데군데 움푹 꺼진 흙길이 불규칙하게 얽혀 있는 조금은 지저분한 곳이었다.[*] 셔츠도 안 입은 남자들이 스콜 맥주병을 들고 길가에 있는 술집에서 비틀거렸다. 주도로에는 자동차 영업소가 두 개 있었고, 가게 앞에 스페어타이어와 휠캡이 광고용으로 걸려 있었다. 광장에는 길 잃은 암탉들이 돌아다녔다. 마을에서 가장 좋은 식당은 광장 근처 목장주의 녹색 집 안에 있었다. 그 목장주는 방이 필요한 사람에게 세를 주었는데, 그것은 흔해 빠진 호텔과 거의 비슷했다.

빈센트는 그곳에 방을 얻어 잠시 기거하기로 했다. 그는 첫날 두 시간쯤 어슬렁거리며 마을을 돌아다녔다. 최대한 그곳 주민인 것처럼 보이려고 애쓰면서, 우기 동안 모델로 목장에 고용되었을 법한 사람에 대해 수소문할 만한 곳을 물색하려고 했다. (다른 적당한 이름이 없었기 때문에) 호텔이라고 부르기로 한 방으로 돌아온 그는 친근해 보이는 주인과 이야기를 나누었다.

주인은 마을의 모든 사람을 알고 있었고, 모델로 목장이 인디언을 몰아내려고 사람을 고용했다는 소문에 대해 물어봐도 될 만큼 선량해 보였다. 주인은 살짝 긴장한 듯했는데, 빈센트는 그가 뭔가를 알고 있

● 추핀구아야의 이 마을은 1990년대 중반 이후로 꽤 많이 바뀌었다. 여기에 묘사된 내용은 영화 보관소의 비디오 영상과 사진, 1990년대 중반에 그 마을을 방문한 사람들의 회고담, 그리고 10년 뒤에 저자가 직접 여행하면서 목격한 것들을 참고한 것이다.

다는 표시로 해석했다. 그런데 사실은 아닌 것으로 밝혀졌다. 하지만 말해줄 사람을 알고 있었고, 빈센트에게는 잘된 일이었다.

빈센트는 그를 소개해 달라고 부탁했지만 주인은 경계했다. 그는 알아서는 안 될 사람들이 이 일을 알아차려서 달갑지 않은 주목을 끌 것을 두려워했다. 그러나 빈센트가 조심할 것을 약속하자 주인은 마음을 돌렸다. 그 사람을 만나기 위해 멀리 갈 필요는 없었다. 그 사람은 그 식당의 주방에서 요리와 설거지를 하는 여자였다.

그녀의 이름은 마리아 엘레니스였다. 빈센트는 그녀에게 우기 동안 몇 명의 일꾼이 모델로 소유지에서 땅을 정리하도록 고용되었다고 들었다는 것과, 그 일꾼들은 추핀구아야에서 온 것으로 생각된다고 말했다. 여기에 대해 아는 사람을 만나고 싶다는 말도 했다.

그녀는 겁을 먹었다. 마을 한가운데 있는 식당은 확실히 그 이야기를 꺼내기에 좋은 장소는 아니었다. 사실 그녀는 자기가 그 이야기를 할 뜻이 있는지에 대해서도 확신이 없었다.

"생각 좀 해볼게요."

그녀는 이렇게 짧게 말했다.

다음 날 빈센트는 이야기의 다른 출처를 찾아보려 했지만 별 소득이 없었다. 그는 마리아 엘레니스의 집에 가서 그녀를 기다렸다. 비디오카메라를 보면 말하기를 거부할 거라고 예상한 그는 셔츠 주머니에 카메라를 숨겼다. 그리고 대화를 녹음하기로 했다. 만일 그녀가 말해준다면, 인디언의 생명을 위협하는 자들에게 법적 조치를 취하도록 지방 정부를 설득할 증거가 될 터였다.

그녀는 빈센트를 안으로 들였고, 그들은 뒷마당에서 한 시간 동안 이야기했다. 그녀에 따르면, 한 건축업자가 그녀의 전 애인을 고용해서 모델로 소유지의 숲을 정리하도록 시켰다고 했다. 그녀는 빈센트에게 전 애인이 숲에서 일하는 동안 같이 지내려고 자신도 그 장소에 갔었다고 말했다. 그녀는 당시 그곳에 세 명의 인디언이 있었는데, 맨 처음에 도착한 인부들이 인디언들을 겁주어 쫓아버렸다는 말을 들었다고 했다. 이 모든 일이 정초 무렵에 일어났고, 그녀의 기억은 달라피니 목장의 밀튼에게서 들었던 이야기와 대략 일치했다.

빈센트는 이 같은 사실을 확인한 것을 크게 기뻐하며 호텔로 돌아왔다. 하지만 주인은 별로 흥분하지 않았다. 주인은 빈센트에게 누군가가 식당에 들러서 빈센트에 대해 묻더라고 말했다. 그러면서 만일 안전을 생각한다면 눈에 띄지 않게 조심하라고 말해주었다.

방으로 돌아와서 테이프를 틀자 더욱 달갑잖은 일이 기다리고 있었다. 마리아 엘레니스의 영상에 줄이 생기는 것까지는 그럭저럭 괜찮았지만, 음성이 엉망이었다. 단 한 단어도 알아들을 수가 없었다.

그날 밤 빈센트는 누군가가 방에 뛰어들어 그를 놀라게 할 경우를 대비해서 침대로 문을 막았다. 그리고 아침에 마리아 엘레니스를 다시 찾아가보기로 했다.

그는 녹음할 수 있도록 그녀가 다시 말해주기를 원한다고 했다. 그리고 그녀에게 절대로 얼굴이 나가지 않게 하고 성도 밝히지 않겠다고 약속했다.

"이 일 때문에 한숨도 못 잤어요."

그녀는 마당의 벤치에 앉아 담배를 피우며 말했다.

"사실 이곳을 떠나서 멀리 가버릴 생각도 하고 있어요. 너무너무 걱정돼요."

그녀는 방금 근처 술집에서 그녀의 전 애인을 고용했던 건축업자를 봤다고 했다.

빈센트는 그녀를 진정시키려 애썼다. 결국 그녀는 빈센트에게 증언하는 것이 어깨의 짐을 더는 셈이라고 생각했다.

"슬픈 일이죠, 아시다시피 이런 일에 휘말렸다는 게 말이에요. 하지만 입 다물고 있는 건 더 못할 짓이에요."

그녀는 좀 더 자세히 이야기해주었다. 사실 전 애인은 그 땅에 불을 질러 작업을 마무리하는 데 참여했다고 했다. 전 애인이 도착한 것은 작업이 대부분 완료된 뒤였다. 전반부 작업을 위해 고용된 사람들은 그곳에 캠프를 차렸는데, 세 명의 인디언을 보았다고들 했다. 그 인디언들은 옷을 안 입고 깃털만 조금 걸쳤더라고 했다.

빈센트는 혹시 인부들이 인디언 움막을 무너뜨렸는지 알고 있냐고 물었다. 그렇다고 대답했다. 인부들 중 한 사람의 아내가 집을 부수고 불을 지르는 것을 도왔다는 것이다.

마리아 엘레니스는 그 땅의 주인이 인부들에게 트랙터와 중장비를 공급해주었다고 했다. 인부들은 인디언의 흔적을 모조리 없애고, 구덩이도 덮어버리라는 지시를 받았다는 것이었다.

"그들이 인디언을 죽였을까요? 정말 그럴까요?"

빈센트가 묻자, 그녀는 죽이지는 않았을 것 같다고 대답했다.

"그 인부들은 그런 일이 있었다면 자랑스럽게 떠들었을 테니까요."

그리고 처음에 인디언들을 쫓아버린 뒤, 인부들은 나중에 한 명의 인디언을 보았다고 했다. 그런데 그 인디언은 인부들을 보자마자 달아났다는 것이었다.

이틀 뒤, 빈센트는 기세등등하게 빌헤나로 돌아왔다. 그는 테이프를 법무부에 넘기고 달라피니 형제를 지구상에서 하나의 문화를 말살시키려 한 혐의로 고소할 생각에 부풀어 있었다. 그러나 빈센트와 마르셀로는 검사 사무실에서 실망하고 말았다. 그 테이프는 법정에서 증거로 채택되지 못한다는 거였다.

그들이 수집한 이야기들과 증거들을 가지고도 인디언들이 살해되었다는 것을 증명하지 못하는 한, 법적 조치를 취할 방도는 없다는 것이었다. 증명할 길은 없었다. 시체가 없기 때문이었다. 많은 지방 사법 공무원들과 정치가들이 혼도니아에 목장 사업을 시작하러 온다.• 그들은 뒤집을 수 없이 명백한 증거 없이는 힘 있는 지역 선거구민들을 자극하고 싶어 하지 않을 것이다. 마르셀로와 빈센트는 그들의 관점을 개척지에서 성장기를 보낸 관리들에게 설명해보려 했지만 헛수고였다. 설사 인디언이 살해되었다 해도 그들이 만난 사람들 대부분은 관심도 두지 않았다.

그러나 그들은 어디를 가든 그들과 함께하는 젊은이를 보면서, 이 주민을 상대하는 것이 절망적인 일만은 아니라고 생각했다. 알테어 알가예르는 일생을 이주민들, 목축업자들, 벌목꾼들 사이에서 살아왔다. 사실 탐사대에 합류하기 전까지는 그 자신이 그 세 부류 모두에 속했던 것이다.

• 혼도니아의 주지사와 상원의원들을 포함해 오늘날 그곳에 있는 대부분의 정치인과 관리들은 농업에 종사할 목적으로 혼도니아에 발을 들였던 목장 소유주들이다.

5장

우연한 전환

THE LAST OF THE TRIBE

그는 고작 열네 살이었지만, 서부행 버스의 발판에 발을 올린 순간부터 어른이 되었다.

최근 혼도니아로 이주한 아버지의 친구는 편지에서, 그곳을 엘도라도처럼 묘사했다. 누구나 거기서 밝고 빛나는 미래를 볼 수 있고, 꿈을 이룰 수 있다는 것이었다. 그 편지에 따르면 과거는 아무 문제도 되지 않았고, 모든 지붕은 깨끗했으며, 가장 가난한 소작농까지도 상당한 재산을 가질 수 있었다. 혼도니아에서는 모두가 주인이었다. 그것은 모든 사람의 꿈이었고, 정부는 화려하게 포장해서 선전하고 있었다. 개간해서 국가 경제의 생산적인 일부분으로 만들 사람이라면 누구에게나 땅을 나누어준다는 것이었다.

알테어의 아버지 같은 사람에게 그것은 대단히 탐나는 조건이었다. 알프레도 알가예르의 부모는 20세기에 독일에서 산타카타리나 남동부로 이주했다. 당시 독일인들은 자립의 꿈을 안고 도착했으나 다른 사람의 땅에서 일하며 돈을 모으려고 두 세대 동안 노력했다. 하지만 노력한 보람도 없이 경제적 종속 상태에 처박히고 말았다. 그들은 아무리 열심히 일해도 자신이 경작하는 땅을 살 돈을 모을 수가 없었다.

알테어의 조부는 처음 브라질로 가족을 데려온 애국자로서, 그의 꿈을 영적인 방향으로 수정했다. 1980년대 미국의 복음주의 선교사들은 자신들의 종교적인 영역을 넓히는 데 브라질만큼 좋은 곳은 없다고 판단했다. 특히 시골의 가난한 사람들이 세례를 받으려고 너도나도 몰려들었고, 그들은 하나님의 은총에 목말라했다. 1980년에서 2000년 사이에 자신을 복음주의 기독교인으로 여기는 브라질인의 수는 전국적으로 2600만 명이었는데, 이는 전에 비해 두 배로 증가한 수치였다. 이 같은 놀라운 변화의 물결에 뛰어든 알테어의 조부는 손자가 자신과 같은 길을 가기를 원했다. 알테어는 4학년을 마침으로써 작은 고향 마을에서 받을 수 있는 마지막 학교 교육을 받았다. 조부는 최근에 손자에게 도움이 되리라 여겨지는 복음주의 교회와 중등학교가 있는 지방으로 옮겨 간 참이었다. 알프레도 알가예르는 열한 살 된 아들에게 선택권을 주었다. 조부와 함께 살면서 계속 학교에 다니든지, 부모와 여자 형제들과 함께 눌러살면서 농장에서 일하는 것이었다. 알테어는 떠나지 않기로 했다.

알테어는 세 자녀 중 맏이이자 유일한 아들로, 농장에서 많은 일을 거들었다. 그는 농장을 꾸려가는 데 큰 보탬이 되었다. 알프레도의 친구가 혼도니아에 편지를 보내오기 전까지는 그랬다. 그는 편지에서 말하기를, 알프레도 가족이 1년만 혼도니아에서 일하면 땅을 살 만큼 돈을 모을 수 있을 거라고 장담했다. 그는 알프레도에게 꾸물거리지 말라고 충고했다. BR-364를 통해 매일 사람이 꽉 찬 버스가 도착해서는 아직 임자가 없는 땅을 마구 얻어간다는 것이었다.

산타카타리나에 편지가 도착한 때는 씨를 뿌리는 시기였기 때문에 알프레도는 농장을 두고 갈 수가 없었다. 그래서 아들에게 기대를 걸었다. 알테어는 머리가 좋았고, 벌써 어른 한 사람 몫을 하는 일꾼이었다. 증명서에 찍힌 출생 연월일만 제쳐두고 보면, 알테어는 짐을 짊어지고 도로에 나서는 다른 서부 개척자들과 별다를 것이 없었다. 그는 아직 어렸지만, 알 만한 것은 거의 알고 있었다.

그리하여 알프레도 알가예르는 아들을 혼도니아로 보내 답사하게 하고, 이듬해에 나머지 가족이 뒤따라갔을 때를 대비해 얼마간의 땅을 찾아내어 보금자리를 마련할 약간의 돈을 주었다. 그때까지 알프레도의 친구가 알테어를 돌봐주기로 약속했었다.

알테어가 버스에 오르기 전, 아버지는 그에게 편지 한 장을 들려주었다. 혹시 누군가가 왜 혼자서 나라를 가로지르는 여행을 하냐고 물을 때 보여주라는 내용이었다. 아버지의 서명이 들어 있는 그 편지는 알테어가 방랑하는 비행 청소년이 아니라 가족의 일로 여행 중이라는 사실을 증명했다.

알테어의 어머니도 여행에 앞서 닭고기와 파로파라는 마니옥 가루 구운 것을 주며 말했다.

"버스에서 먹어라. 첫날부터 사먹을 필요 없어."

3200킬로미터가 넘는 버스 여행은 3일 밤낮이 걸렸다. 모든 좌석은 꽉 찼고, 모두 혼도니아로 향하는 이주자들이었다. 여정의 대부분은 비포장도로를 달리는 것이었고, 길가에는 볼 만한 풍경도 거의 없었다. 양철 지붕의 '여관'들은 여행자들이 해먹을 걸고 겨우 밤을 지낼 만한 정도였고, 주유소에서는 큰 금속 드럼통에 연결해놓은 호스로 연료를 팔았다. 도로 상태 때문에 차가 달릴 수 없을 것 같은 때가 세 번 있었는데, 그때마다 승객들은 버스에서 내려 짐칸에서 짐을 끄집어냈다. 그러고는 진흙탕을 건너 장애물이 치워진 건너편 길에 가서 그들을 태워줄 다음 버스를 기다리곤 했다. 세 번째 또 그런 일이 생긴 한밤중에 알테어는 짐을 갖고 깊은 진흙 속을 성큼성큼 걸어갔다가 다시 돌아와서, 두꺼운 종이 상자를 등에 지고 있는 노인 승객들을 도왔다. 그 상자들은 터질 듯 꽉 차 있었고, 알테어는 짐 주인들의 모든 물건이 들어 있을 거라고 짐작했다. 이 여행을 위해 그들은 가지고 있던 모든 것을 털어넣었고, 아직은 상상하기도 어려운 약속의 땅에 다다르기 위해 진창 속을 건너려 애쓰고 있었다.

알테어는 마침내 알타 프로레스타 도에스테라는 작은 마을에 도착했다. 그곳은 빌헤나에서 서쪽으로 자동차로 몇 시간쯤 떨어져 있었는데, 알프레도의 친구가 알테어를 자기 집으로 맞아들였다. 알테어는 금세 자동차 수리센터에서 엔진 정비하는 일을 얻었다. 보수는 적었지만 그는 그것을 모두 저축했으며, 사슬톱과 도끼, 낫을 샀다. 마을 경계 너머에 끝없이 이어져 있는 것처럼 보이는 울창한 나무들을 베어내기 위해서였는데, 이는 가족들과 함께할 미래를 대비한 것이었다.

약속의 땅

알테어는 처음부터 혼도니아를 사랑했다. 모든 것이 새로웠기 때문이다. 작은 고향 마을 산타카타리나에서는 그가 모르는 사람도 없었고, 그를 모르는 사람도 없었다. 그러나 이곳에는 브라질 전역에서, 그리고 그가 미처 들어보지도 못한 신기한 고장에서 온 사람들뿐이었다. 모두가 대담한 믿음을 갖고 이곳에 도착했다. 대기에도 격렬한 모험의 향기가 가득 배어 있었다.

알테어는 도착하자마자 모두가 꿈꾸는 멋진 인생은 그리 쉽게 얻어지지 않을 것 같다고 느꼈다. 그는 가족이 구입할 만한 땅의 후보지를 물색하면서, 너무 늦게 왔다는 사실을 깨달았다. 정부는 이미 4년 전에 밀려들기 시작한 수천 명에게 인근의 이름 붙은 땅들을 전부 나누어주었다. 몇 에이커의 땅을 팔겠다는 사람을 찾아냈을 때조차, 미성년자인 그는 계약서에 서명할 수가 없었다. 알프레도의 친구는 자기 토지의 일부를 알테어 가족에게 대가 없이 제공해 도우려고 했다. 그들이 그 땅을 개간해 농사를 짓는다면 길러낸 것들을 다 가져도 좋다는 것이었다.

산타카타리나의 수확철이 지나자 나머지 가족들이 알테어가 있는 곳으로 옮겨왔다. 그들은 집이 없어서 처음 한 달 동안은 숲 속에 천막을 치고 지냈다. 그러다 주위의 나무를 베어내고, 그 베어낸 나무로 원시적인 통나무집을 지었다.

알테어는 아버지와 일을 하며 지냈지만, 잠시라도 틈이 나면 숲에 들어가 풍경에 취했다. 그는 숲이 지닌 수많은 신비에 경외심을 느꼈다. 정글은 인내심을 요구했다. 찬찬히 기다리지 않으면 가장 근사한 비밀들을 놓치고 만다. 그는 목적 없이 걷곤 했다. 모래시계와 같은 바리구다 나무(또는 '배 모양 나무')의 모습에 감탄했으며, 계곡의 바위 틈에서 새어나오는 물줄기 옆에 쪼그리고 앉아 두 손을 컵 모양으로 구부려 물을 받아 마시곤 했다. 그는 재규어가 부드러운 진흙 위에 가끔씩 남기는 발자국에 다섯 개의 발가락이 찍힌 것을 구분할 줄 알게 되었다. 또한 첫해에는 맥을 보았다. 맥은 멧돼지와 비슷한 남미의 큰 야생 동물로, 몸무게가 272킬로그램까지 나간다. 그는 숲 속에서 혼자 몇 시간 동안이나 무릎을 꿇은 채 그 맹수가 코로 나뭇잎 더미를 파헤치고 주둥이로 사냥하는 것을 지켜보았다. 그의 조부는 자신이 브라질 동부 해안에 처음 이민 왔을 당시의 이야기를 하곤 했다. 당시 대서양의 숲에는 재규어가 많이 돌아다녔다고 했다. 이제는 알테어가 개척자가 되었다. 그것은 살아 있다는 기분을 느끼게 해주었고, 그는 어디에 가든 무엇 하나 놓치지 않으려고 눈을 크게 뜨고 다녔다.

그가 볼 수 없었던 것은 지극히 현실적인 부분이었다. 숲 속에서 나날을 보내던 알테어는 눈에 띄지 않게 살갗에 내려앉은 모기에게 물렸다. 일주일쯤 지나자 알테어는 열이 나는 것을 느끼기 시작했다. 경련도 일어났고 관절도 쑤셨다. 그는 뱃멀미하는 사람처럼 헬쑥해 보였다. 처음으로 말라리아에 걸렸던 것이다. 그 뒤 혼도니아에서의 첫해가 가기 전에, 그는 여덟 번이나 말라리아 발작에 시달렸다.

결국 가족까지 돌아가며 그 병에 걸렸다. 혼도니아 이주민들에게 끈질기게 따라붙는 이 병은 전염병이나 다름없었다. 당시 그 지역에서 가장 일반적인 말라리아균은 열대열원충(plasmodium falciparum)

으로, 아주 치명적인 것이었다. 이 균은 말라리아 치료제로는 죽지 않았다. 가장 가까운 보건소에서 그 지역 환자들에게 공급해준 클로로퀸도 듣지 않았다.* 알가예르 일가가 그랬듯이, 병에 걸리면 그저 앓아눕는 수밖에 없었다. 어느 날 알테어의 두 여동생이 병에 걸려 신음하고 있을 때, 알테어의 아버지는 이런 생활을 끝내기로 했다. 이만하면 충분했다. 가족을 위해 재산을 모은다는 꿈도 살아남은 가족이 있을 때나 가치 있는 것이었다. 그들은 숲 속 통나무집에서 나와 알타 프로레스타에 자리를 잡았다.

알테어의 부모는 실내에서 일할 수 있는 직장을 찾아다니다가 마침내 마을 사무소에 자리를 구했다. 두 딸은 점원 자리를 얻었다. 하지만 알테어는 밖에서 일하고픈 마음을 버릴 수가 없었다. 다른 가족들과 달리 그는 숲 속에 있는 것이 좋았다. 책상 앞에 앉아 있는 것에는 흥미가 없어서, 숲에 머물 수 있는 일자리를 찾아다녔다. 곧 그는 가장 몸이 건강한 아마존 지역 남자들이 하는 일을 찾아냈다. 벌목꾼이 되었던 것이다.

목재소는 늘 새 인부를 모집했고, 알테어는 알타 프로레스타 밖에 있는 목재 공장에서 금방 일을 구했다. 그는 거의 뭐든지 했다. 나무를 베고, 몸통을 자르고, 다듬은 목재를 쌓았다. 엔진이 고장 나면 그가 고쳤다. 점심때가 되면 요리도 했다. 그가 목재소에 들어간 1986년경, 목재는 전부 수출되었다. 트럭에 실려 마나우스와 벨렘의 항구로

● Carol J. Pierce Colfer, Doulas Sheil and Misa Kishi, *Forests and Human Health: Assessing the Evidence* (Jakarta: Center for International Forestry Research, 2006), p. 50.

옮겨진 다음 배에 실려 전 세계로 보내졌다. 알테어의 하루 일과는 전 세계의 보이지 않는 힘에 의해 정해졌다. 어느 날 미국과 영국에서 마호가니가 필요하다는 주문이 목재 회사에 들어온다. 그러면 회사는 즉시 벌목 가능한 숲을 모두 뒤져서 확실한 돈벌이가 되는 나무, 스위테니아 마크로필라(Swietenia macrophylla)를 찾아낸다. 회사들은 이따금씩 마호가니 한 그루를 가져오기 위해 숲 속에 길을 만들기도 한다. 시장에 마호가니가 충분히 공급되었을 경우, 마호가니는 잊혀지고 페로바 나무에 똑같은 편집광적인 집착을 쏟는다.

1990년대 초 무렵, 환경 규제가 국제적으로 조금씩 고개를 들기 시작했다. 알테어가 일하는 회사는 그때까지는 버려지던 작은 나무들을 브라질 국내 시장에 파는 것으로도 이윤을 낼 수 있다는 사실을 알았다. 사장은 약 16제곱킬로미터의 땅을 샀고, 나무를 베어내는 한편 지속적으로 수확을 하기 위해 그 땅에 나무를 심는다고 홍보했다. 그에게 나무를 심으라고 강요하는 법령은 없었지만, 어쨌든 그는 그렇게 해나갔다.

우연한 전환

나무를 베어내기 시작한 직후, 근처 국립공원에 있다는 인디오스 브라보스(토착 인디언)에 대한 소문이 나돌기 시작했다. 여러 목재 회사가 페로바 나무를 얻으려고 불법으로 숲 속에 길을 만들고, 벌목이 금지된 지대에서 공공연히 나무를 베었다. 결국 푸나이 탐사대가 꾸려졌다. 탐사 대장은 안테노르 바즈라는 사람이었는데, 그는 즉시 알테어가 다니는 회사의 사장을 법을 엄격히 준수하는 벌목업자로 인정했다. 바즈와 탐사대는 숲 속에 들어가기 전에 목재소에 들르곤 했다. 트럭이 진창에 박히면, 그들은 목재소에 견인차를 보내 달라고 요청했다.

알테어는 그들이 수색을 떠나기 전에 종종 점심을 요리해주었다. 그들의 트럭이 진창에 박혔을 때 꺼내주러 가는 사람도 알테어였다. 그는 그런 일들을 기쁘게 했다. 그들이 들려주는 수색 작업 이야기를 대단히 좋아했기 때문이다. 그들의 활동은 알테어의 일에서 단점은 빼고 좋은 점만 남겨놓은 것처럼 보였다. 정글을 파괴해야 하는 의무 없이 숲 속에서 시간을 보낼 수 있는 일 같았던 것이다. 알테어는 나무 베는 일을 혐오하던 참이었다.

바즈는 초원 지대를 탐사하는 동안 발견한 것들을 알테어에게 보여주었다. 화살, 활, 단지도 있었다. 바즈가 목재소를 떠나고 나면, 알테어는 다른 벌목꾼들이 그 증거품들에 대해 떠드는 것을 불신에 찬 표정으로 듣고 있었다. 벌목꾼들은 자신들을 일터에서 몰아내기 위해 바즈가 그 물건들을 조작했다고 단정해버렸다. 알테어는 그런 음모론들을 벌목꾼들 자신의 목적의식을 보호하기 위해 내세우는 방어 기제로 보기 시작했다. 알테어는 푸나이 사람들과 이야기를 나눈 뒤 숲 속에 인디언이 살고 있을지도 모른다고 생각하는 것이 아니라, 확신하게 되었다. 마침내 그가 옳았다는 것이 밝혀졌다. 통틀어 5200제곱킬로미터가량의 초원 지대는 오랫동안 터전을 잡고 살아온 부족 때문에 마사코 인디언 보호구역으로 공식 지정되었다.

안테노르 바즈는 인디언이 발견되자 알테어의 사장이 목재 사업을 그만둘 계획이라는 말을 전해 듣고 알테어를 따로 불렀다. 그는 알테어에게 푸나이는 혼도니아에서 가능한 모든 지지자들을 찾아내야 한다고 말했다.

알테어는 바즈의 의도를 알아차렸으나 잘될지 모르겠다고 대답했다. 그는 고등학교도 나오지 않았다.

바즈는 자신이 알테어를 계약 형식으로 고용하면 학위는 필요 없다고 했다.

알테어는 23년의 일생 동안 토착 문화에 대해 생각해본 적이 거의 없었다. 그것은 그가 아는 사람들이 관심을 갖는 주제가 아니었다. 산타카타리나에서는 인디언에 대해, 마치 목화 농사짓는 사람들이 목화 씨에 대해 이야기하듯이 말했다. 이주민들은 조클렝 원주민들과 싸웠는데, 이 부족이 그들의 곡식과 가축을 훔쳐간다고 의심했기 때문이다. 산타카타리나의 주지사는 인디언에 대해 이런 말까지 했다.

"이 야만인들은 우리에게서 뭔가를 훔치거나 숨었다가 공격할 생각만 하고 있다. 친절이나 선처를 베풀 족속이 절대 아니다……. 나는 이 야만인들을 강제로 숲에서 끌어내어 빠져나올 수 없는 장소에 깊숙이 가두어두는 것이 현실적이고 필요한 일이라고 확신한다."

알테어는 혼도니아에 왔을 때 이런 견해가 서부 이민자들 사이에도 남아 있는 것을 발견했다.

그는 부모에게, 그 지역 인디언들의 영역을 보호해주기 위한 탐사 활동에 참가하려고 푸나이에 들어가려 한다는 뜻을 밝혔다.

"왜 그런 걸 하고 싶으냐?"

아버지의 반응은 알테어가 개척지에서 지내며 만난 대부분의 사람들의 태도를 요약해주는 것이었다.

푸라의 피리

그로부터 5년이 훨씬 지난 1996년 11월, 알테어는 열네 개의 구덩이가 있는 공터의 나무 그루터기에 앉아 찌그러진 무선 통신기를 만지작거리고 있었다.

"마르셀로? 내 말 들려요?"

마르셀로가 빌헤나로 돌아오고, 빈센트가 추핀구아야의 작은 방에 기거하며 탐정 활동을 하는 동안 알테어는 푸라, 오와이모로와 함께 파괴된 마을 주변의 숲을 계속 돌아보았다. 지금 그는 마르셀로에게 최근에 더 발견해낸 인디언의 흔적을 보고하려는 참이었다. 몇 개의 사냥용 덫과 쓸모없어진 옥수수밭이 있었다. 바닥에 쌓인 먼지의 두께로 미루어 덫은 놓은 지 2년은 된 것처럼 보였다.

알테어가 무선 통신기에 열중해 있는 동안 오와이모로는 거대한 고무나무를 지탱하고 있는 두 갈래의 큰 뿌리 사이에 몸을 숨겼다. 완벽하게 숨을 수 있는 장소였다. 그녀는 인디언이 사냥할 때 그곳을 어떻게 이용할 수 있는지를 설명해주려는 것이었다. 그곳에서 버려진 동물 뼈가 발견된 것으로 미루어볼 때, 오와이모로가 맞는 것 같았다. 누군가가 그곳에서 동물을 사냥하고, 시체도 처리했을 것이다.

오와이모로와 푸라는 알테어와 함께 있으면 편안함을 느꼈다. 1년 전 처음 만났을 때부터 알테어는 그들에게 새로운 세상을 연결해주는 통로 구실을 했다. 그는 푸나이의 오메레 캠프에서 몇 주일씩 지냈는데, 이들은 종종 그와 시간을 보내기 위해 3.2킬로미터를 걸어가곤 했다. 아쿤추 부족도 마찬가지였다. 알테어는 느긋한 분위기를 풍기는 사람이었다. 항상 호기심에 차 있고, 절대 서두르지 않으며, 잘 웃는 모습이 인디언들을 편하게 해주었다. 알테어는 동물을 쫓는다든지 나무에서 송진을 얻는 일 같은 것에 대해 인디언들에게서 새로운 요령을 배우는 것을 좋아했다. 인디언들은 알테어가 그러는 만큼이나 열성적으로 그와 교류하고, 알테어의 모든 움직임을 인류학적 호기심으로 바라보았다. 알테어는 단 한 번도 인류학을 접해본 적이 없었지만, 인디언과 느긋하게 어울리는 동안 두 부족에 대한 지식을 세상의 누구보다도 많이 얻었다.

알테어는 신혼이었다. 운 좋게도 아내 유사라는 카노에와 아쿤추 부족에 대한 그의 열정을 공유했다. 그의 아내는 마르셀로가 소개해준, 원주민을 전문으로 돌보는 간호사였다. 그녀는 집에 있으라고 강요하는 대신 인디언들의 생활 방식과 성격에 대해 자세히 알려 달라며 그의 탐구심을 자극했다. 유사라는 금세 오메레 캠프를 정기적으로 방문하게 되었다. 2년 뒤 첫 임신 8개월째일 무렵에는 푸나이 캠프의 얽은 지붕 아래, 알테어 곁에서 잠을 잤다. 서로 뜻이 잘 맞는 부부에게서 캠프의 모든 사람이 깊은 인상을 받았다. 나이 많은 아쿤추족 추장 코니부까지도 알테어에게 장난으로 거래를 청한 적이 있었다. 유사라와 두 명의 아쿤추 여인을 교환하자는 것이었다.

그해 11월 저녁, 푸라와 오와이모로를 차에 태워 집에 데려다주기

2008년, 알테어 알가예르

전 그들 셋은 물가의 시원한 진흙 둔덕에 자리를 잡았다. 알테어는 물속에 들어가 하루의 먼지와 땀을 씻어냈다. 오렌지 모양의 태양은 지평선 아래로 가라앉아 보랏빛 하늘 속으로 사라져가고 있었다. 셔츠도 없이 편안해진 알테어는 기다란 대나무를 칼 끝으로 조심스럽게 다듬었다. 오와이모로는 해먹에 누워 흔들거리고 있었다. 해먹 옆에 줄로 묶인 원숭이는 그녀의 어깨 위에서 놀다가 귀에 입을 맞추고는, 그녀의 몸에서 이를 찾기 시작했다. 그들이 가느다란 나뭇가지를 모아 만든 불판 위에서는 야생 칠면조가 구워지고 있었다. 알테어가 대나무를 던져주자 오와이모로는 그것을 받아 주의 깊게 살펴보더니, 한쪽 끝에 입을 대고 불었다. 그것은 일종의 피리였는데, 카노에 부족이 저녁 식사를 한 뒤 가끔 노래를 부를 때 연주하는 악기였다. 푸라가 피리를 시험해보려고 다가왔다.

알테어에게는 푸라가 놀랍도록 정확하게 연주하는 단순한 멜로디가 그 자신이 피리로 낼 수 있는 어떤 소리보다도 아름답게 들렸다. 그러나 다른 카노에 부족들에게는 푸라의 음악이 서툴고 형편없게 들렸는데, 그건 알테어의 악기 만드는 솜씨와는 상관이 없었다.

푸라의 연주가 어째서 다른 인디언들에게는 밋밋하게 들렸는지를 이해하려면 이 숲에서 사는 카노에 부족의 역사를 조금 알아야 한다. 알테어로서는 부족의 역사를 알기까지 시간이 걸렸다. 알테어는 나중에 통역자를 통해, 강한 부족이었던 카노에가 어떻게 다섯 명으로 줄어들었는지 알게 되었다. 이것은 비극적인 동시에 승리에 관한 이야기이기도 했다. 또한 이 이야기를 통해 알테어와 연락대에게 쫓겨다니는 인디언의 삶이 어떤 것인지를 분명히 알게 되었다. 그들이 지금 추적을 계속하는 그 인디언의 삶도 마찬가지였다.

집단 자살

안데스 산맥과 아마존 심장부 사이의 광대한 저지대에서부터 시작되는 우림 지대는 언제든 길을 잃기 쉬운 곳이었다. 인류학자들은 유럽이 미국 대륙을 식민화하기 시작했을 때 혼도니아에는 수십 개의 인디언 국가 또는 부족이 있었을 거라고 믿고 있다. 부족민들은 저마다 다른 언어를 사용했고,* 일반적으로 각 부족별로 독립적인 생활을 했으나 가끔 불안정한 동맹을 맺은 때도 있었다. 동맹 관계가 아닌 부족이나 집단들은 서로 적대적인 경우가 많았다. 또한 식인 풍습도 없지 않았다. 어떤 집단은 반유랑민이었던 것으로 보인다. 숲의 한 지역을 베어내고 불을 질러 경작을 하다가 땅의 생산력이 떨어지면 다른 곳으로 이동했던 것이다.

부족들은 울창한 밀림과 풍부한 강물 덕분에 독자적인 생활을 할 수 있었다. 언어학적 근거로 미루어볼 때 많은 부족이 수세기 동안 다른 부족들과 교류하지 않은 채 살아갔음에 틀림없다. 혼도니아는 특이한 미량 물질들이 가득한 배양 접시 같은 상태로 남아 있다. 이 주에서만 30개가 넘는 원주민 언어가 발견되고 있다. 네덜란드 언어학자 헤인 반 데르 부르트는 수년 동안 과포레밸리의 원주민들과 생활하며 그들의 언어를 연구했다. 그는 이 부족 안에만 서로 관련이 없는 고립어가 최소한 10여 개쯤 존재한다고 추정하고 있다. 혼도니아 한곳에만 유럽 전체보다 훨씬 다양한 언어가 존재하는 셈이다. 유럽에서는 바스크어만이 유일한 고립어로 인정되고 있기 때문이다.

세월이 흐름에 따라 얼마나 많은 부족과 언어가 사라졌는지를 정확히 말하는 것은 불가능하다. 혼도니아에 존재하는 30가지 언어 중 절반을 현재는 50명이 채 안 되는 사람만이 사용하고 있다.

유럽인들이 이 땅을 발견한 후 에스파냐는 지금의 볼리비아를 다스렸고, 포르투갈은 지금의 브라질을 손아귀에 넣었다. 혼도니아에서는 과포레 강이 두 나라의 경계 구실을 했다. 에스파냐 쪽에서는 예수회

● Hein Van der Voort, *A Grammar of Kwaza* (Ossining, N.Y.: Mouton de Gruyter, 2004), p. 2.

가 한 세기 동안 남미 최대의 선교 전초지가 되는 곳을 건설했다. 선교 활동은 원주민들 속으로 깊이 들어가 부족들이 와해되는 결과를 가져왔다. 반면에 포르투갈 측의 양상은 조금 달랐다. 몇몇 포르투갈 식민지 통치자는 에스파냐 왕국의 진출을 두려워한 나머지 그 지역의 일부 부족들이 외부와 접촉하지 않고 남아 있게끔 했다. 인디언들이 자신들의 영토를 맹렬하게 방어한다면 에스파냐의 침입자들이 거리를 두리라는 계산이었다. 근본적으로 그들은 인디언을 무급 국경 경비원으로 이용했던 것이다.

1800년대에 고무 채취업자들이 그 지역에 내려오자 선교사들에 의해 접촉을 가진 적이 있는 볼리비아 지역 인디언들 중 다수가 고무 무역상의 노예가 되었다. 고무 회사들은 브라질에도 진출했으나, 많은 부족들이 고립된 채로 남아 수세기 동안 그랬던 것처럼 그대로 숲에서 지냈다.

역사상 가장 위대한 브라질의 탐험가로 추앙받는 칸디도 혼돈은 1900년대 초에 과포레밸리를 여행했다. 그리고 수십 년이 지난 뒤 그 숲은 그를 기리는 의미에서 그의 이름을 따서 지명으로 정해졌다. 1909년 그는 그곳에서 카노에 인디언의 존재를 발견했다고 기록했다. 마르셀로가 혼도니아의 다른 지역에서 통역자로 고용한 나이 든 인디언 모눈치노의 조상도 아마 이 부족에 속했을 것이다. 모눈치노에 따르면 그의 직계 선조들은 1940년에 살던 곳에서 옮겨져 고무 작업장에서 일하도록 강요당했다고 한다. 그러나 다른 카노에 부족 가운데 노예가 되지 않은 무리가 있다는 이야기도 전해 들었다는 것이다. 1943년에 발표한 브라질의 정부 보고서가 이 같은 사실을 뒷받침해준다. 한 무리의 카노에 인디언들이 오메레 강 왼쪽 강둑에 살았던 것으로 보이는데, 그 장소는 50년 넘는 시간이 흐른 뒤 과포레 연락대가 푸라와 오와이모로를 비롯한 나머지 부족민들을 만났던 곳이다.

브라질의 언어학자 라에르시오 노라 바셀라는 1995년 마르셀로와 알테어가 카노에 인디언들을 발견한 직후, 카노에 언어를 최초로 심층 연구하기 위해 혼도니아에 왔다. 그는 푸라의 어머니 타투아 옆에 앉아서 그들의 역사를 해독하려고 시도했다.

타투아는 50쯤 되었지만 더 늙어 보였다. 그녀의 얼굴에는 깊은 주름이 새겨졌고, 등은 인생의 무게로 굽어 있었다. 그 무게는 그녀의 이야기를 통해 쇠퇴하는 한 부족에 대한 강렬한 기억으로 나타났다.

20년도 더 전인 1970년대에 카노에 부족은 50명가량이었는데, 대부분이 여성이었다고 한다.* 당시 부족의 남자들은 결혼 협상을 위해 다른 부족과 접촉을 시도했다. 결혼이라는 동맹을 통해 그들의 혈통을 최소한 몇 세대라도 이어갈 수 있게 하기 위해서였다. 어느 날 노인부터 청소년까지 모든 남자들이 다른 부족을 찾아 떠나고, 여자들과 어린아이들만 남았다. 그런데 며칠이 지나도 남자들은 돌아오지 않았다. 불안한 가운데 며칠이 더 흐른 뒤, 두 명이 수색에 나섰다. 그리고 며칠 뒤에 돌아온 그들은 맥 빠지는 소식을 가져왔다. 남자들이 살해당했다는 것이다. 수색대는 숲에서 남자들의 시체를 발견했다. 부족의 관습에서 생존을 위한 활동은 언제나 남자들의 몫이었다. 사

---

* 카노에 부족의 이야기는 저자가 바셀라(Bacela)와 한 인터뷰, 그리고 사회환경연구소(Instituto Socioambiental)에서 출간된 전자 백과사전 *Indigenous Peoples in Brazil*을 참고한 것이다.

냥, 낚시, 화살 만들기, 집짓기 등은 남자의 일이었고, 여자는 밭을 갈고 아이를 기르며 소소한 가사를 담당했다. 이제 살아갈 일이 막막해진 그들은 공포를 느꼈다. 그들은 띰보 덩굴을 모았다. 거기에는 아마존 인디언들이 강의 초입에 풀어서 물고기를 기절시켜 낚아 올릴 때 쓰는 독이 있었다. 남자들 없이 생존할 수 없으리라고 확신한 여자들은 띰보 독을 만들어 집단 자살을 하기로 결정한 것이다. 여자들은 먼저 아이들에게 독을 먹인 다음 자신들도 마시기로 했다. 그러나 타투아는 그때 다른 생각이 떠올랐다고 말했다. 그녀는 푸라와 어린 딸에게 독을 먹이지 않고 먹이는 척만 했다. 또 그녀 자신은 극히 소량만 마셨다가 토해냈다. 그러고는 기운을 차리려고 애쓰면서 두 아이를 데리고 그녀의 여동생과 조카에게 달려갔다. 그녀는 재빨리 그들이 삼킨 독을 토해내도록 도와주고, 함께 마을에서 빠져나왔다. 타투아는 그렇게 두 여인과 세 아이만이 살아남았다고 말했다. 그러나 그 사건이 있은 뒤 타투아의 여동생은 전과 달라졌다. 환각에 시달렸고, 모든 남자들이 죽었다는 사실을 믿으려고 하지 않았다. 결국 타투아의 여동생은 남자들이 숲 속 어딘가에 있을 거라고 믿고는 그들을 찾아나섰다. 그리고 다시는 돌아오지 않았다. 타투아는 그때부터 두 아이와 어린 조카 오와이모로를 홀로 키웠던 것이다.

　연락대가 그들과 만난 무렵은 그 집단 자살 사건 이후 거의 20년이 흐른 뒤였다. 타투아는 아이들에게 아버지와 어머니 역할을 하기 위해 애썼다. 그녀는 아이들에게 여자의 전통적인 일뿐만 아니라 남자들의 것으로 전해 내려오던 일을 하는 법까지 가르치려고 했다. 또한 의식 때 부르는 노래들을 가르치는 등 부족의 문화를 가능한 한 많이 보존하려고도 했다. 의식을 치를 때는 전통적으로 남자들이 모든 음악을 담당했는데, 타투아는 젊은 푸라에게 그 역할을 맡기려고 애썼다. 그녀는 이렇게 말했다.

"그 애는 피리를 잘 못 다뤄요. 내가 가르친 거라서 그래요."

미완성 구덩이

1996년 12월 첫째 주, 알테어는 다른 곳을 탐사하러 가기 전에 그 파괴된 마을 터를 다시 방문했다. 마르셀로가 인부들과 대치하던 날 씨가 뿌려졌던 잔디는 무성하게 자라서, 알테어가 걸을 때 넓적한 이파리가 무릎에 스칠 정도였다.

잔디 아래에는 구덩이가 아직도 있었다. 구덩이 속 흙의 상태로 보아 그것은 수년 전에 만들어진 듯했다. 주변의 나무들에 파인 흔적들은 12년도 더 되어 보였다. 면적으로 보아 흔적만 남은 밭은 15년 또는 그 이상 거주지였던 것 같았다. 열네 개의 구덩이 대부분은 1.7미터 깊이였고, 그건 벌목장 근처의 외딴집 안에서 발견된 것과 똑같은 규모였다. 마을 터의 구덩이들은 약 90센티미터 너비의 직사각형 입구를 갖고 있었는데, 이는 외딴집 안에 있던 구덩이와 같았다. 그러나 길이는 마을 터 구덩이들이 다섯 배 정도 더 깊었다.

탐사대는 외딴집의 구덩이에서 뻣뻣한 해먹이 걸쳐졌던 흔적을 찾아냈다. 무슨 이유에서든 그 집의 거주자는 구덩이 위에서 잠을 잤던 것 같았다. 구덩이 하나에 한 사람이 들어간다면, 마을 터의 구덩이들에는 각각 다섯 명 정도가 들어갈 만했다. 그러면 큰 집의 구실을 했을 수도 있으며, 수십 명이 살았을지도 모르는 것이다.

그러나 마리아 엘레니스는 1월에 마을이 파괴되었을 때 세 명의 인디언만이 살아 있었다고 했다. 연락대는 그게 사실일 거라고 짐작했다. 부족민의 수가 줄어든 것은 일시에 일어난 일은 아닐 터였다. 1월의 일은 이미 사라져가는 부족의 관에 마지막 못을 박은 격이었을 것이다. 그 난리 통에 한 명의 인디언이 빠져나왔을 거라고 상상하기는 어렵지 않았다.

알테어가 잔디로 가득한 공터를 방문한 그 아침, 이 모든 추론은 확실하지는 않아도 논리적인 것 같았다. 며칠 뒤 그는 다른 탐사 활동을 맡았고, 추측한 것들 중 몇 가지가 사실임을 확인시켜주는 증거를 발견했다. 지금 그들은 숲 속에서 한 무리가 아니라 단 한 명의 자취를 찾아나선 것이었다.

마르셀로는 행정상의 일들을 처리하기 위해 빌헤나로 돌아가고, 빈센트는 몇 주일 동안 만나지 못했던 가족들을 보러 간 사이, 알테어가 탐사대를 책임졌다. 푸나이의 보조 대원 아도니아스, 인디언을 만날 경우를 대비해서 비디오카메라를 다룰 줄 아는 빈센트의 친구가 동행했다. 카노에 통역자 모눈치노도 함께했다. 만일 움막을 지은 인디언이 카노에 말을 못한다 해도, 모눈치노가 이해할 만한 다른 말을 쓸 가능성이 있었기 때문이다.

모눈치노는 163센티미터 정도의 키에 몸무게 50킬로그램이 채 안 되는 작은 체구였다. 짧은 반바지 아래로 약하고 불안정해 보이는 가날픈 두 다리가 드러나 있었다. 하지만 그 두 다리는 긴 여정에도 놀랍도록 잘 버텨주었다. 웃을 때면 그의 눈이 가늘어져 보일락 말락했는데, 도보 여행에 나서면 그것마저 볼 수 없었다. 그는 주유소에서 얻은 때 묻은 붉은색 야구 모자를 깊이 눌러써, 이마를 챙으로 완전히 가리고 다녔다. 질척한 언덕배기를 지날 때 나뭇가지나 물웅덩이 위를 넘어가는 그의 모습을 보면, 앞이 보인다는 게 신기할 정도였다.

모눈치노는 질척하고 가파른 산비탈을 따라 걸어갔다. 그곳은 가시 많은 장미 덩굴로 덮여 있었는데, 그것은 6미터 넘는 아래 골짜기까지 이어졌다. 알테어는 바로 뒤를 따랐다. 그들이 산비탈을 지날 때나 경사면을 내려갈 때는 알테어가 앞장섰다. 그는 검게 변한 나뭇잎들이 얕게 쌓여 있는 것을 알아차리고 얼마 안 가서 멈춰 섰다.

알테어는 엽총을 옆에 내려놓고, 몸을 구부려 나뭇잎을 치웠다. 구덩이가 있었다. 구덩이의 매우 부드러운 진흙 벽면 틈에는 벌레들이 자리를 차지하고 있었다. 바닥에는 면도날처럼 날카로운 나무 꼬챙이가 박혀 있었다. 앞장선 사람이 조금만 부주의했더라면 구덩이에 빠져 크게 다쳤을 것이다. 알테어는 나뭇잎을 덮어 구덩이를 원래의 상태로 해놓았다. 그러고는 다시 걸음을 재촉하면서 나뭇잎들을 주의 깊게 보았다.

알테어는 천천히 몇 미터를 걷다가, 멈춰 서서 고개를 뒤로 살짝 젖히고 귀를 기울였다. 눈에 안 보이는 곳에 있는 높은 나무에서 울음소리가 났다. 마치 탁자 위에서 동전이 빙글빙글 돌다가 멈추는 소리처럼 들렸다.

알테어는 나무 밑동 근처에서 풀이 없어진 자취를 발견했다. 덤불속을 걸을 때 생길 듯한 흔적이었다. 그는 멈춰 섰고, 나무뿌리 근처에서 두어 개의 얼룩을 찾아냈다. 그것을 얼룩이라고 할 수 있다면 말이다. 그는 몸을 구부려 자세히 들여다본 다음, 뒤따라오는 사람들에게 가리켜 보였다. 그건 사람의 두 발자국이었다. 발가락이 향한 쪽을 보니 나무의 반대편을 가리키고 있었다.

생긴 지 얼마 안 된 발자국임을 안 알테어는 조용히 나무 뒤편으로 미끄러지듯 돌아가면서 발소리를 내지 않으려고 조심했다. 그는 진흙투성이인 갈색 가죽 부츠의 앞부분에 천천히 체중을 실었다. 몇 미터 떨어진 곳에서 또 다른 구덩이가 나왔다. 그런데 몇 분 전에 발견한 것과 달리 이번 구덩이는 나뭇잎으로 덮여 있지 않았다. 구덩이 가장자리에 흩뿌려진 붉은 흙더미가 쌓여 있었다. 흙은 축축했으며, 깊이는 60센티미터가 채 되지 않았다. 누군가가 최근에 파놓고 아직 완성하지 못한 것이었다.

서서 이 미완성의 구덩이에 대해 생각하던 알테어의 눈에 움막이 들어왔다. 겨우 6미터가량 떨어져 있었다. 나무 사이로 보일락 말락 한 그 움막은, 기울어진 막대기 틀 위에 야자나무 가지를 조잡하게 쌓아놓은 형태였다.

"따라와요."

알테어는 엽총을 들고 일행에게 속삭이며 움막으로 접근했다. 방금까지도 누군가가 확실히 있었을 것이므로 그의 움직임은 느리고 신중했다. 그는 움막으로 걸어가서 입구를 덮은 나뭇잎을 조심스럽게 헤치고 안을 들여다보았다. 격자로 얽힌 지붕의 틈을 통해 가느다란 금빛 줄기가 안을 비추었고, 날벌레 몇 마리 외에는 아무도 없었다.

모눈치노가 새로 만든 미완성의 구덩이 곁에서 무언가를 발견했다.

그는 알테어의 주의를 끌 만큼 큰 소리로 속삭였다.

"여기 봐. 발자국이 더 있어."

발자국은 차갑게 식은 잿더미로 이어졌다. 아마 전날 밤에 나무를 조금 태운 것 같았다. 알테어는 발자국이 있는 곳으로 갔지만, 자세히 조사할 틈이 없었다. 바로 옆의 나무들 너머로 그들이 몇 달 동안이나 찾아다니던 바로 그 사람의 모습을 언뜻 보았기 때문이다.

이봐 친구!

그러나 인디언은 처음에 그들을 보지 못했다. 그는 앞서의 것보다는 견고해 보이는 또 다른 움막 앞에 무릎을 꿇고 앉아 있었다. 두 번째 움막의 벽은 야자나무 줄기 다발로 이루어져 있었고, 뾰족한 지붕은 무성한 나뭇잎 위로 솟아 있었다. 알테어는 카메라를 들고 있는 빈센트의 친구에게 더 잘 보이는 곳으로 가까이 오라고 손짓했다. 인디언은 그들의 존재를 알아차리지 못한 것 같았다.

그들은 관목과 양치류 너머로 그의 모습을 지켜보았다. 인디언은 팔꿈치를 다리에 올리고, 턱은 구부린 손목으로 받치고 있었다. 머리는 길었지만 옆머리는 짧게 잘려 있었다. 아쿤추족이 하듯이 아마 대나무나 마체테로 잘랐을 것이다. 얼굴은 늙지도 젊지도 않아 보였다. 알테어는 그가 30대 중반이리라고 짐작했다. 수염은 들쭉날쭉해 보였고, 숱이 적은 구레나룻이 입 언저리까지 나 있었다. 방문자들의 존재를 알아차리기 전까지, 그는 긴장을 풀고 골똘히 생각에 잠겨 있는 것 같았다. 그는 알테어의 부츠 뒤꿈치에 어린 가지가 꺾이는 소리를 듣자 갑자기 튀어오르듯이 일어섰다.

인디언은 마른풀을 엮은 허리 가리개를 끈에 묶어 두른 것 외에는 아무것도 입지 않고 있었다. 몸에 색을 칠하지도, 장신구를 하지도 않았다. 그는 재빨리 몸을 돌려 그들에게 등을 보이면서 움막 뒤로 사라졌다.

알테어가 그가 듣고 있다는 사실을 이쪽도 안다는 뜻으로 휘파람을 불었다. 알테어는 일행이 그를 몰래 덮치려는 것이 아니라는 뜻을 알리고 싶었다. 몰래 다가간 게 사실이긴 했지만 말이다. 알테어는 좀 더 가까이 가보고 싶었다. 무언가가 그의 마음 속에서, 최대한 오랫동안 은밀히 관찰하는 게 낫다고 속삭였다. 들켜버린 상황에서 그가 할 수 있는 말이란 한 가지뿐이었다.

"우와- 올라!"

인디언은 보이지 않았지만 알테어는 그가 아직 그쪽에, 안에든 밖에든 있다는 것을 알았다.

"이봐, 친구!"

알테어는 포르투갈어로 말을 걸어보려고 외쳤다.

그러나 대답이 없었다. 그런데 움막 벽에 뭔가가 튀어나와 있는 게 보였다. 페커리의 두터운 가죽도 뚫고 들어가는 화살 끝이었다.

"좋아, 모눈치노. 말을 걸어 봐."

알테어는 나이 든 통역자에게 말했다.

모눈치노는 카노에 인사말을 건네보았다. 아무 반응이 없자 그는 아쿤추족들도 사용하는 투피어 계열의 다른 인사말을 시도해보았다.

이번에도 대답은 없었다. 마지막으로 에스파냐어를 써보았지만 마찬가지였다. 모눈치노는 이제 인디언이 긴장을 풀고 무언가 답해줄 것을 기대하면서 카노에 말로 몇 마디를 더 해보았다. 그러나 아무 대답도 없었고, 화살은 움직이지 않았다.

알테어는 이제 어떻게 해야 할지 알 수가 없었다. 그와 마르셀로가 카노에 부족을 처음 만났을 때, 그 부족은 최초의 기묘한 인사를 한 뒤에 친근한 태도를 보여주었다. 알테어는 그동안 우호적인 만남밖에 다른 경험을 해본 적이 없었다. 그는 숨을 깊이 들이마셨다. 만일 다른 날을 기약하고 여길 떠난다면, 다시 그를 발견한다는 보장은 없었다. 이 남자는 이전의 움막들을 버렸던 것처럼 이 움막도 버리고 떠나버릴 것이다. 이런 기회를 다시 얻기 위해 얼마나 더 긴 여행을 해야 할지 몰랐다. 그래서 알테어는 기다렸다.

최소한 32도는 되는 더운 날씨였다. 그는 땀에 흠뻑 젖은 셔츠를 벗고 잠시 앉아서 생각했다. 새의 울음소리가 숲의 침묵을 채웠다. 그들은 움막 옆에서, 몇 개의 지팡이를 불 옆에 쌓아둔 것을 보았다. 지팡이 옆에는 단지가 한 개 있었다. 찌그러지고 움푹 팬 그 검정색 단지는 이름 모를 금속으로 만들어졌고, 꽤 오랫동안 사용된 것 같았다.

"요리하던 중이었나봐."

알테어가 푸나이 보조 대원 아도니아스에게 말했다.

아도니아스는 단지를 살펴보았다. 속에 뭔가가 들어 있었던 것 같았다. 아마 옥수수였던 것 같다. 그들은 하루 종일 아무것도 먹지 못한 상태였다.

"이봐, 친구!"

알테어가 다시 한 번 인디언에게 소리쳤다.

"친구, 우리한테 음식 좀 나눠주지 않겠어?"

이때 아도니아스가 이렇게 덧붙이면서 알테어에게 미소를 지어 보였다.

"우리도 배고프다고!"

그들은 인디언에게 다가갈까 말까 망설이며 몇 분을 더 기다렸다. 그 남자는 이들이 우호적인 방문자인지를 확신하지 못하는 게 분명했다. 화살은 거두어들였지만 자기 모습은 보여주지 않았다. 그들은 나무 아래 앉았다. 기울어진 오후의 햇빛이 머리 위에 있는 나뭇잎의 벌레가 갉아먹은 구멍 사이로 비쳐 들었다. 알테어는 뭘 해야 할지 모를 때면 항상 휘파람을 불었다. 말을 통해 이루어지는 의사소통이 아닌, 모종의 무의식적인 교감이 이루어지기를 바라는 것이었다. 아도니아스는 얼굴에 앉은 각다귀 떼를 쫓아버리며 깊은 한숨을 내쉬었다. 움막 안은 어두웠고, 그 남자가 안에 있는지는 알 수 없었다. 모눈치노는 셔츠를 벗고, 다시 카노에 말로 그를 불러보았다. 백인의 옷을 입지 않은 다른 인디언에게는 응답하지 않을까 하는 기대에서였다.

"마체테 있어?"

알테어가 아도니아스에게 물었다. 아도니아스는 가죽 칼집에 든 칼을 들어올려 보였다.

"저 친구한테 보여줘."

마체레가 전적으로 위협적이지 않은 물건임을 증명해 보이면, 그가 혹시 그것을 평화의 표시로 받아들일지도 몰랐다. 푸나이가 원주민들과 조우할 때면, 세르타니스타들은 우호적인 의도를 증명하는 뜻에서 선물을 주곤 했다. 종종 마체테나 도끼 같은 도구들을 인디언들이 다닐 법한 숲 속 오솔길에 놓아두곤 했던 것이다. 비폭력적인 만남을 유도하기 위한 방식이었다. 아도니아스는 칼집에 든 마체테를 나뭇가지에 부딪혀서 그 남자의 주의를 끌어보려 했다. 그러고는 마체테를 알테어에게 넘겨주었다. 그는 움막으로 다가가서 마체테를 꺼낸 다음, 날이 자기 쪽을 향하도록 잡고 움막 쪽으로 손잡이를 향하게 뻗어보았다. 부스럭 소리 하나도 안 났지만, 화살 끝을 보자 알테어는 마체테를 떨어뜨리고 뒤로 물러섰다.

인디언은 집 안에서 두 시간 동안 활을 겨냥한 채로 있었지만 쏠 뜻은 없는 것 같았다. 일행은 결국 포기하고, 나중에 다른 사람들과 함께 더 잘 준비해서 돌아올 것을 다짐했다.

그들은 그 인디언의 투박한 냄비 곁에 다른 냄비를 놓아두고, 선물용으로 가지고 다니던 마니옥을 채워놓았다. 알테어는 비디오를 담당하는 빈센트 친구의 목에서 가죽 목걸이를 풀어 불 옆에 있는 막대기에 걸쳐놓았다. 그러고는 다시 돌아올 것을 다짐하면서 소리 없이 떠나왔다. 그들이 물러날 때도 움막에서는 메뚜기 날개 소리 외엔 아무 소리도 들리지 않았다.

알테어는 마르셀로에게 모든 것을 이야기했다. 2주일 후, 연락대는 브라질리아에 있는 푸나이 본부에 그들의 전략을 요약한 보고서를 보냈다. 과포레 연락대는 얼마나 많은 시도가 필요하든 그 인디언과의 만남을 성사시킬 것이다. 그들이 찾아내기 전에 지주들이 먼저 그를 찾아내어 곧바로 해치지는 않을까 걱정되었다. 이제 그 인디언의 존재가 상세히 공식화된 상황이니, 마르셀로는 이 일에 어떤 결말을 내려는 압박이 관련된 모든 사람, 즉 인디언, 과포레 연락대, 목장주들에게 가해지리라고 생각했다.

마르셀로는 브라질리아에 있는 상관에게 다음과 같은 내용의 편지를 보냈다.

"여행을 하면서 수집한 정보를 통해 우리는 추적을 다시 시작해야 할 책임을 느꼈습니다. 앞으로는 좀 더 빈번하게 추적을 해야 할 것입니다. 결론적으로, 일부 목장주들은 인디언에게 폭력을 사용하는 것만이 그들의 토지 소유권을 보호하는 유일한 방법이라고 확신하고 있습니다. 과포레 연락대의 존재가 이러한 상황을 가속화시켜 온 것입니다."

2007년 마을에서, 카노에 부족 푸라

6장

그의 세계로 향한 창

THE LAST OF THE TRIBE

　　　　　　푸라는 파빌리온 형태로 지어진 카노에 마을의
움막에 앉아 있었다. 공기 중에는 연기가 가득했고, 팔과 어깨는 욱신
욱신 쑤셨다. 이 모든 게 몇 미터 옆에서 검게 그을린 채 불에 구워지
고 있는, 큼직한 아르마딜로 때문이었다.

　전날 그는 땅속의 갈라진 틈을 파고 들어가는 아르마딜로를 발견했
다. 굴착기처럼 생긴 그 동물은 무게가 45킬로그램은 돼 보였으며, 몸
을 보호해주는 갑옷 껍데기를 두르고 낫 모양의 발톱을 갖고 있었다.
푸라는 그 동물이 진흙 속에 굴을 파는 것을 지켜보다가 그것을 잡기
로 했다. 딱딱한 껍데기 아래 있는 아르마딜로 고기는 부드럽고 맛이
좋았다. 그는 무릎을 꿇고 땅을 파기 시작했다. 그러고는 거의 여덟
시간이나 걸려서 비늘에 덮인 그 야수를 깊은 구멍 속에서 붙들고 부
드러운 배를 찔러 잡았다.

　다음 날 푸라는 온몸이 쑤셔서 되도록 움직이지 않으며 오후를 보

냈다. 카노에 부족들은 아르마딜로 덕분에 이틀 동안 고기를 먹을 수 있었다. 푸라도 사냥이나 낚시를 갈 필요가 없었으므로 앉아서 하는 일에 집중할 시간이 생겼다.

푸라의 발치에는 두 개의 속 빈 사탕수수 자루와 한 개의 야자나무가 놓여 있었다. 그것들은 미리 정해둔 크기로 잘려 있었다. 야자나무는 사탕수수보다 짧았고, 속이 비어 있지 않았다. 세로로 홈이 파인 30센티미터 길이의 야자나무는 한쪽 끝이 뾰족하게 깎여 있었다. 뭉툭한 쪽은 사탕수수 자루의 구멍에 꼭 들어맞도록 다듬어져 있었다.

세 개의 나뭇조각을 조립하자 그대로 화살이 되었다. 그것은 163센티미터가량으로 푸라의 키와 같았다. 이는 카노에의 방식이었다. 활을 쓰는 자는 정확하게 자신의 키와 같은 길이의 화살을 써야 했다.

푸라는 나무의 섬유질에서 만들어낸 흰색 실을 갈색 송진에 문질렀다. 목화솜 같은 실은 갈색으로 변했으며 끈끈해졌다. 그는 거기에 다시 붉은 실을 감았다. 그가 모은 아키오테 열매의 섬유질을 이용해서 미리 물들여놓은 것이었다. 그것은 장식이었다. 흰색 플라스틱처럼 보이는 두 개의 얇고 긴 조각 또한 작은 새의 깃털뼈였고, 장식적인 목적을 갖고 있었다.

그는 V자 홈이 새겨진 화살 꽁무니에 두 개의 깃털이 달린 화살대를 꿰맸다. 깃털은 그가 숲에서 발견한 독수리의 시체에서 얻은 것이었다. 그는 화살대에 공기 역학을 염두에 두고 나선형으로 깃털을 감았다. 나선형의 화살대는 화살이 원을 그리면서 한 방향으로 날아가도록 하는 구실을 했다.

마지막 마무리로, 그는 다른 주머니에서 작은 바늘을 꺼냈다. 그것은 맑은 물에 사는 노랑가오리 꼬리에서 얻은 가시였다. 그는 화살촉 끝에 그것을 붙여서 화살 끝이 그가 다듬은 것보다 한층 더 예리해지 도록 했다.

각각의 구성품인 깃털, 사탕수수 자루, 실, 화살 끝은 하나하나가 만드는 데 꼬박 하루가 걸릴 만한 것들이었다. 그러나 구성품들을 미리 충분히 준비해둔 덕분에 푸라는 이날 두 개의 화살을 완성할 수 있었다.

이렇게 해서 수십 개의 화살에 두 개가 더 보태졌다. 많은 화살이 큰 사냥을 위한 것이었지만, 끝이 몇 갈래로 갈라진 더 가벼운 새 사냥용 화살들도 있었다. 몇 개는 화살촉이 닻 모양으로, 표적의 몸에 박히게끔 만들어져 있었다. 그것들은 숲에서 유일하게 제 손으로 몸에 박힌 화살을 뽑아내려는 동물, 즉 원숭이를 잡을 때 쓰는 것이었다.

알테어는 푸라의 작업을 겸허한 태도로 감탄하며 지켜보았다. 알테어도 직접 화살을 만들어보려고 했지만 실패로 끝났기 때문이었다. 그는 며칠 동안 화살을 만든 다음, 시험해보려고 덤불 속으로 들어갔다. 하지만 한 발짝 내디딜 때마다 화살이나 활이 나뭇가지나 덤불, 나무 몸통에 부딪혔다. 도대체 어떻게 해야 소리를 내지 않고 걸을 수 있는지 알 수 없었다. 사방 몇 미터 안에 동물이 있었다면, 그가 내는 소리 때문에 달아나버렸을 것이다.

푸라는 한 번도 그런 곤란을 겪은 적이 없었다. 사냥 도구를 다듬을 때면 그는 마치 인내심의 현신 같아 보였다. 섬세한 작업에 몰입해 가장 미세한 부분을 다듬으면서 평화와 즐거움을 느꼈다. 두 개의 화살에 매단 독수리 깃털은 아름다웠다. 그는 감탄하며 손가락으로 깃털들을 건드려보았다. 독수리 깃털은 야생 칠면조 깃털보다 구하기 어려웠다. 그는 자부심에 차 있었고, 그의 표정은 그것들이 큰 정성을 들인 만큼 귀한 물건임을 잘 보여주었다.

푸라와 그의 어머니가 알테어를 숲으로 데려가서 높은 나무 위에 있는 독수리의 둥지를 가리켜 보였다. 순간 알테어는 카노에 부족이 그런 세세한 부분을 얼마나 중요하게 여기는지 알게 되었다. 그 둥지에는 한 마리의 어른 독수리 말고도 적어도 한 마리의 새끼 독수리가 있었다. 만일 그들이 그 새끼 독수리를 다 클 때까지 키우면, 독수리 깃털을 안정적으로 얻을 수 있을 터였다.

그들은 몸짓으로 알테어에게, 활을 쏘기에는 둥지가 너무 높은 곳에 있다고 말했다. 그들은 알테어가 엽총을 써서 둥지를 내려주기를 원했다. 하지만 알테어는 거절했다. 총을 쏘기에도 너무 높았기 때문이다. 설령 총을 쏴서 둥지를 떨어뜨릴 수 있다 쳐도 여러 발을 쏴야 할 것이고, 새들을 죽일 수도 있다고 생각되었다. 알테어는 둥지를 안전하게 손에 넣으려면 나무를 쓰러뜨려야 한다고 말했다. 푸라는 꼬박 3일 동안 도끼로 나무를 찍었다. 결국 4일째 되는 날 나무가 쓰러졌고, 카노에 부족들은 새끼 독수리를 잡았다.

나무를 쓰러뜨린 다음 날, 푸라는 나뭇가지로 독수리 우리를 만들었다. 알테어는 우리가 큰 것에 놀라며 푸라에게 말했다.

"사자가 들어가도 되겠어!"

푸라는 새끼 독수리가 건강하고 깃털이 많은 어른 독수리로 크려면 공간이 넓어야 한다고 생각했다. 그러나 그 독수리는 어른이 되지 못했다. 우리에 넣은 직후, 밤에 마을에 몰래 들어온 재규어가 우리의 창살 사이로 발을 뻗어 잡아먹어버렸기 때문이다. 실험은 실패로 돌아갔지만 알테어는 이 일을 통해 겉보기에는 수수해 보이는 생활 방식에 얼마나 큰 공력이 쏟아부어지는지를 알게 되었다. 카노에 부족들은 화살을 덜 정성스럽게 만들 수도 있었지만, 그들에게 있어 대충 만들어진 화살은 열등한 부족의 표시였다. 이것은 삶의 질에 관련된 문제였다. 그들은 세부적인 것을 중요하게 여겼다.

거래의 조건

카노에 부족과 연락대 대원들이 더 많은 시간을 함께 보내게 된 뒤, 푸라는 대원들의 세세한 면을 주의 깊게 관찰했다. 알테어가 카노에 부족의 생활 방식을 관찰하는 것처럼, 푸라도 열성적으로 알테어를 연구했던 것이다.

푸라는 마르셀로와 알테어를 만나기 전에도 현대 세계에 매혹되어 있었다. 푸라의 어머니는 알테어에게 푸라가 어렸을 때는 가끔씩 몇 주일 동안이나 사라지곤 했다고 말했다. 무슨 사정인지 알아내는 데 시간이 좀 걸렸지만, 결국 그녀는 푸라가 어디에 가 있는지 알아냈다. 푸라는 이웃 목장 인부들의 캠프가 내려다보이는 언덕 위에 있는 나무에 올라가서 며칠씩 앉아 있곤 했던 것이다. 그는 어두워질 때까지 나무 위에서 인부들을 살펴보고, 그들이 입은 옷과 그들이 쓰는 연장들을 연구했다. 그의 호기심은 그저 관찰하는 것만으로는 만족시킬 수 없었다. 좀 더 가까이 가야 했다. 인부들은 강물에 옷을 빨아서 담

가두었는데, 푸라는 그 기회를 틈 타 몇 벌의 옷을 챙겼다. 이때 카노에 풍습으로는 뭔가를 대가로 남겨두어야 했다. 그래서 푸라는 강둑에 화살을 두 개 놓고 왔다. 화살 한 개를 만드는 데 드는 수고를 생각하면 공평한 거래라고 생각했다. 협의 없이 진행된 물물교환은 당연히 인부들을 놀라게 했다. 인부들은 그 후 캠프 근처에 경비견을 두었다. 그 일이 있은 뒤 그곳에 인디언이 있다는 소문이 퍼졌다. 몇 년 후 마르셀로와 탐사대가 그 소문을 따라 오솔길에 들어섰고, 푸라와 그의 누이를 찾아냈던 것이다.

처음 만난 날 카노에 부족이 입었던 소금 자루 반바지는 푸라가 만든 것이었다. 그는 목장 인부들의 복장을 모방해서 옷을 지었던 것이다.

인부들과의 만남 이후, 새로운 모양의 옷에 대한 푸라의 욕구는 대단했다. 마치 열병에 걸린 것처럼 보였다. 그는 가장 가까운 목장 울타리에서 철사를 잘라 바느질용 바늘을 만들었다. 어느 날 푸라는 그가 모은 천으로 만든 새 반바지를 알테어에게 보여주었다. 그러면서 이중으로 박음질 된 바깥 솔기를 가리켰는데, 알테어는 깊은 인상을 받았다. 재단 솜씨가 놀랄 만큼 전문적으로 보였다. 푸라는 알테어가 입은 리바이스 바지의 바깥 솔기도 가리켰다. 똑같은 모양으로 이중 박음질이 되어 있었다. 조용히 그 디자인을 연구해서 똑같이 만들어냈던 것이다. 그의 모방은 옷에 그치지 않았다. 푸라는 알테어와 마르셀로가 오메레 캠프를 세우는 것을 본 뒤 카노에 마을로 돌아와서, 같은 건축 양식으로 두 개의 장방형 건물을 새로 지었다. 외관은 원뿔형으로 북미 인디언의 천막처럼 얽은 지붕 끝이 교차하는 모양이었는데, 이는 카노에의 전통 방식이었다. 내부는 연락대 대원들이 선호하는 파빌리온 형태였다.

모방하기 좋아하는 푸라의 성향을 파악한 알테어와 마르셀로는 한 걸음 물러섰다. 그 뒤 두 사람은 푸라가 깃털로 만든 팔찌 같은 전통 복장을 걸칠 때마다 찬사를 늘어놓았다. 그에게 전통문화에 대한 자부심을 심어줄 수 있을까 해서였다. 하지만 별로 달라지는 것은 없었다. 푸라는 공장에서 만든 티셔츠와 지퍼 달린 바지를 더 좋아하는 것이 확실했다. 또한 그는 눈에 확 들어오는 색을 좋아했다. 핫핑크, 네온오렌지, 어지러운 소용돌이 패턴 따위가 푸라의 마음을 끌었다. 알테어와 마르셀로는 마치 독감이라도 걸린 듯한 그의 열정을 식혀주려고 했지만 소용없었다. 푸라는 타고난 멋쟁이였다. 알록달록한 색의 옷을 입은 목장 인부들을 본 순간부터 램프의 요정이 튀어나왔던 것이다. 그를 이전 상태로 되돌릴 수 없었다.

서로 교류하는 매 순간 의문이 제기되었다. 외부인인 그들은 원주민들에게 어느 정도의 문화를 전해주고, 어느 정도의 선을 지켜야 하는 것일까? 탐사 대원들 대부분은 본능적으로 선을 지켜야 한다는 쪽에 기울었다. 하지만 어디까지를 경계로 정해야 할까? 부족민들이 철제 마체테를 기쁘게 사용한다면, 푸라가 즐겨 쓰는 연장을 쓰지 못하게 막는 것은 잔인한 일 아닐까? 가위 같은 단순한 도구 하나를 쓰면 열두 개의 화살을 만드는 데 드는 시간을 몇 시간이나 절약할 수 있는데, 전통을 지킨다는 명목으로 푸라가 몇 시간을 더 고생하도록 내버려두어야 할까?

새로운 기술과 전통 간의 모험적인 상호 작용은 윤리적인 논란으로 이어질 만했다. 이는 수세기 동안 아마존 원주민들과 이주민들 사이에서 불안정한 중심점으로 존재해왔다. 식민지 시대 이래로 백인들은 인디언의 호의를 얻기 위해 연장을 비롯해 수고를 덜어주는 물품들을 선물하곤 했다. 탐험가들은 확실한 효과가 입증된 방법을 개발했다. 정글의 오솔길에 선물을 놓아두는 선반을 마련해놓고, 마체테나 도끼, 설탕 부대를 갖다 놓았던 것이다. 그 같은 선물을 받은 뒤에는 인디언들이 좀 더 평화적인 태도를 취할 가능성이 컸다. 그런데 그 방식은 야비한 목적을 가진 자들에 의해 재빨리, 그리고 추악하게 모방되었다. 독이 든 설탕 부대를 숲에 놓아둔 자들에 의해 한 부족 전체가 몰살되었던 것이다. 그런 일은 꽤 자주 일어났다. 1957년 고무 채취업자들이 비소가 든 설탕 부대를 싣고 와서는, 나중에 타파유나 인디언들의 시체가 숲에서 발견되자 전염병 때문이라고 주장했다. 그로부터 6년 뒤 혼도니아의 한 고무 회사 소속 감독관은 비행기에서 설탕 꾸러미를 떨어뜨리고는, 신타라르가 부족이 모여들자 폭격을 퍼부었다.

그럼에도 선물 선반은 푸나이가 꾸준히 쓰는 방법으로 남아 있었다. 과포레 연락대가 카노에 부족과 처음 교류를 시작할 때도 이 방법을 썼던 것이다. 푸라와 티라만투를 만나기 전에 이미 그들은 마체테와 도끼를 숲 속에 놓아두고 인디언에게 해를 끼칠 마음이 없다는 뜻이 전해지기를 바랐다. 지금 그들이 뒤쫓고 있는 인디언에 대해서도 마찬가지였다. 어쩌면 그 인디언은 접촉에서 얻는 이익이 위험보다 크다고 여길지도 모른다. 그들을 평화적으로 맞이해줄지도 모를 일이었다. 어쩌면 그들은 그 인디언을 '진정한' 위험, 그의 죽음을 원하는 총잡이들로부터 보호해줄 수 있을지도 모른다.

복잡한 문제

알테어와 일행은 푸라와 다른 카노에 부족들의 일상생활을 관찰하면서, 합리적인 타협을 할 수 있을지도 모른다는 기대를 품게 되었다. 그들이 신중하게 나간다면, 토착 문화의 근본을 보존하면서도 인디언들(그 홀로 다니는 인디언을 포함해서)과 평화적인 관계를 만들어나갈 수 있을 터였다.

그 인디언의 문화에 대해 확실히 알 수 있는 것 한 가지는 그가 꿀을 모은다는 사실이었다. 카노에 부족이 그렇듯이, 아마 꿀을 물에 타서 간식으로 마시는 듯했다. 마르셀로와 알테어는 그 움막 주위에 있는 나무들에서 꿀을 얻기 위해 거칠게 찍은 자국을 수도 없이 발견했다. 도끼나 마체테가 일을 좀 더 수월하게 해줄 터였다. 그런 연장이 어쩌면 그의 마음을 끌지도 모를 일이었다. 그런 선물이 평화적인 만남을 열어줄 가능성이 있었고, 푸라와의 경험에서 어찌됐든 효과를 발휘했다.

푸라는 이제 꿀을 채취하러 갈 때면 언제나 그들과 만난 뒤에 선물받은 도끼를 가지고 다녔다. 그들은 그의 일상을 알기 위해 숲으로 따라갔다. 푸라의 생활에 그 인디언을 대입시켜 보는 셈이었다.

푸라는 45도 경사진, 쓰러진 나무 위를 비탈길을 오르듯이 뛰어올라갔다. 그는 땅에서 4.6미터 높이쯤 되는 곳에 대나무와 노끈으로 작은 발판을 미리 만들어두었다. 그는 발판을 딛고, 똑바로 서 있는 다른 죽은 나무의 몸통에 팔을 뻗었다. 거기에는 속이 꽉 찬 벌집이 붙어 있었다. 푸라는 도끼를 아래 방향으로 잡고 나무를 찍었다. 그 모습은 야구 코치가 내야수들에게 땅볼을 던지는 것과도 비슷했다. 도끼질을 몇 번 안 했는데도 땀이 폭포처럼 쏟아져 티셔츠가 흠뻑 젖었다.

나무의 몸통에 홈이 새겨지자 그는 도끼질을 멈추고 나무 속을 도려냈다. 그러자 침이 없는 수천 마리의 벌이 쏟아져나와 그의 머리와 어깨, 얼굴을 덮었다. 푸라는 팔을 나무 속에 넣어 갈색의 벌집 덩어리를 끄집어냈다. 그러고는 그것을 땅에 던져버리려 했지만 손에 달라붙어 떨어지지 않았다. 결국 그는 팔을 사납게 흔들어 떨어뜨렸다. 그런 다음 나무 구멍 근처에 빈 그릇을 갖다대고 다시 안으로 팔을 넣었다. 이번에는 손 한가득 꿀을 꺼냈고, 불투명한 금빛 꿀이 손에서 그릇으로 뚝뚝 떨어졌다. 그는 벌 떼 사이로 눈을 가늘게 뜬 채로 벌을 쫓아 보려고 애썼다. 푸라는 한 움큼의 벌을 눈앞에서 집어냈다. 하지만 얼굴에 묻은 꿀 때문에 더 많은 벌이 몰려들었다.

그는 손을 이용해 그릇을 반쯤 채우자, 기울어진 나무에서 내려와 두 자루의 관엽 식물 줄기를 잡았다. 그리고 그것을 땅에서 뽑아내어 가늘게 찢은 다음, 공처럼 둥글게 뭉쳤다. 그런 다음 나무 구멍으로 돌아가서 구멍 안을 그것으로 닦아낸 뒤, 꿀이 흠뻑 스며들자 그릇에 짜냈다. 한 시간 남짓 흐른 후, 푸라는 그릇에 꿀을 가득 채워서 마을로 돌아갔다. 그 과정을 지켜본 탐사대는 도끼를 가진 푸라가 꿀을 모으는 데 한 시간이 걸렸다면, 그 인디언은 훨씬 오랜 시간이 걸릴 것이라고 추측했다. 현장 실험들이 그 추측을 뒷받침해주었다. 미국 국립역사박물관의 연구원들은 한 사람이 현대적인 쇠도끼로 나무를 넘어뜨리는 데 평균 세 시간이 걸리는 반면, 같은 사람이 아마존 인디언들이 전통적으로 쓰는 돌도끼를 사용했을 경우 약 115시간이 걸린다는 사실을 알아냈다.● 그들은 푸라에게 도끼를 줌으로써 시간을 절약하게 해준 셈이었다. 그 시간에 푸라는 화살을 만들거나 사냥, 낚시 등 뭐든 다른 일을 할 수 있었다. 그 선물이 카노에의 꿀 채집 전통 자체를 손상시킨 것은 아니었다. 그들은 그 작업의 본질은 비교적 건드려지지 않은 채 남아 있는 것이라고 믿었다. 꿀 채집이 푸라에게 있어서 손쉬운 여가 활동으로 변질된 것은 아니었다. 이게 타협이라는 것을 그들도 알고 있었다. 하지만 양심이 기댈 수 있는 한 가지는, 인디언들 스스로가 변화의 속도를 결정하게 해주면 된다는 것이었다. 그 인디언이 도끼를 원한다면, 외부인들은 그가 자신의 순수한 신념이나 이상을 스스로 저버리려고 한다는 이유로 그를 비난할 수 없는 것이다. 마찬가지로 그 인디언이 그런 도구들을 원치 않는다면, 누구도 강요할 수는 없다. 선택권은 그들이 아니라 그에게 있었다.

하지만 그런 선택은 언제나 경계가 명확하지는 않았다. 인디언 문화의 사소한 부분은 푸라가 바지 솔기를 따라했던 것처럼, 미처 알아차리기도 전에 변질될 수 있었다. 그것은 꽤 복잡한 문제였다. 그러나 이 교류가 한 문화를 멸종에서 구하는 데 도움이 될 수 있다면, 도끼나 티셔츠 같은 것에서 비롯되는 변화는 정말 사소한 부분인 것이다.

그들은 그 후 몇 달 동안 모델로 목장으로 그 인디언을 찾아나설 때면 푸라와 오와이모로를 데리고 갔다. 그들은 더 많은 덫, 꿀을 모으던 흔적, 발자국을 찾아냈다. 그리고 그의 발자국이 발견된 지점에 마

● 찰스 C. 만의 《인디언: 이야기로 읽는 인디언 역사》 참고.

체테와 도끼, 씨앗을 남겨놓았다.

그러나 몇 주 뒤에 다시 와 보면, 연장은 건드리지 않은 채 처음 두고 간 그대로 놓여 있었다.

마르셀로와 빈센트는 그들이 '구덩이 속의 인디언'이라고 부르는 인디언이 선물을 거부하는 이유를 추측해보았다.

마르셀로는 수년 전인 1984년의 일을 기억하고 있었다. 그것은 나중에 오메레 보호구역이 된 지역에서 약간 떨어진 곳에 살고 있던 인디언들이 목재 운반 트럭에 활을 쏜 일이었다. 당시의 소문에 따르면, 몇 명의 그 지역 목장 인부가 그 부족과 이따금씩 교류를 했다고 한다. 인부들은 숲 속에 장기간 캠프를 만들었으며, 부족민들과 종종 거래를 했다. 마체테와 옥수수, 밧줄과 과일, 설탕과 마니옥을 바꾸는 식이었다. 이 관계는 단순한 물물교환 이상을 넘지 않았다. 그런데 그 소문에 의하면 1984년 목재 운반 차량들이 화살을 맞은 뒤, 인근 목장 주인이 인디언의 존재로 인해 토지 소유권이 위협받을 것을 두려워한 나머지 인부들에게 독이 묻은 설탕 부대를 선물하라고 사주했다는 것이다.

이 이야기는 진위가 미심쩍었고 증거도 없었다. 그러나 마르셀로와 빈센트는 생각에 잠겼다. 전해지는 바에 따르면 그 독살 사건은 열네 개의 구덩이가 발견된 마을로부터 걸어서 한나절쯤 떨어진 곳에서 벌어졌다고 했다. 연관되었을 확률을 고려해볼 때 당연히 의문점이 생겼다.

그 인디언은 독살 사건이 일어나기 전 트럭에 화살을 쏜 부족에 속했을까?

독살에서 살아남은 다음, 그와 다른 생존자들이 열네 개의 구덩이가 있는 마을로 옮긴 것일까?

그 인디언은 탐사대가 발견한 마을 터가 최근에 파괴될 때 살아남은 유일한 생존자일까?

그럴듯한 추론이었고, 그 인디언이 정글의 발자국 위에 놓아둔 선물을 건드리지 않는 이유를 설명해줄 법했다. 하지만 증명할 방법은 없었다.

그들은 1984년에 인디언에게 습격당한 수송대의 일원이었던 늙은 운전사를 수소문해서 찾아갔다. 그 부족들에 대한 정보를 기대했지만, 별 소득은 없었다. 운전사는 마르셀로에게, 다른 차의 앞유리에 화살이 부딪혀 튀어나가는 것을 보았지만, 도망치기 전에 인디언의 모습을 자세히 보지는 못했다고 했다.

그는 빈센트와 마르셀로에게 이렇게 말했다.

"화살이 날아오는 걸 보자마자 무작정 도망갔지."

화살에 대한 추론들은 확실한 증거 없이는 진실이든 아니든 아무 가치가 없었다. 물론 증거를 찾는 가장 확실한 길은 그 인디언 본인의 이야기를 듣는 것이었다.

마르셀로는 접촉을 거부하는 그 인디언에게 다가갈 만한 사람은 카노에나 아쿤추 부족일 거라고 생각했다. 그러나 도끼 같은 도구를 선물하는 것조차 윤리적인 함정이 될 수 있는 마당에, 다른 부족을 내세우는 것은 더 미묘한 문제를 일으킬 수도 있었다.

두 부족의 만남

카노에와 아쿤추 부족을 발견하고 그들을 위한 오메레 보호구역을 설립한 뒤, 연락대는 두 부족을 이어주려고 노력했다. 외부인들의 눈에는 두 부족이 무척 비슷해 보였다. 둘 다 충돌의 희생자였고, 몇 명의 생존자만이 남아 있었으며, 대체로 비슷한 지역에서 살아왔고, 거의 같은 시기에 연락대에 의해 발견되었던 것이다. 그러나 두 부족이 유대를 맺기 위해서는 넘어야 할 차이점들이 많았다. 정글 한가운데 고립되어 사는 인디언 부족들에게도 자아 인식은 복잡하면서도 상대적인 개념의 차원 높은 문제였다. 카노에족은 자신들은 아쿤추족과 공통점이 거의 없다고 믿었다. 그들은 아쿤추가 야만적일 만큼 거칠고 야비한 풍습으로 인해 시들고 있는 무리로, 강에 들어가서 깨끗이 목욕부터 해야 하는 더러운 족속이라고 여겼다.

두 부족은 지난 몇 년간 환경 때문에 가까이 지내야 했지만, 신뢰는 깊지 않았다. 카노에 부족 중에서도 특히 오와이모로는 아쿤추 부족의 생활 방식에 경멸의 시선을 감추지 않았다. 어깨에 늘 꼬리감기원숭이를 데리고 다니는 그녀는 아쿤추가 그들이 기르는 동물을 어떻게 다루는지 지켜보았다. 아쿤추는 동물들에게 감상적인 가치를 거의 두지 않았다. 배가 고프면 아무 가책도 느끼지 않고 기르던 동물을 잡아먹었다. 오와이모로에게 그것은 야만적으로 보였다. 그녀는 아쿤추를 명백히 열등한 부족으로 보았다. 다른 카노에들은 오와이모로보다는 덜 공공연했지만, 그녀와 비슷한 생각을 품고 있는 것 같았다.

하지만 다섯 명의 카노에가 다른 부족과 관련을 맺을 마음을 먹는다면, 그것은 아쿤추일 것이다. 그리하여 두 부족 간의 차이에도 불구하고, 1995년 카노에는 알테어와 빈센트를 아쿤추에게 처음 데려갔던 것이다.

아쿤추와의 첫 만남은 탐사대가 푸라와 그의 여동생을 숲에서 처음 만난 후 겨우 몇 주일 뒤에 이루어졌다. 카노에족은 아쿤추가 야만인이라고 설명했고, 그들은 아직 아쿤추를 완전히 신뢰하지는 않는다고 했다. 자주 다녀서 생긴 오솔길을 통해 알테어와 빈센트를 아쿤추 마을로 인도하는 동안, 오와이모로와 푸라의 여동생 티라만투의 신경은 활줄처럼 팽팽하게 긴장되어 있었다. 티라만투는 카노에 마을을 나서기 직전 초조하게 서성거리며 과포레 연락대가 데려온 나이 든 카노에 통역자에게 불안한 마음을 드러냈다.

티라만투가 턱에 마체테를 갖다대며 천천히 말했다.

"그들이 두려워요. 그들은 거칠고 자주 싸워요."

티라만투는 지난 2년 동안 두 부족 사이에서 일종의 외교 사절 같은 역할을 해왔다. 아쿤추족과의 접촉을 맨 처음 시작한 사람도 그녀였다. 그녀는 다섯 명밖에 남지 않은 카노에 부족이 한 세대라도 더 이어질 수 있는 길은 그것뿐이라고 믿었다. 그녀는 아쿤추 부족도 카노에와 마찬가지로, 근친상간의 금기를 범하지 않고는 자손을 잇기가 어려워졌다는 사실을 알고 있었다. 아쿤추족은 두 명의 남자와 나이 든 여자 한 명, 각각 35세와 25세가량인 자매, 그리고 13세가량의 소녀 한 명으로 이루어져 있었다.

티라만투는 아쿤추족 남자 중 나이가 많은 추장 코니부와의 만남을 요청했다. 코니부는 60대 정도로 보였다. 회담은 항상 그렇듯 말이 잘

통하지 않는 상황에서 의사소통을 하느라 긴장되었다. 그러나 티라만투는 그녀의 뜻을 코니부에게 확실히 전달했다. 그 뒤 1년이 채 못 되어 그녀는 아들을 낳았다. 오페라라고 이름 지은 아이는 지금 두 살이었다. 티라만투는 아이의 가계를 한 번도 따지지 않았지만, 모두가 아이 아버지는 코니부나 30대인 그의 조카 푸팍일 것이라고 생각했다. 나이 차가 많음에도, 연락대는 코니부가 아버지일 것이라고 추정했다. 코니부는 아쿤추를 절대적인 권위로 다스렸으며, 부족의 생활 방식을 결정하는 책임은 전적으로 그에게 있었기 때문이다.

그러나 아쿤추 남자와 긴밀한 관계에 있는 티라만투조차도 초조해졌다. 그녀는 푸라가 따라오지 않은 이유는 푸팍이 그를 경쟁 상대로 보고 바로 전날 죽이려 했기 때문이라고 했다. 그들이 숲에서 나와 아쿤추 마을 옆에 있는 채소밭으로 가까이 가자, 통역자가 그녀에게 물었다.

"그들이 저기 있다면, 우리를 공격할까?"

티라만투는 화살을 어깨 위로 들어올리고 움막을 훑어보았다. 안은 비어 있는 것 같았다.

"거친 자들이에요. 어제는 푸라를 죽이려고 했어요. 그러니까 조심해요. 당신들도 죽일지 몰라요."

티라만투가 말했다.

두 부족 간의 긴장감은 최근에 그녀가 코니부에게, 푸라와 아쿤추 여자들 중 한 명을 짝지어주자는 이야기를 꺼냈을 때 더 심해졌다고 했다. 푸라에게는 이성을 선택할 수 있는 범위가 사실상 아쿤추 부족에 제한되어 있었는데, 코니부는 허락하지 않았다. 티라만투는 분노했고, 두 부족 간에 적의가 끓어오르기 시작했다.

"너무 화가 났어요. 그들을 다 죽여버리고 싶었죠."

티라만투는 잠시 말을 멈추었다가, 알테어와 빈센트에게 말했다.

"하지만 당신들이 여기에 있으니까, 나는 이제 아무도 죽이고 싶지 않아요."

그녀가 미소를 짓자 고르지 못한 치열과 변색된 치아가 드러났다. 그녀는 몸을 흔들며 웃기 시작했다.

웃음으로 긴장을 풀어보려는 그녀의 시도는 큰 도움이 되지 않았다. 다른 사람들은 그녀와 오와이모로를 따라 천천히 움막으로 다가갔다. 티라만투는 작은 소리에도 신중하게 귀를 기울였다. 그들은 어느 집 뒤에서 푸팍을 찾아냈다. 푸팍은 그가 어렸을 때 그를 아들로 거둔 늙은 아쿤추 여인과 함께 있었다.

그 아쿤추 여인은 섬유질로 만든 띠를 팔 위쪽에 두른 것 말고는 옷은 입지 않았다. 그리고 알록달록한 목걸이와 조개껍질로 만든 귀걸이도 하고 있었다. 푸팍은 마른풀로 엮은 허리 가리개만을 두르고 있었다. 그들은 피부에 붉은 우루쿰 물감을 발랐다. 또 벌레가 달려드는 것을 막으려고, 잿가루를 몸에 발라두었다. 카노에는 그것을 더러운 짓으로 여겼다. 오와이모로는 언제나 그들에게 목욕을 하라고 강권했다.

티라만투는 늙은 여인의 손을 잡아 알테어에게 데려갔다. 알테어는 미소를 지으며 고개를 끄덕여 보였다.

"이 사람들이 우리 마을에 왔어요."

티라만투가 그녀에게 말했다. 물론 그 늙은 여인은 티라만투의 말을 한마디도 알아듣지 못했다. 아쿤추는 카노에어가 아니라 투파리어의 방언을 썼다.

티라만투와 오와이모로는 통역자를 통해 말하면서, 주선자 역할을 떠맡았다. 그들은 알테어와 빈센트에게 아쿤추를 대하는 법을 알려주었다. 대체로 아쿤추에게 잘해주려고 애쓸 필요는 없다는 내용이었다. 그들은 선물을 주는 것은 쓸데없는 일이라고 말했다. 카노에 부족에 의하면 아쿤추 부족은 백인이 사용하는 도구의 가치를 알 만한 능력이 부족하다는 것이었다.

알테어와 빈센트는 그 말에 질투가 섞여 있지 않은가 의심했다.

"어서 가서 냄비를 줘."

빈센트가 알테어에게 말했다.

알테어는 그가 가져온, 빛이 나는 크롬 냄비를 아쿤추 여인에게 내밀었다. 그러자 오와이모로가 못 주게 말렸다. 그녀는 알테어가 사용해온 검고 찌그러진 냄비를 가리켰다. 그것이 저런 원시 부족에게 주는 선물로 더 적당하다는 것이었다.

"새 걸 주지 말아요. 다 망가뜨려버릴 거예요."

오와이모로는 반짝이는 냄비를 만져보는 아쿤추 여인을 바라보며 말했다.

"그들한테 새 옷을 주면, 다 찢어버릴걸. 저걸 뺏어서 숨겨요."

티라만투가 덧붙였다.

오와이모로는 갑자기 그녀에게서 냄비를 빼앗더니, 그것을 숨겨두러 숲으로 갔다. 아쿤추 여인은 영문도 모르고 말없이 눈을 크게 뜬 채 바라보고 있었다. 몇 분 후에 돌아온 오와이모로는 아쿤추 여인의 손을 쥐었다가, 금속제 그릇을 떠맡기듯 들려주었다. 위로의 표시라는 듯했다. 그녀는 그 정도가 아쿤추가 받아야 할 물건이라고 믿는 것 같았다.

그러나 알테어와 빈센트는 카노에가 미리 말한 것처럼 아쿤추가 폭력적인 야만인들이 아니라, 그들을 친절하게 환영해준다는 것을 알았다. 아쿤추에게는 우주선에서 내려온 것만큼이나 낯선 존재일 탐사대가 그들을 놀라게 했을 것을 감안하면 더욱 그런 확신이 들었다. 알테어는 아쿤추 부족에게 크래커를 주었는데, 알테어가 네스카페의 병마개를 따고 불에 물을 끓이는 동안 푸팍이 만족스럽게 크래커를 갉아먹었다. 그들은 말없이 교감하며 앉아서 음식과 마실 것을 나누었다. 푸팍은 웃지도 찌푸리지도 않았다. 그저 방문객들의 얼굴을 바라보면서 크래커를 씹고 커피를 한 모금 마셔보았다. 티라만투와 오와이모로는 공터 가장자리에 조용히 앉아 있었다.

마침내 푸팍이 알테어와 빈센트를 큰 공터로 데려가 다른 주민들을 만나게 해주었다. 늙은 여인은 노끈으로 얽은 가방에 음식과 도구를 챙겨 구부러진 등에 메고, 긴 지팡이로 숲을 찍으며 걸어갔다. 몇 분을 걸어서 그들은 네 개의 큰 원뿔형 움막이 있는 마을에 도착했다.

코니부는 그들 부족이 의자로 사용하는 30센티미터 높이의 나무 그루터기에 책상다리를 하고 앉아 있었다. 그와 푸팍은 갈색 잎으로 직접 만 단맛 나는 담배를 맛있게 피웠다. 반바지와 하이킹용 부츠만 걸친 알테어는 코니부 옆에 책상다리를 하고 앉아, 친근한 미소를 지어 보이며 추장에게 받아들여지기를 기다렸다. 잠시 후 코니부는 알테어에게 손을 뻗어 팔뚝과 다리를 가볍게 만져보았다.

"당신, 털이 참 많군!"

코니부가 아쿤추어로 말했다.

그 뒤 2년 넘는 시간 동안, 마르셀로와 알테어 그리고 대원들은 카노에와 아쿤추가 가끔씩 긴장감에 찬 관계를 지속해나가는 것을 지켜보았다. 이 두 부족이 그들 사이의 많은 차이에도 불구하고 함께 살 수 있다면, 정글 속 어딘가에 홀로 살고 있는 미지의 인디언에게도 희망이 있을 것이었다. 어쩌면 언젠가 그들은 과포레 연락대에 의해 한곳에 모여 보호를 받으며 함께 평화로이 살 수 있을지도 모르는 일이었다.

카노에, 아쿤추, 과포레 연락대 삼자의 관계가 진전되면서, 서로 간의 유대를 강화하려는 푸나이의 노력을 마땅찮아하는 듯 보이는 유일한 존재는 오와이모로의 원숭이였다.

이 부산스러운 작은 동물은 끊임없이 꼼지락거리면서 오와이모로의 어깨를 횃대 삼아 놀기를 좋아했다. 어느 날 오와이모로는 카노에 마을로 원숭이 사냥을 가는 알테어를 따라갔다. 원숭이는 언제나처럼 그녀의 어깨 위에 있었다. 다시 돌아보면 사냥에 데려간 것이 실수였다.

알테어는 원숭이를 불러들이기 위해 원숭이 울음소리를 흉내내 휘파람을 불었다. 그는 꼼짝 않고 서서, 응답이 있는지 나무 꼭대기들을 지켜보았다. 그러나 이날 그의 휘파람은 효과가 없었다. 오와이모로의 원숭이는 알테어가 원숭이 흉내를 내는 것이 재미있는 모양이었다. 원숭이는 알테어가 원숭이 울음소리 흉내를 내려면 제대로 하라고 말하듯이, 울음소리를 냈다. 알테어는 원숭이가 계속 울음소리를 내도록 부추겼다.

오래지 않아 원숭이 몇 마리가 그 소리를 듣고 나무에서 나무로 옮

1996년 과포레 연락대와 함께 탐사 활동에 나선 오와이모로와 그녀를 따르는 애완 원숭이

겨오며 그들이 있는 곳으로 모여들었다. 알테어는 한 마리가 가까이 올 때까지 기다렸다가 방아쇠를 당겼다. 순간, 한 마리가 나무에서 떨어졌다. 오와이모로의 원숭이는 이 모든 광경을 지켜보았다. 알테어가 보기에 원숭이의 표정은 기절할 것 같은 공포에 젖어 있는 것 같았다. 그 뒤로 오와이모로의 원숭이는 총 근처에 절대 가지 않았다. 알테어나 마르셀로가 총을 지니고 가까이 오면 원숭이는 오와이모로 뒤에 숨어서 눈을 가리곤 했다.

원숭이와는 달리 카노에와 아쿤추 부족은 푸나이와 교류하게 된 것을 전혀 염려하지 않는 듯 보였다. 알테어와 마르셀로가 두 마을 사이에 오메레 캠프를 세운 뒤, 아쿤추족과 카노에 부족은 더 자주 만났다. 두 부족민들은 종종 동시에 캠프에 찾아와서 쉬거나 어울리고, 식사를 함께하기도 했다. 이들은 알테어와 마르셀로, 빈센트가 보는 앞에서 함께 의식을 치르기까지 했다.

정령들의 소환

의식은 아쿤추 추장 코니부가 작은 코코넛 그릇에 나무공이로 파리카 나무에서 얻은 안지코 씨앗을 짓이기는 것으로 시작되었다. '라페'라고 하는 오렌지색 가루를 만드는 것이었다. 코니부는 티라만투를 옆에 앉혔다. 그는 그릇에 검지손가락을 넣어 한 움큼의 가루를 떠냈다. 그러고는 손가락을 코에 대고 깊이 들이마시며 찡그리고, 기침을 하고, 코담배가 코안에 들어갈 때처럼 무릎을 치기도 했다. 안지코 씨앗은 가벼운 환각 작용을 일으키는 효과가 있었다. 라페는 코니부가 하루 종일 피우는 코담배와는 다르게 성스러운 목적을 가지고 있었다. 그들의 말로는, 숲으로부터 정령들을 소환한다는 것이었다.

코니부는 계속 가루를 들이마시면서 기침을 했다. 티라만투는 의식에 앞서 티셔츠를 벗고, 가루를 집었다. 그들은 번갈아 가루를 들이마시면서, 그것이 그들의 마음속에 스며들도록 했다. 큰 검정색 파리들이 그들의 어깨와 맨 등 주변을 날아다녔지만 그들은 신경 쓰지 않았다. 티라만투는 고개를 뒤로 젖히고 휘파람을 불었다. 그러고는 두 팔을 양쪽으로 뻗고 손을 저으며 노래를 부르기 시작했다.

바바이-아, 바바이-아, 바바이-아-아-아.

코니부가 말 한마디 없이 그녀를 지켜보는 가운데, 그녀는 두 손을 입으로 가져가 공기를 크게 들이마셨다. 빈터로부터 악령들을 빨아들이는 것이었다. 그녀는 볼을 부풀렸다가 내쉬고, 양팔을 마구 저었다. 악령을 숲 속 멀리 날려보내는 의식이었다. 코니부는 마치 악령이 떠나는 것이 보이는 듯 주위의 허공을 바라보았다.

티라만투는 그녀가 앉아 있던 그루터기에서 일어나더니, 새의 날개처럼 팔을 움직이면서 원을 그리며 달리기 시작했다. 코니부는 그루터기에 앉아서 그것을 따라했다. 그들은 악령 쫓기를 계속했다. 앉았다 일어났다, 뛰어올랐다 주저앉았다 했다. 또 손뼉을 치고 허벅지를 때리면서 함께 원을 그리며 뛰어올랐다가 땅 위에 쓰러졌다. 코니부는 꼼짝 않고 누워 있었으나 티라만투는 노래를 부르면서 그를 다시 살아나게 하려 했다. 몇 분 뒤, 그녀는 휙 뛰어올라 활과 화살을 잡았다. 그러고는 약간 떨어진 나무 꼭대기 근처의 허공에 뭔가 어른거리는 모습을 응시하는 듯했다. 그러다가 금세 땅 위에 쓰러져서는 등을 들썩이며 울었다. 파리가 땀이 흐르는 그녀의 얼굴에 내려앉았다. 의식은 끝났다.

알테어와 빈센트는 티라만투와 코니부가 무엇을 보았는지는 알 수 없었지만, 그들이 어떤 역사적인 광경의 증인이 되었다는 것은 알 수 있었다. 적대적인 두 부족이 거의 한 부족처럼 모여서 그들 각자가 가장 신성하게 여기는 영적 의식을 함께 치른 것이었다. 게다가 백인들이 이 모습을 볼 수 있도록 허락까지 해주었던 것이다.

아쿤추족에 대해 더 잘 알게 되고 통역자를 통해 교류하게 됨에 따라, 그들은 아쿤추에게 그토록 빨리 받아들여진 것이 얼마나 운 좋은 일이었는지 깨달았다. 만일 연락대가 카노에의 안내 없이 아쿤추 부족에게 접근했다면, 결과는 재난이었을 것이다. 아쿤추는 이전에 백인을 만난 적이 있었지만 좋은 인상을 받지 않았던 것이다.

아쿤추는 말 그대로 어디에 가든 그 나쁜 기억을 지울 수 없었다. 코니부는 그의 머리에 반짝이는 거머리처럼 빛나는 흉터를 가리켜 보였다. 푸콰은 천연두 자국처럼 보이는 등의 흉터를 보여주었다. 알테어와 빈센트는 작은 탄환이 물방울 튀기듯 상처를 낸 것이라고 생각했다. 코니부는 탐사대가 고용한 투파리 통역자를 통해 무슨 일이 있었는지 이야기해주었다.

"지금 나는 형제들 없이 혼자요. 백인들이 친구들을 다 죽였소. 탕, 탕, 탕."

그는 허공에 손으로 총 모양을 흉내내 보이며 말했다.

"그들은 활과 화살이 아니라 총으로 친구들을 다 죽였소. 나는 혼자 남았고, 그래서 저 밖의 인간들을 두려워하게 된 거요. 그들로부터 도망친 이유가 그거요."

코니부는 통역자가 내용을 분명히 전할 때까지 잠시 말을 멈추었다.

"이 사람, 그리고 이 사람. 이 사람들은 안 두렵소. 나는 저 밖의 백인들이 두렵소."

그는 알테어와 빈센트를 가리키더니, 이내 휩쓰는 듯한 동작을 해보였다. '저 밖'이라는 말은 숲 너머에서 잠식해 들어오는 목장들을 가리키는 것 같았다.

통역자가 좀 더 자세히 말해 달라고 했지만, 코니부는 좀 누워야겠다고 했다. 그는 움막으로 들어가 해먹을 펼쳤다. 알테어와 빈센트는 통역자와 함께 집 안으로 들어가 바닥에 앉았다. 바닥은 구석에 있는 불 피우는 곳에서 얻은 재가 뿌려져 부드럽고 보송보송했다. 나이 든 아쿤추 여인 우루루가 들어오더니 두 손을 입에 대고 코니부 위에 몸을 숙이고는 깊은 숨을 들이쉬었다. 통역자는 그녀가 코니부의 몸에서 나쁜 기억의 독기를 빨아들여 바람에 날려 보내는 중이라고 설명해주었다. 그녀가 의식을 끝마치자 통역자는 백인들이 아쿤추의 옛 마을을 공격한 것이 낮인지 밤인지 물었다.

"그들은 낮에 왔소."

코니부는 해먹에 기대어 천장을 가리키며 말했다.

"한낮에 공격해왔소. 해가 중천에 있었소. 그들은 시끄러운 소리를 내는 기계를 가져왔소. 나중에 나는 시체들만을 발견했소. 하지만 내 형제의 시체는 찾지 못했소. 혹시 그들이 시체를 먹으려고 가져간 건지도 모르겠소."

코니부의 이러한 추측에 통역자는 미소를 지었지만, 추장이 이야기를 계속함에 따라 미소는 사라졌다.

"여자들과 다른 사람들의 시체는 다 거기에 있었소. 찾고 또 찾았지만 형제의 시체는 없었소."

알테어는 무릎 위에 팔을 엇갈리게 얹고 빈센트와 함께 해먹의 발치에 앉아 있었다. 알테어는 공포에 질린 얼굴로 듣고 있다가, 백인들이 쳐들어왔을 때 코니부는 어디에 있었냐고 물었다.

"나는 멀리, 여기에 있었소."

그는 허공에 원을 그려 옛 마을 바깥의 지점을 가리켜 보였다.

"그렇게 해서 빠져나왔던 거요. 하지만 팔에 총을 맞았소. 그 후 팔이 많이 아팠고, 많이 부어올랐소."

그는 팔 아래쪽에 난 흉터를 다시 가리켰다.

코니부는 알테어와 빈센트 두 사람에게는 유감이 없다는 사실을 다시 확인시켜주었다. 그가 미워하는 것은 그를 두렵게 한 목장 인부들이었다.

"백인을 보면 두렵소. 심장이 몸 밖으로 튀어나올 것만 같소. 그들은 아주 시끄러운 소리를 내는 기계를 가져왔소. 윙, 윙, 윙. 그 기계들은 우리에게 아주 가까이 다가왔소. 우리는 아주 두려웠소."

어려운 설득

알테어와 빈센트는 푸파과 다른 주민들에게서 전해 들은 상세한 이야기로 미루어볼 때 코니부, 푸파, 그리고 다른 여성 생존자들은 목장 인부들이 사슬톱과 총으로 무장하고 마을을 부수러 왔을 때 마을에서 나와 있었다고 결론지었다. 그들이 추적하고 있는 그 인디언은 어쩌면 이 사건에서 살아남은 생존자일지도 모른다는 생각이 들었다. 그들은 잠시 동안 그 인디언이, 코니부가 죽었다고 믿고 있지만 시체를 못 찾았다는 형제가 아닌지 의심해보았다.

그러나 아쿤추는 그 인디언이 하는 것처럼 구덩이를 만들지 않았고, 그런 행동을 하는 사람이 아쿤추족 중에 있다는 것도 금시초문이었다. 그들이 습격당한 것은 적어도 10년 전이었다. 그리고 코니부의 설명에 따르면 옛 마을의 위치는 모델로 목장이 아니라 이비피타 목장 근처였다. 마르셀로는 1985년 그가 오데어 플라우지노 변호사와 처음 만나기 전, 남비콰라족과 함께 한 파괴된 마을 터 주변에서 엽총과 산탄총 탄피를 발견했었다. 그는 그때 습격당한 인디언들이 아쿤추가 아니었는지 의심하기 시작했다.

그러나 그 인디언들은 비슷한 일을 당한 다른 부족인 것이 거의 확실했다.

탐사대가 코니부에게 열네 개의 구덩이가 있는 마을 터의 대략적인 위치를 그려 보이자 추장은 아는 것이 없다고 했다.

탐사대는 코니부에게, 한 명의 인디언이 코니부의 형제나 동족들과 같은 운명을 맞기 전에 찾아내려 한다고 말했다. 그들은 푸라나 오와 이모로처럼, 코니부와 아쿤추 여성 몇 명이 이 일에 합류해줄 것을 요청했다. 그러면서 만일 목장 인부들이 찾아내기 전에 그 인디언을 만나면, 그는 살아남은 아쿤추 주민들처럼 평화로운 땅에서 안전하게 살아갈 기회를 얻을 수 있을 거라고 설명했다.

이들과 합류하는 것은 몇 가지 이유로 좋은 생각인 듯했다. 카노에 보다도 아쿤추가 그 인디언과 공통점이 더 많은 것 같았다. 특히 그가 옷을 입지 않았다는 점이 그랬다. 어쩌면 그는 아쿤추에게 더 친근감을 느낄지도 모른다. 그리고 최소한 탐사대 여성들이 늘어나면 어떤 식으로 마주치더라도 좀 더 평화적인 분위기를 만들 수 있을 것이고, 또 그들이 전쟁을 하러 온 것이 아님을 알릴 수도 있을 것이었다.

알테어가 코니부를 설득하는 임무를 맡았다. 그러려면 먼저 코니부가 도요타 자동차에 타도록 설득해야 했다. 탐사 여행을 위해선 꼭 차를 이용해야 했기 때문이다. 아쿤추족들은 그때까지 자동차를 타본 일이 한 번도 없었다.

아쿤추족들은 자동차를 보자, 가까이 가는 것을 거부했다. 그들은 심술궂은 자동차에 정령들이 가득 차 있다고 말했다.

"으르렁거리는 소리를 들어봐. 저 떨리는 것 좀 봐!"

하지만 알테어는 천천히, 힘겹게 그들이 생각하는 것처럼 나쁘지 않다고 설득했다. 그는 차 문을 열고 그들을 가까이 오게 해서 안을 들여다보도록 했다. 그렇게 훑어보기가 끝나자 좌석에 올라 코니부와 세 명의 여인에게 함께 탈 것을 권했다. 거의 오후 내내 설득이 계속됐다. 알테어는 무릎을 꿇고 비는 것 외에는 다 해보았다. 그리고 마침내 그들도 결심했다. 알테어는 용의주도하게 차문을 닫고 운전석에 자리를 잡았다. 그가 열쇠를 돌려 시동을 걸자, 아쿤추족은 이성을 잃었다. 코니부와 여자들은 주먹으로 창문을 마구 두드리기 시작했다. 시끄러운 소리가 정신을 어지럽게 한다면서 내리고 싶어 했다.

이 사건이 있은 후, 코니부는 부족민 중 누구도 연락대의 여정에 따라가는 것을 금지했다. 아쿤추와 카노에 부족은 몇 년간의 외교적인 토대를 마련한 뒤에야 함께 살 수 있었다. 코니부는 그 인디언과의 만남을 주선하는 일은 문제만 일으킬 것이라고 믿었다. 그는 탐사대에, 그 인디언을 찾아내어 카노에나 아쿤추들과 맺은 것 같은 관계를 맺고 싶거든, 아쿤추의 도움은 바라지 말라고 말했다.

푸라와 오와이모로는 이미 극한까지 몰린 부족이 얼마나 위험한지 잊었을지 모르지만, 코니부는 그렇지 않았던 것이다.

아쿤추족의 추장 코니부가 푸팍이 지켜보는 가운데 화살을 다듬고 있다.

7장

미개인들

THE LAST OF THE TRIBE

1997년 초반 브라질의 환경보호국은 알테어가 고립된 인디언을 우연히 만났던 숲에서의 개벌(皆伐)을 일시적으로 금지했다. 개벌 금지 조치는 그 우연한 만남의 결과였지만 허울뿐이었다. 환경보호국은 그 지역의 가장자리에 서 있는 나무에 표지판 몇 개를 못으로 박아놓기만 했다. 개벌 금지를 강제하는 사람은 아무도 없었다. 목장 주인들은 계속 나무를 베었다. 과포레 연락대는 금지 조치를 위반한 사실을 보고했지만 아무런 소용이 없었다. 일시적인 금지 조치는 서류상으로만 존재할 뿐, 현실 세계에는 적용되지 않았다.●

만일 마르셀로 팀이 인디언이 살고 있다고 믿는 땅을 보호하고 싶다면, 그 전에 그 인디언의 존재를 법무부가 공식적으로 인정해주어야 한다. 그런데 그렇게 하려면 푸나이는 고립된 인디언에 대한 단순

●푸나이 탐사 보고서 참고.

한 외형적 설명만이 아니라 그 이상의 것을 보여야 한다. 부족의 이름과 언어, 관습에 대한 개략적인 정보가 필요했다. 요컨대 그 인디언이 보호할 가치가 있는 문화를 대표한다는 것을 입증할 만한 자료면 무엇이든 좋았다. 입증할 방법은 한 가지였다. 대원들이 고립된 인디언과 접촉하는 것이었다. 브라질리아에 있는 시드니 포수엘로는 과포레 연락대가 탐사 활동을 더욱 활발하게 전개해서 더 많은 증거를 구하는 한편, 권총을 가진 자들과 목장 일꾼들보다 한발 앞서 그 인디언과 접촉하도록 힘써 주었다.

1997년 후반기에 마르셀로와 대원들은 어깨에 짐을 짊어지고 수많은 정글의 오솔길을 누비고 다녔다. 부족이 살고 있다고 공식적으로 기록되어 있지 않은 지역에서 사람이 사는 흔적을 찾기 위해서였다. 탐사 활동은 보통 매달 4, 5일간 진행되었다. 탐사 과정에서 마르셀로 일행은 달라피니 형제와 그들의 이웃들이 자기네들 것이라고 주장하는 숲을 지나야 했다. 탐사 활동은 처음부터 순서가 빤한 단조로운 방식으로 이루어졌다. 일행은 모델로 목장 주변의 숲에서 인디언이 거주한 흔적을 몇 가지 찾아냈다. 하지만 그것은 꺾인 나뭇가지 몇 개와 꿀을 얻기 위해 나무에 새긴 칼자국 한두 개에 지나지 않았다. 인디언을 직접 목격한 적은 단 한 차례도 없었다.

그해 9월 마르셀로 팀은 나흘에 걸쳐 탐사 활동을 벌이면서 목표에 가까이 접근했다. 마르셀로와 알테어, 그리고 푸라는 좁다란 시냇물 둑 근처에서 칼자국이 나 있는 열 그루의 나무를 발견했다. 인디언이 꿀을 얻기 위해 낸 칼자국은 이틀밖에 되지 않은 것이었다. 일행은 같은 지역에서 이틀 전에 벌채된, 가시가 있는 자라카티아 나무 두 그루도 찾아냈다. 쓰러져 있는 나무에는 길게 홈이 패어 있었는데, 그것은 식용인 곤충의 유충을 유인하기 위해 인디언이 만들어놓은 것이었다. 마르셀로 팀은 그 근처에서 두 개의 지라우스도 발견했다. 지라우스는 잔가지를 엮어 만든 것으로, 고기를 굽거나 말릴 때 사용하는 기구였다. 그들은 질척질척한 시냇가에서 생긴 지 하루 정도 되었을 법한 사람의 발자국도 발견했다.

마르셀로 팀은 그 발자국을 자세히 살펴보았다. 그때 알테어가 마르셀로에게 누군가가 지켜보는 듯한 기분이 든다고 말했다. 마치 숲에 눈이 달려 있어서 팀의 일거수일투족을 지켜보는 것 같다는 것이었다. 그들은 마체테와 푸라의 화살 하나를 선물로 땅바닥에 두었다. 그러고는 그날은 그 정도에서 그치기로 했다.

며칠 뒤, 그들은 다시 그곳을 찾았다. 칼과 화살은 손댄 흔적 없이 그대로 있었다. 탐사 활동은 좌절감만 안겨줄 뿐 점점 힘겨워져갔다. 인디언이 존재한다는 사실을 뒷받침할 만한 확실한 증거는커녕 개벌된 현장만 더 많이 발견했을 뿐이었다. 마르셀로는 탐사 보고서에 달라피니 형제의 소유로 되어 있는 숲을 잠식한 새로운 개간지에 대해서 기술했다. 그는 자신의 분노를 강조하기 위해 온갖 수단과 방법을 동원했다. 문장 끝에 감탄 부호를 찍고, 단어마다 대문자로 강조하고, 단락 전체에 밑줄을 그었다. 그러나 돌아온 것은 침묵뿐이었다. 어떤 벌금도 부과되지 않았고, 어떤 혐의도 씌워지지 않았다. 과포레 연락대는 그 과업이 중요하다는 사실을 관리자 내지는 단속자들에게 납득시키지 못했다. 아직까지는 그랬다. 고립된 인디언은 감성을 교류할 수 있는 실존 인물이 아니었다. 한없이 막연한 추상적 인물에 불과했다. 추상적 인물은 허상이라서 감정 이입을 할 수 없었다.

마르셀로는 분노를 숨길 수 없었다. 그는 저녁이면 밤에 머물 텐트를 치고, 팀이 이동한 경로를 지도에 그리거나 현장에 대한 인상을 메모했다. 대원들은 땔감을 모아서 저녁거리를 구웠다. 그것들은 대부분 야생 돼지, 거북, 거미원숭이, 물고기 등이었다. 물론 어느 것 하나 쉽게 구하지 않았다. 온 힘을 다해 간신히 잡은 것들이었다. 저녁거리가 준비되는 동안 마르셀로는 일지에 분노를 쏟아냈다.

마르셀로에게 고립된 인디언은 하나의 상징이 되어 있었다. 인디언은 타락과 부패로 얼룩진 세상으로부터 도망치는 곤경에 처한 피난민이었다. 숲에서 더 많은 개벌 현장을 목격한 뒤, 9월의 어느 날 저녁이었다. 마르셀로는 일지에 이렇게 적었다.

"이 인디언이 처한 상황은 브라질 사회의 수치다. 우리는 수많은 인디언들을 죽였다. 그러고도 그들에게 진 빚을 조금도 갚지 않았다. 지금 이 순간에도 우리는 그들에게 살아갈 수 있는 최소한의 조건조차 보장해주지 못하고 있다. 이 같은 잔악무도한 짓을 저지르고도 무사할 수 있는 그런 탐욕의 정체는 과연 무엇이란 말인가!!!"

마르셀로는 자신의 주장이 재고의 여지가 없다고 단정했다. 목장 주인들은 법을 어기는 악당들이므로 마땅히 법의 처벌을 받아야 한다고 믿었다. 하지만 그런 식의 정의는 공감을 얻지 못할 경우 사람들의 비위를 건드릴 수 있었다. 목장주와 벌목꾼에 대한 마르셀로의 혹독한 비판은 혼도니아에 사는 주민들의 호응을 조금도 얻지 못했다. 주민 대부분이 목장주나 벌목꾼이었기 때문이다. 과포레 연락대로서는 최근에 개정된 법이 그들이 원하는 전부나 마찬가지였다. 그러나 그것은 인디언이 살고 있는 숲에서의 벌목을 금지하는 일시적인 규정처럼 한갓 서류상의 법률에 불과했다. 아직도 이 세상의 한구석에 카우보이와 인디언은 대결 구도에 놓여 있고, 카우보이는 좋은 나라 사람들이었다.

인디언을 바라보는 시선

브라질 정부는 예로부터 인디언들이 역사적으로 어떤 역할을 해야 할 것인가를 결정하기 위해 고심을 해왔다. 공식적인 정책과 국민의 의견이 때로는 일치하기도 하고, 그렇지 않기도 했기 때문이다.

19세기 후반과 20세기의 첫 수십 년에 걸쳐 실증주의●라는 사상이 유럽 전역에 퍼지더니 브라질 중산층에까지 깊이 스며들었다. 신학에 가까운 그 사상은 빠른 속도로 성장했다. 그리고 그 성장을 이끈 사람 중에는 칸디도 혼돈이라는 목사도 있었다. 칸디도 혼돈은 전설적인 브라질의 세르타니스타로, 인디언 보호국을 최초로 설립했다. 혼도니아라는 지명은 그의 이름에서 비롯된 것이었다.

실증주의자들에 따르면, 문화는 원시 사회에서 몇몇 특정한 단계를 거쳐 성숙한 사회로 진화했다. 그들은 아마조니아 토착 부족의 경우는 문화 진화의 첫 단계에 해당된다고 보았다. 그리고 첫 단계의 특징

● 저자는 실증주의와 그것이 브라질의 토착민 정책에 끼친 영향을 설명하기 위해 존 헤밍과 알시타 리타 라모스의 저서 외에 수많은 문헌을 참고했다.

은 애니미즘, 즉 모든 자연과 사물에 영혼이 있다고 믿는 것이라고 단정했다. 실증주의자들은 그 토착 부족들이 이성적인 사고를 할 수 없다고 판단했다. 그러면서도 아마조니아의 토착 부족들은 원시적인 단계에서 더욱 진보된 발전 단계를 거쳐 진화할 수 있다고 믿었다. 애니미즘에서 다신론으로, 그리고 일신론으로, 그러다 마침내 계몽 이성주의에 이른다는 것이었다. 혼돈은 인디언들이 도움을 받는다면 중간의 발전 단계를 건너뛰고 근대적인 문화 수준으로 곧바로 도약할 수 있다고 믿었다. 그리고 인디언 보호국 직원들에게 인디언들을 달래는 것이 그들이 성공적으로 근대화할 수 있는 가능성을 유지하는 데 도움이 된다고 일러두었다. 혼돈은 인디언들을 달래는 임무를 맡은 직원들이 지침으로 삼을 표어를 고안해냈다.

"당신이 죽는 한이 있더라도 살인을 하지는 마라."

미국 대통령 시어도어 루스벨트는 백악관을 떠난 뒤인 1914년에 혼돈과 함께 아마존을 두루 여행했다. 그 과정에서 루스벨트는 브라질 부족들이 실증주의 사상을 접하고 나서 종교를 바꾸는 일이 종종 있었다는 사실을 알아챘다. 그것은 실증주의자들이 결코 추구하지 않았던 결과였다. 그러나 루스벨트 전 대통령은 그 사실에 흡족해한 것 같았다. 루스벨트는 혼돈과 함께 탐험을 한 뒤 이렇게 적었다.

"한 실증주의자가 기울인 노력의 첫 성과 가운데 하나가 그가 도와주고자 하는 사람들의 기독교 전향이라는 것이 이상해 보일 수도 있다. 그러나 남미에서의 기독교는 적어도 신학만큼의 지위를 얻고 있다. 기독교는 야만성에서 진일보하기 위해 꼭 필요한 첫 단계에 해당된다. 미개하고 가난한 지역일수록 인간은 '기독교인'과 '인디언'이라는 두 개의 큰 계급으로 나뉜다. 인디언이 기독교인이 되면 조잡하고 단순한 인접 문명에 완전히 흡수되거나 부분적으로 동화되어버린다. 그런 다음 그의 동료들이 그랬듯이 그 또한 발전하거나 퇴보하게 된 다."●

실증주의의 영향력은 1930년대에 쇠퇴했고, 그와 동시에 문화상대 주의가 인류학 계통에서 힘을 얻기 시작했다. 인류학자들은 원시적인 것에 해당되는 단어와 야만적인 것에 해당되는 단어를 따옴표로 표시 했다. 그러면서 그런 단어들이 유럽인들이 토착 사회에 부당하게 적 용한 왜곡된 용어라고 주장했다. 그 사상이 미친 영향은 혁신적이었 으나 대부분 탁상공론에 그쳤다. 인류학 계통의 범위 밖에 있는 대중 적인 사상에 스며들기 시작한 지적 이론들, 즉 프로이트 이론과 융의 이론을 포함한 이론들은 토착 문화가 인간 발달의 어린아이 같은 단 계에 해당된다는 생각을 더욱 확고하게 굳혔다. 프로이트는 원시적인 인디언들의 지적 또는 정신 수준이 문명화된 어린이의 그것과 흡사하 다고 보았다. 인지발달이론으로 교육과 도덕 분야에서 지배적인 위치 를 차지한 스위스의 철학자이자 심리학자인 장 피아제는 전통적인 토 착 문화의 구성원들 대부분이 어린아이들처럼 객관적인 현실을 그들 자신의 주관적인 생각과 구별할 줄 몰랐다고 적었다.●

토착민을 어린이로 보는 관념은 브라질 사람들에게 일반화되어 있

● Theodore Roosevelt, *Through the Brazilian Wilderness* (Teddington, U.K.: Echo Library, 2007), p. 29.
● Mércio P. Gomes, *The Indians of Brazil* (Gainesville: University Press of Florida, 2000), p. 127.

고, 그것은 정부의 정책 결정에 지대한 영향을 끼쳤다. 1916년 브라질 민법에 인디언들은 '비교적 유능한 사람들'로 정의되어 있었지만, 그들에게는 미성년자나 지적 장애자들과 동등한 법적 지위가 주어졌다. 그 지위는 브라질이 1973년 인디언 법령을 시행한 뒤에도 지속되었다. 1973년 인디언 법령에는 인디언들이 푸나이의 관할 아래서 그 주의 보호를 받으며 생활해야 한다는 것이 명시되어 있었다. 브라질의 인류학자인 메르시오 페레이라 고메스는 1988년에 쓴 책 《브라질의 인디언》에서 수십 년에 걸쳐 바뀌는 브라질 정부의 인디언 정책의 뼈대를 이루어온 철학들이 어떤 결과를 빚었는지 일목요연하게 제시했다.

"어느 모로 보나 인디언은 우리 문명의 사생아, 그것도 병든 사생아다. 왜냐하면 사람들이 인디언을 곧 죽을 운명에 놓인 말기 암 환자 보듯 하기 때문이다. 그렇게 본다면 정부는 굳이 기독교적 의무를 따지지 않더라도 그들의 고통을 덜어주고 그들이 품위 있게 죽음을 맞을 수 있도록 보장함으로써 사회적 의무와 인간적 의무를 다해야 할 것이다." •

마르셀로는 인디언을 어린이로 보는 시선을 혐오했다. 그는 '현대인이 누리는 문화가 인디언의 문화보다 더 훌륭한 것도 더 저열한 것도 아니다. 다만 인디언의 문화와 다를 뿐이다'라는 문화상대주의 개념에 동의했다. 그러나 마르셀로는 그 지역 푸나이의 대표로서 인디언들의 후견인 역할을 해야 했고, 그것은 그의 일이었다. 마르셀로는

• 같은 책, p. 126.

인디언 보호에 대한 철학적인 관념에 반대했기 때문에 그의 일은 모순으로 가득 찼다. 그는 인디언들이 정치적 자치를 누릴 권리가 있다고 믿었다. 인디언들이 다른 사회와 격리되기를 원하든, 또 부족을 현대 세계에 완전히 통합시키기를 원하든 그들 뜻대로 하게 두자는 것이었다. 그러면서 마르셀로는 인디언들에게 선택의 자유가 있어야 한다고 믿었다. 인디언들에게는 마르셀로 같은 사람들의 간섭을 받지 않고 문화적으로 성공 또는 실패할 권리가 있었다. 하지만 불행하게도 현대 사회의 침입은 이미 시작되었고, 그 과정에서 인디언 마을은 쑥대밭이 되어갔다. 마르셀로 같은 사람이 없다면 인디언 문화는 성공하거나 실패할 권리를 행사할 기회를 결코 얻지 못할 터였다. 과포레 연락대의 일, 특히 그 고립된 인디언에 관계된 일은 그 자체가 모순이었다. 연락대는 고립된 인디언과 접촉하더라도 그가 혼자 있을 권리를 갖도록 하기 위해 접촉해야만 했다.

과포레 연락대가 고립된 인디언을 찾아나섰을 때, 브라질의 법도 바뀌기 시작했다. 이를테면 인디언 문화는 그 자체로 지구상에 존속할 천부의 권리를 지니고 있다는 마르셀로의 견해와 일치해 나가기 시작했던 것이다. 마르셀로와 알테어가 고립된 인디언의 자취를 찾기 시작하기 몇 달 전, 혼도니아의 배심원은 인디언 부족을 대량 학살한 남자에게 유죄 평결을 내렸다.[*] 그것은 브라질 역사상 전례가 없는 평결이었다. 그 평결이 내려지기까지 오랜 시간이 걸렸다. 오로윈 인

---

[*] John Hemming, *Die if You Must: Brazilian Indians in the Twentieth Century* (London: Pan Macmillan, 2004), p. 299.

디언들을 죽이고 그들의 마을에 불을 지른 혐의로 기소된 남자는 수액 채취자였는데, 법정에서 30년 이상의 형을 선고받았다. 몇 달 뒤에 또 다른 법정에서도 야노와미 부족민을 공격한 혐의로 기소된 남자들에게 대량 학살의 유죄를 선고했다.

이 두 평결은 인디언에 대한 법의 관점이 단 한 세대 만에 얼마나 급격하게 바뀌었는가를 여실히 보여주는 것이었다. 1969년 마르셀로가 대학에 다닐 때였다. 브라질의 유엔 상임위원은 아마존 강 유역에 사는 부족들에 대한 폭력이 토지 인수 같은 경제적인 이유로 자행된 것이라면 대량 학살로 치부할 수 없다고 주장했다.* 그러나 수년 동안의 논쟁을 거친 뒤부터 브라질의 법정과 헌법은 토착 문화에 더 높은 가치를 부여하기 시작했다.

대체로 독자적인 문화를 존중하는 분위기가 형성되기는 했지만, 그것은 법원의 판결에 국한될 뿐 대부분의 국민에게 스며들지는 않았다. 마르셀로에게는 그것이 유감스러운 일이었다. 권좌를 차지하고 있는 사람들도 법원과 엇나가는 태도를 보였다. 1990년대에 와서는 인디언들을 브라질의 영토 확장 정책을 방해하는, 구제 불능의 원시적인 미개인으로 공공연하게 일컫는 것이 정치적으로 온당치 않은 행위가 되었다. 그러나 이따금 연방정부의 관료들이 경솔하게도 브라질 법에 대해 이견을 드러내곤 했다. 1992년 저명한 사회학자인 헬리오 자과리비는 브라질 내각의 장관으로 지명되자 기자들 앞에서 이렇게 말했다.

---

* 1969년 9월 29일 자 유엔 인권보호 정보지 478호에 보도된 내용.

"브라질은 저개발과 후진성의 늪에서 빠져나와야 합니다. 그렇지 않으면 예측하기 힘든 사회적 혼란에 직면할 것입니다."[●]

2년 뒤 자과리비의 생각은 더욱 확고해졌다. 그는 브라질이 더욱 진보된 개발 단계로 도약하는 데 있어 브라질의 인디언들이 어떤 역할을 할 것인가를 규정했다. 결론은 어떤 경우든 아무 역할도 하지 않아야 한다는 것이었다. 자과리비는 한 세미나에서 이렇게 말했다.

"21세기에는 인디언이 더 이상 존재하지 않을 것입니다. 솔직히 말해 인간을 진화의 원시 단계 속에 가두겠다는 생각은 잔인하면서도 위선적인 것입니다."[●]

오와이모로의 죽음

인근 지역에 사는 사람들보다는 먼 지역에 사는 사람들이 아마존의 인디언 부족을 진부하고 저급한 소설에서 묘사한 나체의 미개인들과 다르다고 생각하기 쉬울 것이다. 이런 식의 틀에 박힌 인식은 인디언 부족과 가까운 곳에 사는 사람들에게서 가장 흔하게 나타난다. 가까이 살다 보면 인디언 부족들이 가끔 잔인하고 난폭한 행동을 하는 모습을 목격할 확률이 높기 때문이다. 과포레 연락대 대원들은 그 점을

● 1992년 4월 12일 《뉴욕타임스》에 실린 제임스 브룩(James Brooke)의 기사에서 발췌.

● Alcida Rita Ramos, *Indigenism: Ethnic Politics in Brazil* (Madison: University of Wisconsin Press, 1998) 참고.

누구보다도 잘 알고 있었다. 아울러 그러한 사례들을 가지고 부족의 삶을 규정할 수 없다는 것도 알고 있었다. 이는 마치 상파울루 같은 도시에서 일어나는 야만적인 범죄로 브라질의 전체 문화를 규정할 수 없는 것과 마찬가지다. 그러나 이따금씩 나타나는 토착민의 폭력 사례들은 엄연한 사실로 남아 있다. 그리고 그 같은 사례들로 인해 혼도니아의 일반 대중은 부족의 문화를 원시적인데다 무질서하고 위협적인 것으로만 받아들이려 한다.

1997년, 알테어가 오메레 캠프에 머물고 있을 때였다. 푸라의 사촌인 오와이모로가 캠프 앞을 지나갔다. 오와이모로는 카노에 마을에서 아쿤추 마을을 향해 걸어가고 있었다. 아쿤추 마을의 숲에서 바나나를 따기 위해서였다.

다음 날 아침, 알테어는 마르셀로에게 그날의 새로운 소식을 무선으로 전송하면서 오와이모로가 아쿤추 마을로 가는 모습을 보았지만 돌아오는 것은 보지 못했다고 말했다. 두 부족은 우호적인 관계에 있었지만, 카노에 부족민이 아쿤추 부족의 마을에서 밤을 보내는 일은 결코 없었다. 그럴 만한 특별한 이유가 있는 것은 아니었다.

그날 아침 늦게 푸라가 푸나이 기지에 도착했다. 푸라는 눈에 띄게 불안해 보였다. 오와이모로가 아직도 돌아오지 않았던 것이다. 오와이모로는 원숭이를 집에 두고 나갔는데, 이는 그가 그렇게 오랫동안 외출할 생각이 없었음을 암시하는 것이었다. 푸라는 끔찍한 일이 일어난 것은 아닐까 걱정했다.

그들은 오와이모로가 아쿤추 부족의 비위를 거스르는 재주가 있다는 것을 알고 있었다. 완고한 성격의 오와이모로는 카노에 부족이 아쿤추보다 월등하게 우수하다고 믿는 사람이었다.

알테어와 푸라, 그리고 푸나이 소속의 보조원은 캠프를 떠나 오와이모로가 바나나 숲을 향해 갔을 법한 길을 따라 걸었다. 그들은 약 3킬로미터를 걸은 뒤 아쿤추 마을 근처의 옥수수밭에 이르렀다. 그곳에는 바구니가 뒤집힌 채 땅바닥에 놓여 있었다. 바나나와 파파야가 바구니 밖으로 쏟아져나와 있었다. 푸라는 그것이 오와이모로의 바구니임을 알아챘다.

옥수수밭 가장자리에서 아쿤추 마을 쪽으로 사람의 발자국이 이어져 있었다. 그들은 마을을 향해 걸어갔다. 아쿤추 부족의 움막이 모여 있는 쪽에서 연기가 피어오르는 것이 보였다.

이윽고 일행은 아쿤추 마을에 도착했다. 아쿤추 부족의 움막 다섯 채 가운데 코니부의 움막을 제외한 네 채에 화재가 나 있었다. 불은 더 이상 타오르지 않았지만 각각의 움막에서 연기가 계속 피어올랐다.

일행은 무슨 일이 있었는지 알 만한 단서를 찾기 위해 땅바닥을 자세히 살펴보았다. 각종 물건들이 여기저기 어지럽게 흩어져 있었다. 쓰레기도 많았다. 아쿤추 부족의 물건들 일부가 움막 안에 남아 있기는 했지만 대부분 치워져 있었다. 마을 개간지 한가운데 있는 흙이 검은색 물감인 듯 보이는 얼룩으로 물들어 있었다. 가까이 가서 살펴보니 피였다.

푸라는 얼어붙은 듯 서 있었다. 눈에는 눈물이 가득 고여 있었다.

알테어는 핏자국을 따라갔다. 그것은 마을 개간지 쪽으로 이어져 있었다. 알테어와 푸나이 보조원은 계속 핏자국을 따라갔고, 푸라는 마을에 남았다. 핏자국은 아쿤추 부족이 수년 전에 밭으로 사용했으나 지금은 수풀이 우거진 자그마한 숲으로 이어졌다.

알테어와 보조원이 빽빽한 덤불 안으로 5미터쯤 들어가자 오와이모로의 시신이 보였다. 오와이모로는 마체테로 난도질된 채 죽어 있었다. 목과 팔, 다리에 깊은 상처가 나 있었다.

알테어가 개간지로 나오자 푸라가 그의 얼굴을 바라보며 물었다.

"오와이모로?"

알테어는 고개를 끄덕였고, 푸라는 흐느꼈다.

아쿤추 부족이 오와이모로를 살해한 것이었다. 아쿤추 부족은 부족의 관습대로 살해한 뒤 마을에 불을 질렀다. 마을을 버린 것이다. 남아 있는 사악한 영혼들을 없애기 위해서였다. 아쿤추 부족은 그들의 물건 대부분을 챙겨 3킬로미터가량 떨어진 곳에 새로운 마을을 짓기 시작했다.●

알테어는 아쿤추 부족의 살해 동기를 추측할 수 있을 뿐이었다. 나중에 알테어가 코니부를 비롯한 몇몇 아쿤추 부족민과 잠시 대화를 나눈 적이 있었다. 부족민들은 살인을 저지른 사실은 인정했다. 하지만 그에 대해 자세히 이야기하지 않았다. 코니부는 그 부족의 유일한 남자인 푸팍을 비난했다. 알테어로서는 오와이모로가 왜 죽임을 당했는지 알 수 없었다. 그저 그가 아쿤추 부족에게 오만하게 굴어서 푸팍이 이성을 잃었을 것이라고만 짐작할 뿐이었다.

알테어와 푸라는 오와이모로의 시신을 발견한 그날 푸나이 캠프로

●오와이모로 살해 사건에 대한 묘사는 알테어의 기억, 그리고 법무부에 제출된 1997년도 푸나이 회보에 실린 글을 참고한 것이다.

돌아왔다. 알테어는 무선 통신기를 통해 마르셀로에게 무슨 일이 일어났는지 알려주었다. 그러고 나서 푸라와 함께 카노에 캠프로 가서는 부족민들에게 오와이모로의 소식을 전했다.

카노에 부족민들은 충격에 휩싸였다. 푸라와 그의 어머니는 오와이모로의 물건을 바구니에 담았다. 그러고는 장례를 치르기 위해 숲을 지나서 오와이모로의 시신이 있는 곳까지 갔다.

푸라와 그의 어머니는 누워 있는 오와이모로의 시신을 일으켜서는 유일하게 불타지 않고 남아 있는 아쿤추 부족의 움막으로 끌고 갔다. 두 사람은 움막 안에 시신을 눕히고 그 옆에 오와이모로의 물건을 놓았다. 시신을 화장할 셈이었다.

푸라는 움막에 불을 붙이기 전에 오와이모로의 원숭이를 캠프 가장자리로 데리고 갔다. 그는 곤봉으로 원숭이를 때려죽였다. 그러고는 그 시체를 안고 움막으로 들어갔다. 그는 오와이모로 옆에 원숭이 시체를 눕히고 움막에 불을 붙였다.

원숭이를 희생시킨 것은 사촌의 영혼을 위한 사랑의 행위였다. 푸라는 오와이모로가 가장 아끼던 친구인 원숭이와 함께 저승으로 가기를 바랐다. 오와이모로와 원숭이는 살아 있을 때처럼 죽어서도 함께할 터였다.

8장

떠나보냄

THE LAST OF THE TRIBE

　　　　　생존자가 네 명으로 줄어든 카노에 마을은 정적
에 휩싸여 있었다. 카노에 부족은 대량 학살과 자살이 조상 대대로 끊
임없이 일어났기 때문인지 오랫동안 침묵을 유지했다. 그들은 오와이
모로가 죽은 지 수개월이 지나서도 아무런 반응을 보이지 않았는데,
오히려 그런 모습이 슬퍼 보였다.

　아쿤추 부족은 불에 탄 마을을 버리고 멀지 않은 곳에 새로운 마을
을 세웠다. 그러나 두 부족의 관계를 지탱해주던 연결 고리는 끊어져
버렸다. 과포레 연락대와 교류함으로써 고립 상태에서 벗어나기 시작
한 지 2년 만에 두 부족은 다시 고립의 늪에 빠진 것이다.

　연락대 대원들은 사회적 교류가 전혀 없는 두 부족을 초가 움막 밖
의 세상과 연결시키는 유일한 고리 역할을 했다. 푸라는 가끔 오메레
캠프에 찾아와서는 바닥에 주저앉아 울곤 했다. 그로서는 자신과 푸
나이 직원들 사이를 가로막는 언어 장벽 때문에 슬픔을 구체적으로

표현할 수가 없었다.

과포레 연락대 대원들은 카노에와 아쿤추의 대립에는 참견하지 않았다. 그러나 약간의 죄의식을 느끼지 않을 수 없었다. 팀이 취한 조치, 이를테면 초기의 접촉, 오메레 캠프 설립 등이 두 부족을 융화시키는 데 도움이 되기는 했지만 너무 성급하지 않았나 하는 생각을 떨칠 수가 없었던 것이다. 그들은 부족 간의 동맹과 교류를 재촉했다.

그러나 푸나이 직원들은 오와이모로 살해 사건을 해결하는 일에 적극적으로 나서지 않았다. 그들은 자신들이 개입할 경우 문제가 더 커질 수도 있다는 결론을 내렸다. 그러면서 부족들이 그 문제에 어떻게 대처해야 할지 스스로 결정해야 한다고 믿었다. 결국 각 부족은 서로 냉각 기간을 갖는 것이 가장 현명한 조치라고 판단했다. 그들은 아무런 기약 없이 관계를 끊어버렸다.

아쿤추 부족은 푸나이와의 교류를 단절한 채 새로운 마을에 갇혀 지냈다. 그러나 카노에 부족은 계속 푸나이와 교류하면서 친분을 쌓아갔다. 오히려 오와이모로가 죽은 뒤에 직원들과 인디언들의 개인적인 관계는 더욱 돈독해졌다.

푸라는 다른 부족과 교류한 결과가 얼마나 섬뜩한지 뼈저리게 실감했다. 하지만 과포레 연락대가 1998년 8월 1일 고립된 인디언을 추적하는 또 다른 탐사 활동을 준비했을 때, 오와이모로 살해 사건은 푸라가 팀과 동행하겠다고 자원하는 데 아무런 걸림돌이 되지 않았다.

푸라가 왜 탐사를 가고 싶어 했는지는 확실히 알 수 없었다. 그것은 전에도 마찬가지였다. 푸라는 늘 고립된 인디언의 생활 방식에 약간의 호기심을 보였다. 그러나 고립된 인디언을 알게 될지도 모른다는 사실에 특별히 관심이 있는 것 같지는 않았다. 알테어가 고립된 인디언의 초가 움막 밖에서 그와 딱 한 번 마주쳤던 이야기를 거듭할 때마다 푸라는 미소를 지으며 어깨를 으쓱하곤 했다. 마치 잘 알지도 못하는 인디언에게 접근하다니 정신이 나간 것 아니냐고 생각하는 듯한 몸짓이었다. 그래서 알테어는 푸라가 탐사 활동에 적극적으로 따라나서는 저의가 무엇인지 곰곰이 생각해보았다. 그것은 동지애 때문일 수도 있고, 어쩌면 단순히 새로운 곳을 탐사할 때 맛보는 짜릿한 기분 때문일 수도 있었다. 푸라는 종종 탐사 활동을 마치고 돌아올 때마다 한 바구니 가득 이런저런 물건을 가져오곤 했다. 가령 화살촉으로 쓸 수 있는 타쿠아라 야자수 조각이나 이상한 깃털, 또는 카노에 마을 근방에서는 찾기 쉽지 않은 희귀한 과일이었다. 팀이 고립된 인디언을 찾았는가 여부는 푸라에게는 관심 밖의 문제인 것 같았다. 푸라가 관심을 두는 것은 여행이지 목적지가 아니었다.

구덩이 속의 인디언

1998년 초에 연락대는 고립된 인디언이 도피 생활을 하고 있다는 증거를 더 많이 찾아냈다. 고립된 인디언은 자신들의 사유지 숲을 계속 벌목하는 목장주들보다 한발 앞서 가고 있는 것 같았다. 1997년 후반과 1998년 초에 마르셀로와 알테어는 벌목꾼들이 모델로 목장 근처의 숲에서 대대적으로 나무를 베자 고립된 인디언이 버리고 간 움막 여러 채를 추가로 발견했다. 그중 몇 채의 움막은 하루 만에 지어 거의 하루 만에 버린 것 같았다. 1998년 6월 탐사 활동을 벌이는 중에 한번은 움막 두 채를 발견한 적이 있었다. 그 움막의 위치로 볼 때 고립된 인디언은 벌목꾼들의 움직임에 따라 사유지 경계를 넘나들며 이동하고 있었다. 고립된 인디언은 어떤 때는 달라피니 형제의 사유지 안에 있었고, 어떤 때는 다른 목장주들의 사유지 숲으로 들어가 있었다. 1998년 7월 자이메 바가톨리의 사유지(과포레 연락대가 2년 전에 이 사유지의 숲에서 첫 번째 움막을 발견했다)에서 일하는 일꾼들이 고립된 인디언을 다시 본 적이 있었는데, 순식간에 사라져버렸다고 연락대 대원에게 말해주었다.

마르셀로가 1998년에 걸쳐 푸나이 본부에 보낸 짧은 글은 전에 없이 다급함을 띠었고, 간혹 절박한 심경이 드러나 있었다. 그때까지 푸나이의 공식적인 반응은 상황을 지켜보자는 것이었다. 마르셀로는 만일 앞으로 더 시간을 끈다면 바로 눈앞에서 비극이 펼쳐지는 것을 보게 될 거라고 푸나이에 알리려 했다.

고립된 인디언의 상황은 그의 주거지 근처에 인디언이 아닌 사람들의 활동이 빈번해지는, 이런 영구적인 불안한 정황 속에서 시시각각 더욱 복잡해지고 있다. 일꾼들은 고립된 인디언의 움막에 침입하고, 그가 숨어 있는 숲에서 벌목을 하고 있다. 고립된 인디언이 사냥하며 살 수 있는 최소한의 평온도 남겨주지 않고 있다……. 고립된 인디언을 내모는 사람들은 불법으로 수백 헥타르의 자연림을 파괴하고 있다. 그들은 규제 기관이 그 땅에 대해 정한 규정을 알고 있지 못하거나, 그런 사법부의 결정을 따르기를 단순히 거부하고 있다. 푸나이는 공식적으로 고립된 인디언의 존재를 인정해야 하고, 고립된 인디언이 현재 있는 곳에서 생존할 권리를 보장하는 정책을 만들어야 한다. 적어도 고립된 인디언과 접촉이 이루어지고 그의 미래와 관련해 다른 대책들을 마련하기 전까지는 그렇게 해야 한다. 그러나 이런 불온한 분위기 속에서 지금 당장 그럴 가능성은 갈수록 더 미미해지며 꼬이고 있다.

푸나이 관리들은 어떻게 손을 쓸 수가 없다고 답했다. 고립된 인디언에 대해 더 많은 사실, 이를테면 부족 이름과 약간의 배경 이야기를 알기 전까지는 그의 존재를 공식적으로 인정할 수 없다는 것이었다. 다시 말해서 그들은 연락대가 고립된 인디언과 접촉을 해야 할 필요가 있다고 생각했다. 마르셀로는 푸나이에 보내는 답장에, 브라질리아에 있는 상관들만 이상적이지 않은 환경에서 고생하는 것이 아니라는 사실을 확실히 못 박았다. 고립된 인디언을 추적하는 일은 유령을 쫓는 것과 다름없었다. 그가 어느 부족에 속해 있는지는 아직도 오리무중 상태였다. 마르셀로는 이렇게 찾기 힘든 인디언이 있다는 얘기는 들어본 적이 없었다. 고립된 인디언을 추적하는 일은 마르셀로가 난생 처음 접하는 가장 풀기 어려운 수수께끼가 되어버렸다.

푸나이는 과포레 연락대가 수집한 잡다한 정보를 바탕으로 고립된 인디언이 속해 있을 법한 부족의 특징을 추리해서 정리하는 일을 인류학자들에게 맡겼다. 인류학자들은 더 좋은 이름이 떠오르지 않아 고립된 인디언을 '구덩이 속의 인디언'이라고 불렀다. 그 이름은 그 지역의 다른 부족들과 구별되는 고립된 인디언의 주거 방식에서 나타나는 특징에 착안한 것이었다.

고립된 인디언의 움막에서 발견된 구덩이로 인해 몇몇 인류학자와 푸나이 내부의 토착민 보호주의자들은 고립된 인디언이 시리오노 인디언의 생존자일지도 모른다고 추측했다. 시리오노 인디언은 방랑 생활과 정착 생활을 병행하는 볼리비아의 토착 부족으로 유일한 농업 도구는 땅을 파는 막대기이고, 유일한 무기는 활과 화살이었다. 1900년대 초에 관찰자들은 시리오노의 문화가 세계에서 가장 원시적인 문화 가운데 하나라고 믿었다. 볼리비아의 초기 예수회 수사들은 시리오노 부족민들 몇몇에게 선교 활동을 펼쳤다. 그러나 대부분은 절망적일 만큼 미개하다는 이유로 선교 대상에서 제외되었다.[*] 수년 뒤에 인류학자들은 시리오노 문화를 더욱 관대한 시선으로 보았다. 즉 시리오노 문화가 야만스러울 정도로 조잡한 것이 아니라 천연두와 독감, 그리고 영토의 파괴로 인해 파멸 직전까지 치달았다고 보았던 것이다. 아쿤추 부족처럼 시리오노 부족은 투피 구아라니 계열의 언어를 사용했다.

그러나 인류학자들과 연락대 대원들은 결국 고립된 인디언이 시리오노의 홀로 남은 생존자일지도 모른다는 생각을 버렸다. 시리오노 인디언들이 고립된 인디언처럼 구덩이를 파는 일은 절대 없었다. 또한 훨씬 더 큰 긴 활을 사용했다. 그리고 알테어는 1996년 고립된 인디언과 마주쳤을 때 투피 구아라니식 인사를 한번 해보았다. 그런데 그 인디언은 아무 반응을 하지 않았다. 시리오노 이론은 다른 여느 이

---

[*] Charles Erasmus, *Man Takes Control: Cultural Development and American Aid* (Indianapolis: Bobbs-Merrill, 1961), p. 365.

론처럼 불확실했다. 연락대가 고립된 인디언과 접촉을 하지 않고는 그가 어느 부족에 속해 있는가를 푸나이에 알려줄 길이 전혀 없었다.

마르셀로는 상관들에게 연락대가 고립된 인디언과 접촉을 하려고 할 때 그 인디언의 머릿속에 어떤 생각들이 오갈지 잠시 상상해보라고 권했다. 마르셀로는 상관들에게 보내는 편지에 혼도니아에 거주하는 고립된 인디언들의 처지에 대해 간략히 적어놓았다. 그 내용을 보면 마르셀로가 특히 한 인디언에 대해 이야기하는 것이 분명했다.

명백한 첫 번째 사실은 이 인디언들이 처한 상황이 재난이자 국가적 망신이라는 것이다. 인디언들은 독살되고 총에 맞고 대량 학살을 당하고, 집과 밭은 파괴되었다. 그리고 지금 어디에서도 평화롭게 살지 못하고 있다. 인디언들이 삶의 터전에서 수없이 많은 추방을 당함으로써 우리의 일 역시 확실히 복잡해졌다. 지역의 농업 발전을 둘러싸고 일어나는 이러한 모든 혼란으로 인해 우리는 묘한 상황에 빠져 있다. 그 인디언들에게 우리 자신을 그들이 알아온 다른 모든 '문명화된' 사람들과 다르다고 소개하려면 많은 인내와 결심이 필요하다. 그 인디언들은 분명 의심이 아주 많고 아주 교묘히 숨는다. 따라서 우리가 그들을 찾는 일이 훨씬 더 어려워진다.

푸나이의 고립된 인디언 브라질리아 부서의 소장인 시드니 포수엘로는 마르셀로의 의견에 공감했다. 포수엘로는 고립된 인디언들은 고립된 상태로 남아 있어야 하며, 접촉은 부족들을 나약하게 만들기 일쑤라고 믿었다. 그러나 포수엘로는 삼림 벌채가 자행되는 속도와 양상을 고려하면, 이런 경우 고립된 인디언의 죽음이 불가피하다고 믿었다. 목장주들이나 벌목업자들이 가급적 빨리 인디언을 죽이려 들 것이기 때문이었다. 이런 경우라면 고립된 인디언과 접촉을 할 필요가 있었다. 포수엘로는 마르셀로와 그의 팀이 정글 속으로 들어가 계속 여행을 하도록 장려했고, 그들은 그의 말대로 했다.

세르타니스타를 위한 가이드

푸나이는 세르타니스타에게 수행 안내서를 제공한다. 71쪽에 달하는 수행 안내서에는 부족 외에 어느 누구와도 교류한 적이 없는 인디언들을 찾아 정글로 들어갈 준비를 하는 팀을 위한 실질적인 조언이 담겨 있다. 그 내용 가운데 일부는 대원들에게 '동료애와 연대 의식, 단결 정신'을 키울 것을 권고하고 있어, 마치 로커룸에서 동료들끼리 주고받는 격려의 말을 읽는 듯하다. 그러나 대부분은 짐 꾸리는 대조표로 가득해 지극히 실용적이다. 수행 안내서는 삼림 지대를 훤히 꿰뚫고 있는 세르타니스타들의 유능함을 비롯해 어떤 것도 당연시 여기지 않도록 일깨우는 역할을 한다. 54쪽에는 앞으로 세르타니스타가 될 사람들에게 도움이 될 만한 내용이 있다.

"바늘이나 일회용 주삿바늘을 가져오는 걸 잊어버렸다는 사실을 정글 한복판, 곧 그 물건을 구할 가능성이 전혀 없는 곳에서 알게 되면, 잠깐 불편을 겪을 수도 있고 비극적인 사건을 경험할 수도 있다."

몇 쪽을 더 넘기면 이런 내용이 나온다.

"새로 산 청바지를 조심해라. 그런 청바지는 보통 허벅지 안쪽에 발진을 유발한다."

마르셀로와 그의 팀은 브라질리아 본부에서 일러준 조언보다는 그들 자신의 판단을 더 믿었다. 그들은 푸나이가 세르타니스타들을 위해 구상한 제복을 절대 입지 않았다. 군복 같은 작업복과 무릎길이의 반바지, 긴 양말로 이루어진 제복은 금세 인디언들 눈에 띌 수 있는 차림새여서 인디언 부족들이 세르타니스타들을 목장주들이나 그 밖의 다른 사람들과 구별할 수 있을 법했다. 마르셀로 팀은 수행 안내서에 적힌 탐험할 때 챙겨야 할 230개의 물품, 즉 자외선 차단제부터 칫솔에 이르는 모든 물건이 포함된 목록을 확인하지 않았다. 그들은 자신들의 경험을 더 신뢰했다.

대원들의 한계가 어디까지인지는 각자의 배낭을 보면 알 수 있었다. 그들의 배낭은 내용물이 없으면 접을 수 있을 만큼 가볍지만, 최대 20킬로그램의 짐을 지탱할 수 있을 정도로 견고한 초록색 즈크*로 만들어진 75리터의 모델들이었다. 알테어와 빈센트는 수확 체감의 법칙이 16킬로그램쯤에서 적용되기 시작한다고 생각했다. 16킬로그램을 넘으면 더해진 무게 때문에 더 힘들기만 했다. 차라리 물건을 줄여서 불편을 조금 감수하는 편이 더 나았다. 마르셀로가 목표로 잡는 무게는 약간 더 낮았다. 그는 배낭 무게를 11킬로그램이나 그 이하로 설정해놓는 것을 좋아했다.

해먹은 누구나 꼭 가지고 있어야 할 필수품이었다. 마르셀로 팀이

●즈크(doek) 삼 껍질에서 뽑아낸 삼실이나 무명실 따위로 두껍게 짠 직물. 인도에서 많이 나며 평직으로 튼튼하게 짜여 두께에 따라 천막이나 신, 캔버스, 수예, 자수 따위의 재료로 쓰인다. ―옮긴이

가지고 있는 해먹은 나일론으로 만든 가벼운 제품으로, 무게가 약 567 그램이었다. 그리고 돌돌 말면 대도시에서 볼 수 있는 두툼한 일요판 신문지 크기였다. 해먹은 따뜻한 날씨에는 이상적이다. 그러나 밤에 흔히 그렇듯이 기온이 약 15도 이하로 떨어지면 차가운 공기가 얇은 천으로 이루어진 해먹의 밑면을 뚫고 뼛속으로 직접 들어왔다. 그런 날 밤에 잠을 제대로 자려면 몸을 완전히 감쌀 수 있는 가로 15센티미터에 세로 25센티미터로 된 얇은 담요가 꼭 있어야 했다. 더 따뜻한 날에는 아주 얇은 면 이불만 있으면 되었다.

또 다른 필수품은 칼날이 넓은 마체테였다. 그것은 탐사대가 숲에서 소지할 수 있는 가장 유용한 도구였다. 주머니칼은 여러 필수품과 비교하면 비중이 좀 낮았다. 모기 퇴치약은 일반적으로 배낭 자리만 차지하는 물건으로 여겼다. 반면 사각형의 모기 그물망을 준비하는 것은 현명한 일처리로 인식되었다. 그물망이 퇴치약이 담긴 깡통보다 더 가볍고 더 깔끔하며 더 효과적이기 때문이었다. 나무에 묶어서 비를 막는 데 사용할 수 있는 방수포를 챙겨두는 것도 현명한 일이었다. 그러나 텐트를 통째로 가져가는 것은 지나친 욕심이었다. 바느질함과 밧줄, 구급용품과 비누는 필수품 중의 필수품이었다. 배낭에 마실 물을 넣어 공간을 허비하는 것만큼 정글에서의 효율적인 여행을 가로막는 어리석은 행위는 없을 터였다. 어디에서든 개울과 강은 쉽게 찾을 수 있고, 물은 깨끗하고 시원했다. 여벌의 신발이나 부츠는 사치였다. 그러나 신발이나 부츠를 고치는 데 사용하는 검은색 전기 테이프는 항상 지녀야 할 필수품이었다. 낚싯대는 필요 없었다. 숲에서 무한정 구할 수 있는 것이 막대기이기 때문이었다. 하지만 낚싯줄과 고리는 챙겨둘 필요가 있었다.

탐사 활동이 2, 3일 이상 지속될 것 같으면 소독제와 항생제를 가지고 다니지만, 짧은 여행에서는 보통 가지고 다니지 않았다. 대원들 각자 여벌의 옷은 딱 한 벌만 챙겼다. 티셔츠와 양말 한 켤레와 바지였다. 수건은 마음대로였다. 마르셀로는 수건은 절대 챙기지 않았다. 여벌 티셔츠를 수건 대용으로 쓰면 된다고 생각했기 때문이었다.

마르셀로 팀의 짐 중에서 가장 무게가 많이 나가는 것은 쌀, 콩, 파스타, 설탕, 커피 같은 건조한 음식물이었다. 음식은 2주 동안의 여행에 한 사람당 약 7킬로그램에서 9킬로그램이 할당되는 양이었다. 가끔 마른 고기를 가지고 다니기도 했지만 보통은 숲에서 단백질을 얻었다. 야생 돼지와 거미원숭이가 가장 좋은 사냥감이었다. 그러나 그 동물들을 사냥해서 죽이는 것은 때로 득보다 실이 많았다. 네 사람이 보통 크기의 거미원숭이를 먹으려면 약 3일이 걸렸다. 따라서 먹고 남은 고기는 적어도 이틀 동안 등에 지고 다녀야 했다. 효율적으로 짐을 꾸려야 하는 그들의 입장에서 볼 때, 커다란 동물을 죽이는 것은 대부분 시간 낭비였다.

수행 안내서는 그런 문제들이 결코 사소한 것이 아님을 아주 분명히 명시하고 있다. 그리고 수행 안내서가 탐사 준비의 세밀한 부분까지 지나치게 강조하는 것은 약간의 집착에 가까워 보인다. 일부 내용은 세르타니스타들이 재난에 대비해야 할 뿐만 아니라, 그것을 예측하기도 해야 한다고 내비치는 듯하다. 부족들과 세르타니스타들이 처음으로 마주쳤을 때 서렸던 긴장감에 대해 기술할 때는 안내서를 쓴 익명의 저자가 때때로 인디언들이 아닌 세르타니스타의 편에 서 있는 듯한 느낌이 든다.

눈에 보이지도 않고 몇 명인지도 알 수 없는 사람들에게 끊임없이 포위당하고, 감시당하고, 작은 행동까지 관찰당한다는 기분에서 초래되는 견딜 수 없는 긴장감과 짜증을 다스리려면 인간에게 어떤 정신력이 필요할까? 그것은 어느 누구도 짐작하지 못할 것이다. 그는 그들에게 해를 입히거나 그들을 쫓아낼 생각이 없고, 도리어 그들을 기쁘게 하고 그들을 끌어들이고 싶어 한다. 그러나 그들은 그저 공격하고 죽일 적당한 때를 기다리고 있을 뿐이다.

브라질의 인류학자인 알시타 리타 라모스는 1998년에 출간된 책 《인디제니즘: 브라질의 소수민족 정치》에서, 푸나이가 만든 세르타니스타들을 위한 안내서에 결정적인 실수가 있다고 밝혔다. 알시타 리타 라모스는 그 실수가 푸나이의 근본적인 약점을 드러내는 것이라고 했다.

"근본적인 약점을 드러내는 징후는 푸나이가 발행한 안내서에 이 팀들이 일단 인디언들과 마주쳤을 때 해야 할 행동이나 해서는 안 될 행동에 대해서 거의 언급되어 있지 않다는 점이다."

빗나간 화살

푸라는 8월 1일 아침에 탐사를 나가기 위해 짐을 꾸렸다. 그런 다음 움막 안의 땅을 여기저기 파서 가지고 갈 화살 한 움큼을 찾았다. 한편 마르셀로와 빈센트, 알테어는 바깥의 개간지에서 다른 카노에 부족민들과 기다리고 있었다.

타투아는 며칠 동안 불안해했다. 아들 푸라가 걱정되어서였다. 최근에 그녀는 손자인 오페라를 아프게 했던 나쁜 영혼들이 탐사대를 따라다닐지도 모른다고 생각했다. 오와이모로가 죽은 뒤로 푸라는 그 부족에서 어느 때보다도 중요한 존재가 되었다. 만일 부족의 유일한 성인 남성인 그에게 무슨 일이 일어나기라도 한다면, 카노에 부족의 존립이 위태로워질 터였다.

마르셀로와 알테어는 타투아와 위통을 앓고 있는 그녀의 손자 곁에 무릎을 꿇었다. 그들은 여행을 하는 동안 푸라를 잘 돌보겠다고 하면서 타투아를 설득하려고 했다. 알테어는 남자아이의 머리를 살며시 쓰다듬으며 주위에 흐르는 긴장을 덜어내려 했다. 그는 남자아이의 눈을 바라보며 미소를 지었다.

푸라가 준비를 다 마치고 움막에서 나왔다. 그러나 마르셀로 팀이 마을에서 떠나기 전에, 타투아가 빈센트에게 오라고 손짓을 했다. 타투아는 빈센트에게 뭔가 말하고 싶어 했고, 빈센트는 타투아가 하려는 말을 해석하려고 그녀의 몸짓에 집중했다. 타투아는 걱정스런 표정으로 빈센트를 향해 손짓을 했다. 타투아는 얼굴에 수심이 가득했지만 빈센트는 그 이유를 알 수가 없었다.

그때 푸라는 불 위에서 연기를 피우고 있던 거북 고기 한입 분량을 움켜쥐었다. 탐사 활동 중에 간식으로 먹을 모양이었다. 빈센트는 거의 3년 전 난생 처음으로 카노에 부족을 만났을 때 거북 고기를 먹고 설사로 고생을 한 적이 있었다. 그래서 그는 타투아가 또 탈이 나지 않도록 조심하라고 자신에게 주의를 주는 것이려니 생각했다. 빈센트는 부족의 미신을 그다지 믿지 않았기 때문에 타투아의 걱정을 대수롭지 않게 여겼다.

며칠 뒤에 빈센트는 그 순간을 되돌아보고 타투아가 다른 이야기를 하려고 했는지도 모른다고 생각했다. 또 타투아가 육감으로 더욱 심각한 위험이 있다는 여러 징후를 감지했는지도 모른다고 여겼다. 하지만 빈센트는 곧 그런 생각을 어리석게 여기고 두 번 다시 하지 않았다. 아무래도 타투아의 능력을 지나치게 높이 평가한 것 같았다. 그녀의 몸짓은 해석하기 나름이었다.

알테어는 왼손에 소총을 잡고 얽혀 있는 양치식물 사이를 비집고 나아갔다. 그때는 건기인 8월이었다. 60일이 지나도록 빗방울조차 뿌리지 않았다. 게다가 수킬로미터 면적의 나무를 태워버린 불로 연기가 조금 서려 있는 탓에 공기가 무척 탁했다. 숲 천장을 뚫고 내리비치는 빛줄기 속에서 곤충들이 윙윙거렸다. 발걸음을 옮길 때마다 종잇장 같은 나뭇잎이 바스락거렸다. 마르셀로와 빈센트, 푸라는 알테어를 따라 정글 깊숙이 걸어 들어가면서 연거푸 눈에서 흐르는 땀방울을 닦아냈다.

연락대가 길을 나선 지 사흘 만에 그들은 살짝 다져진 길을 발견했다. 알테어는 그 길을 따라가다가 부분적으로 가려놓은 함정을 발견했다. 함정은 주위의 흙이 푸석푸석한 것으로 보아 파놓은 지 스물네 시간이 넘지 않은 것 같았다. 다른 대원들이 그 구덩이를 살펴보는 동안에 알테어는 누군가가 그 길에서 벗어나 숲 속에서 북동쪽으로 난 길을 따라간 흔적을 발견했다. 부드러운 진흙으로 이루어진 좁은 땅에 최근에 생긴 인간의 맨발 자국이 있었다.

알테어는 푸라에게 발자국을 보라고 손짓했다. 그러고는 허리를 숙여 두 손을 발자국 둘레에 놓고 발가락에서 발뒤꿈치까지 길이를 쟀다. 알테어는 발자국이 얼마나 큰지 푸라에게 보여주려고 양손을 내밀며 약 40센티미터 길이로 벌렸다. 알테어는 그에게 이렇게 말하고 싶었던 것이다.

'어마어마하게 큰 걸 보니 괴물이 분명해!'

그리고 알테어는 농담을 하고 싶었던 것이다. 그 발자국은 대부분의 사람들의 발자국보다 넓을지 모르지만, 푸라의 발보다는 조금도 더 길지 않았다. 푸라는 알테어가 미소를 짓자 답례로 미소를 지어 보였다.

알테어는 함정 주위에 있는 다른 대원들에게 갔다. 거기에 끝이 넓고 뾰족한 나뭇가지가 하나 있었다. 그것은 땅을 파는 막대기였는데, 아마 고립된 인디언이 함정을 팔 때 사용했던 것일 수도 있었다. 알테어는 그 막대기를 잡고 마른 흙 속을 찔러보면서 인디언이 바닥에 꼬챙이를 박은 함정을 어떻게 만들었을지 상상해보았다. 그런 식으로 구덩이를 파려면 적어도 두서너 시간 동안 허리가 뻐근할 정도로 노동을 해야 할 터였다.

마르셀로를 선두로 대원들은 계속 걸었다. 그러다가 자그마한 개간지 건너편에서 작은 움막을 발견했다. 움막 지붕의 나뭇잎은 그들이 발견했던, 다른 움막 지붕을 덮은 잎처럼 마르지도 않았고 갈색으로 변해 있지도 않았다. 마치 최근에 주워온 것처럼 초록색이었다.

푸라가 잔뜩 굳은 표정으로 다른 대원들에게 손짓을 했다. 어떤 소리를 들었던 것이다.

"조용!"

마르셀로는 대원들에게 속삭였다.

마르셀로 팀은 가만히 서서 귀를 기울였다. 부스럭거리는 소리가 들렸다. 그것은 바로 고립된 인디언이 움직이는 소리였다. 인디언은 그들이 방금 지나친 함정 근처에 있었다. 아마 사냥감이 떨어졌는지 확인하러 온 모양이었다.

그들은 인디언을 향해 달려갔지만 어디론가 사라져버렸다. 마치 인디언이 뒤에 드리워진 진초록 나뭇잎 커튼에 틈이 벌어진 것을 발견하고 조용히 무대 밖으로 빠져나간 것 같았다.

그러나 인디언은 자신의 움막을 향해 도망쳤다. 그는 움막 안에 있었다.

마르셀로 팀은 움막으로 돌아왔다. 알테어는 소총을 내려놓고 움막으로 다가갔다.

"이봐요, 친구."

알테어가 인디언을 불렀다. 아무 대답이 없었지만 알테어는 약간 벌어진 지푸라기 틈으로 자신을 바라보는 인디언의 눈을 볼 수가 있었다.

알테어는 대원들을 돌아보며 말했다.

"인디언이 저 안에 있어요. 움막 안에 서 있습니다."

그들은 인디언을 볼 수는 없었지만 초가의 작은 틈으로 움직임을 감지했다. 빈센트는 움막으로 조금씩 다가가는 알테어를 비디오카메라로 찍었다. 벽에 난 틈으로 인디언이 서 있는 것이 보였다.

대원들은 잠시 동안 서로를 쳐다보며 각자 상황을 판단했다. 그러면서 어떻게 해야 인디언이 움막에서 나와 그들과 함께할 수 있을까 궁리했다. 알테어는 티셔츠를 벗었다. 그는 이 낯선 남자들이 옷만 더 걸쳤을 뿐이지 옷을 벗으면 본질적으로 그와 똑같은 사람이라는 것을 인디언이 보면 좀 더 쉽게 마음을 열지도 모른다고 생각했다. 알테어는 조심스럽게 걸음을 옮겨 움막에서 약 3미터 앞까지 다가갔다. 그는 뭔가가 지푸라기를 뚫고 나와 움직이는 것을 알아챘다.

"저기를 봐요. 안에 화살이 하나 있어요."

알테어가 말했다.

그 화살은 대략 2년 전에 알테어가 고립된 인디언과 마주쳤을 때 보았던 화살 같았다. 알테어가 두 발자국 뒤로 물러서자 화살촉이 움막 안으로 사라졌다.

"진정해요. 진정해요, 친구."

알테어가 말했다.

알테어는 다시 움막을 향해 천천히 발걸음을 뗐다. 그러자 화살이 다시 지푸라기 밖으로 나왔다. 알테어는 실눈을 뜨고 움막 안에 있는 인디언의 형체를 간신히 식별했다. 인디언이 활을 당기고 서 있는 것 같았다. 알테어는 아무 해도 끼칠 생각이 없다는 뜻으로 인디언에게 두 손바닥을 보여주면서 천천히 뒤로 물러섰다. 알테어가 물러서자 또다시 화살이 사라졌다. 인디언은 움막 주위 약 3미터 둘레에 더 이상 접근하지 말라는 뜻의 보이지 않는 선을 그어놓은 것 같았다.

"나와 봐요, 친구. 우리는 당신을 해치려고 여기에 온 게 아니에요."

알테어가 포르투갈어로 말했다.

마르셀로는 이제야말로 푸라가 그 인디언과 대화를 해보는 것이 좋겠다고 생각했다. 그는 돌아서서 푸라에게 앞으로 가보라고 손짓했다. 어쩌면 고립된 인디언은 또 다른 부족의 남자를 보고 마음을 가라앉힐 수도 있었다.

"저 인디언에게 말을 걸어봐요."

마르셀로가 푸라에게 말했다.

푸라는 몸을 칭칭 감고 긴장해 있는 뱀에게 접근하듯 움막을 향해 조금씩 나아갔다.

"맘피 노."

푸라가 카노에어로 말했다. 화살을 쏘지 말라는 뜻이었다. 움막 안에 있는 인디언은 아무 반응도 보이지 않았다.

푸라는 겁을 먹고 몇 발자국 뒤로 물러섰다. 마르셀로는 푸라의 티셔츠 자락을 잡아당겼다. 티셔츠를 벗고 다시 시도해보라는 신호였다. 어쩌면 그 인디언은 백인들이 입는 옷을 벗은 푸라의 모습을 볼 경우 그에게 동질감을 느낄 수도 있을 터였다. 푸라는 티셔츠를 벗고 두 번째로 움막으로 다가갔다. 그러자 화살이 다시 움막 벽 밖으로 나왔다. 이번에는 물러서라는 경고를 강조하는 듯 화살이 느닷없이 불쑥 튀어나왔다.

"안 돼, 안 돼."

마르셀로가 인디언에게 애원하듯 말하며 재빨리 뒤로 점프했다. 그러고는 움막을 향해 한 손바닥을 들어올리며 안심하라는 뜻의 미소를 지어 보였다.

"진정해요, 진정해."

인디언은 만나고 싶다는 신호를 보내지 않았지만, 마르셀로는 기회를 놓쳐버리고 싶지 않았다. 그는 고립된 인디언을 2년 동안 추적한 끝에 마침내 직접 눈앞에서 보았던 것이다. 이대로 돌아서서 집으로 갈 수는 없었다. 인디언이 보이는 거부감을 없앨 수만 있다면, 나머지 일은 잘 풀릴 수도 있었다. 푸나이는 공식적으로 인디언의 부족 이름을 목록에 올릴 것이고, 그로써 그의 영역을 영구히 보존해, 그의 생존에 대한 위협을 줄일 수 있을 터였다. 만일 그 인디언이 마르셀로의 머릿속에 서서히 떠오르는 생각처럼 사라져가는 부족의 마지막 생존자라면, 인류학자들은 그의 문화를 연구할 수 있을 것이고, 언어학자들은 그의 언어가 소멸되기 전에 그것을 분석할 수 있을 것이었다. 마르셀로와 대원들이 이렇게 좋은 기회를 다시 얻을 수 있을 것이라고는 아무도 장담할 수 없었다. 그들은 이 기회를 최대한 활용해야 했다.

마르셀로는 초조했지만, 내색하지 않았다. 그가 긴장하고 있다는 것을 인디언이 알아채면 상황이 위험해질 수도 있다고 생각했다. 마르셀로는 아이들을 자극하고 싶지 않은, 양처럼 순해 보이기를 원하는 유치원 선생님처럼 경쾌한 어조로 대원들에게 말했다.

"인디언이 아직도 화살을 겨냥하고 있어."

2, 3분 동안 아무도 움직이지 않았다. 말도 하지 않았다. 침묵 속에서 새들이 지저귀는 소리만이 들렸다.

푸라는 마르셀로만큼 침착해 보이지 않았다. 그는 두 팔을 움직여 그들 주위에 있는 나쁜 영혼들을 자신의 입을 향해 몰아넣으며 깊이

숨을 들이마시기 시작했다. 그러고는 돌아서서 나쁜 영혼들을 숲 속으로 훅 불어버렸다. 그런 다음 박수를 치더니 손바닥을 비비고 흥겹게 춤을 추며 걸었다.

푸라가 공중에 떠 있던 영혼들을 치워버렸다고 해도 그곳에 흐르는 긴장감은 없애지 못했다. 인디언의 화살은 여전히 지푸라기 밖으로 삐죽이 나와 있었고, 치명적인 화살촉은 그 자리에서 조금씩 움직이고 있었다.

그들의 조우는 팽배한 긴장감 속에서 교착 상태에 빠지고 말았다. 아침이 지나고 오후가 되었다. 마르셀로 팀은 개간지에 작은 장작불을 피우고 점심을 준비했다. 마르셀로는 아주 조심스럽게 움막으로 다가가 푸라가 모아놓은 타쿼라 나뭇가지를 땅에 내려놓았다. 고립된 인디언에게 선물로 주려는 것인데, 그렇게 하자 움막의 지푸라기가 심하게 요동치는 소리가 났다. 마르셀로는 인디언이 화살을 쏠지도 모른다는 생각에 나무 뒤로 몸을 피했다.

"안 돼요, 안 돼!"

잠시 후 마르셀로는 고립된 인디언에게 도끼를 내주었다. 마르셀로는 움막으로 다가가 도끼를 손잡이 쪽을 앞으로 해서 한 손으로 내밀었다. 햇빛이 눈에 비쳐서 앞을 제대로 볼 수가 없었다. 마르셀로는 다른 손으로 눈을 가리고 땀으로 범벅이 된 얼굴에 앉은 곤충들을 찰싹 때렸다. 그리고 나서 움막을 바라보았다. 화살이 다시 나와 있었다.

잠시 기다렸다가 알테어는 더 가까이에서 보기로 했다. 그는 무릎을 굽히고 엎드려서 움막을 향해 기기 시작했다. 그러고는 마르셀로가 인디언을 위해 땅에 내려놓은 도끼를 내리쳤다. 쿵 소리가 낮게 울렸다.

"여기, 이 도끼는 당신 거예요."

알테어가 이렇게 말하면서 움막 앞에 음식을 던졌다.

"이 물고구마도 당신 겁니다."

이번에도 팀은 인디언이 반응을 보이기를 기다렸지만 허사였다.

또 한 시간가량이 흐른 뒤 알테어는 숲 속을 수색하다가 5미터 길이의 대나무를 발견했다. 그것은 장대높이뛰기 선수가 쓰는 물건 같았다. 알테어는 대나무 막대기 끝에 한 냄비분의 음식을 매달았다. 그러고는 인디언이 움막 주위에 그어놓은 보이지 않는 선 뒤에 서서 움막 출입구 쪽으로 음식을 흔들어보았다. 인디언은 꿈쩍도 하지 않았다.

좌절감이 절망감으로 바뀌어 가고 있었다. 마르셀로 팀은 인디언의 안전이 접촉을 하느냐 못하느냐에 달려 있다고 생각했다. 그러나 인디언은 마음을 열려고 하지 않았다. 그들은 인디언이 그가 친 방어막에 조금만 틈을 내주기를, 인디언이 그들에게 다가와도 해를 입을 일은 없으리라는 것을 그에게 보이고 싶을 뿐이었다. 그러나 인디언은 경계를 풀지 않은 채 공격할 준비를 하고 있었다.

이윽고 빈센트는 움막 주위를 돌아 옆으로 갔다. 그런 다음 디지털 비디오카메라에 눈을 대고 움막 틈바구니에 초점을 맞추었다. 틈에 가로로 매달린 거미줄이 햇빛에 반짝반짝 빛났다. 빈센트는 줌 렌즈로 인디언의 얼굴을 클로즈업했다. 인디언은 마르셀로와 알테어를 골똘히 쳐다보고 있었다. 그때 마르셀로와 알테어는 개간지 옆을 살펴보다가 인디언이 그곳에 카사바를 심었다는 것을 알아챘다.

빈센트는 움막의 구멍을 통해 카메라를 더 가까이 클로즈업해서 인디언을 선명하게 찍었다. 사진을 보니 그 인디언은 알테어가 2년 전에 마주쳤을 때 그의 보조원이 촬영했던 바로 그 인디언이 틀림없었다.

인디언은 검은색 머리를 길게 늘어뜨리고 있었다. 입 가장자리에는 드문드문 털이 나 있었다. 툭 튀어나온 오른쪽 광대뼈에는 작은 흉터가 들쭉날쭉 가로로 나 있었다.

알테어는 다시 움막 출입구에 접근해보려고 했다. 빈센트는 인디언이 오른손에 쥐었던 활을 내려놓는 것을 볼 수 있었다. 인디언은 오른손을 약간 들어올렸다. 빈센트는 인디언이 목장 일꾼들의 캠프에서 찾아냈을 법한 손잡이가 부러진 낡은 마체테를 쥐고 있는 것을 보았다. 알테어가 들어오기라도 하면 그를 내리치려고 칼을 들고 있는 것 같았다. 알테어는 출입구에 가까이 가서 인디언이 치켜든 칼날을 보고 뒤로 물러났다.

마르셀로 팀은 그다음에 어떻게 해야 할지 몰라서 다시 모였다. 인디언은 불안감에 몸이 굳어버린 것 같았다. 무장을 하고 있긴 했지만 싸울 생각은 없는 것 같았다. 또한 인디언은 공격 태세가 아니라 방어 태세를 취하고 있었다. 덕분에 팀은 계속 접촉을 요구하면서 인디언이 생존에 위협을 느끼고 있을 상황에서 조금이라도 안정을 되찾도록 도와주고 싶었다.

마르셀로 팀은 인디언이 결정을 내리지 못하는 이유에 대해 생각해보았다. 어쩌면 인디언이 그들과 말하지 않기로 한 것이 아닐 수도 있었다. 아니면 신체장애가 있어서 말을 못하는 것일 수도 있었다. 어쩌면 인디언은 독이 든 설탕으로 독살의 표적이 된 부족의 한 사람일 수도 있고, 그것 때문에 귀가 먹고 벙어리가 되었는지도 몰랐다. 마르셀

1998년 11월, 고립된 인디언이 움막 밖을 엿보는 모습

로 팀은 이러한 가설들이 허황된다는 것을 알았다. 하지만 그런들 어쩌겠는가? 이대로 포기하면 안 될 것 같았다.

교착 상태에 빠진 지 다섯 시간 가까이 되자 알테어는 절망한 나머지 이것저것 따지지 않고 행동했다. 그는 앞뒤 가리지 않고 다시 기어서 움막 앞 60센티미터 지점까지 다가갔다. 화살이 정면으로 그를 겨누고 있었다.

"아니오. 화살을 쏠 필요가 없어요. 어서 나와 봐요. 우리는 당신에게 나쁜 짓을 하려는 게 아니에요."

알테어가 간청하며 말했다.

알테어는 움막 안을 들여다보려고 대나무 막대기로 움막의 출구를 찔러보기 시작했다. 인디언은 막대기를 잘라버렸다. 아마 마체테를 사용한 모양이었다. 알테어는 막대기를 바닥에 버리고 바나나를 잡았다.

"으음음음, 바나나. 으음음, 맛있어요. 바나나."

알테어가 말했다.

바나나는 인디언의 관심을 끌지 못했다. 그래서 이번에는 옥수수로 해보았다. 알테어는 개간지 뒤로 가서 옥수수 여러 개를 묶어서 가지고와 막대기 끝에 걸었다. 그러고는 마치 낚시를 하듯이 옥수수를 움막을 향해 흔들면서 출입구 안에 집어넣으려고 했다.

알테어는 곧 막대기를 빼내었다. 옥수수는 더 이상 막대기 끝에 달려 있지 않았다. 인디언이 마침내 선물을 받아들인 것 같았다.

그러나 잠시 뒤, 입에 대지도 않은 옥수수가 움막 밖으로 휙 날아왔다. 인디언은 옥수수를 갈기갈기 잘라놓았다. 그 행위에는 분노가 서려 있는 것 같았다. 아무래도 마르셀로 팀이 인디언을 지나치게 몰아붙인 것 같았다.

화살이 움막 구멍 밖으로 다시 나왔고, 마르셀로와 알테어는 카노에어로 "맘피노"라고 거듭 말하며 인디언을 진정시키려 해보았다. 빈센트는 인디언을 더 선명하게 찍기 위해 카메라를 들고 조금 더 가까이 다가갔다. 그러자 화살이 움직이더니 움막에서 휘익 날아왔다.

"조심해요, 빈센트!"

화살은 마르셀로를 지나쳐 빈센트를 향해 날아갔고, 그의 몸통을 아슬아슬하게 비껴갔다.

그 광경을 목격한 푸라는 더 이상 못 참겠는지, 겁에 질린 채 돌아서서 있는 힘껏 숲 속으로 달려가버렸다.

악화되는 상황

마르셀로 팀은 인디언의 움막 밖에서 여섯 시간을 보내며 한 번 죽을 뻔한 경험을 하고 나서야 포기했다. 그러나 빈센트는 떠나기 전에 카메라를 움막을 향해 조준한 뒤 야자수 나뭇가지 틈에 끼워넣었다. 그런 다음 카메라를 작동시켜놓고, 다른 대원들에게는 카메라를 찾으러 다시 오겠다고 말해두었다. 카메라는 그들이 가버리고 나면 혼자 차분히 있는 인디언의 모습을 더 많이 포착할 터였다.

"인디언은 아마 카메라가 무기인 줄 알았을 거예요."

빈센트가 추측했다.

마르셀로 팀은 인디언이 빈센트에게 쏜 화살을 들고 한참을 걸어서 캠프로 돌아왔다. 푸라가 그들을 기다리고 있었다. 푸라는 아무 말도 하지 않았지만 뉘우치는 기색도 없었다. 그는 아까 겁을 먹었고, 그 사실을 스스럼없이 인정했다.

그날 밤은 마르셀로가 탐사 보고서에 쓴 것처럼 '길고 슬픈 밤'이었다.

마르셀로 팀은 꼬박 여섯 시간 동안 인디언에게 그들이 아무 해를 끼칠 생각이 없다는 것, 그리고 그들은 그가 만난 다른 백인들과는 전혀 다르다는 것을 납득시키려 애썼다. 그러나 그 모든 노력은 실패로 끝나버렸다. 그 상황에 들어맞는 다른 단어는 없었다. 실패뿐이었다. 마르셀로 팀은 인디언에게 그들에게 다가올 모든 기회를 주었다. 마르셀로 팀은 미소와 음식, 도구를 인디언에게 내주었다. 그런데 인디언이 그들에게 답례로 보낸 유일한 메시지는 화살이었다.

마르셀로는 인디언의 움막에 들어가 그 안에서 밖에 있는 낯선 얼굴들을 내다보면 어떤 기분이 들지 인디언의 입장에서 생각해보았다. 인디언이 활시위를 당겼을 때, 그의 머릿속에 어떤 격한 생각들이 밀려들었을까? 인디언은 화살을 쏘면서 그 행동이 어떤 결과를 낳을 것이라고 생각했을까? 화살은 빈센트를 빗나갔지만, 기껏해야 5센티미터의 거리를 두고 지나갔을 뿐이다. 인디언이 고의로 빗맞힌 걸까? 그냥 겁만 주어 내쫓으려고? 아니면 인디언이 선전포고의 의미로 화살을 쏜 것일까? 마르셀로 팀이 너무 몰아붙인 탓에 인디언이 4 대 1의 일방적인 싸움에 기꺼이 온갖 위험을 무릅쓰려 했던 걸까?

이번 탐사에서 딱 한 가지 분명한 사실이 있었다. 그것은 고립된 인디언이 잠시나마 벌목업자와 목장주의 침입에서 벗어날 수 있었을 것이라는 점이었다. 그러나 경험이 많은 세르타니스타들이 집요하게 인디언과 접촉을 시도하는 바람에 그는 계속 도주 생활을 했다. 세르타니스타들이 그의 움막을 발견할 때마다 인디언은 그것을 영원히 버렸다. 위험을 무릅쓰고 돌아오는 일은 전혀 없었다. 세르타니스타들이 계속 단서를 찾아다닌다면 인디언은 결코 한곳에 정착할 수 없을 터였다. 접촉을 하려는 세르타니스타들의 바람은 도움이 되기보다는 오히려 방해가 되었다.

나중에 연락대는 빈센트가 야자수 나뭇가지 틈에 두고 온 카메라를 회수해왔다. 비디오테이프에는 움막이 찍혀 있었고, 앞문 역할을 하는 커다란 나뭇잎이 가운데 찍혀 있었다. 연락대가 인디언을 홀로 남겨두고 떠나는 발걸음 소리가 잦아들었다. 곤충들이 카메라와 움막 사이를 휙휙 날아갔다. 앞면에 보이는 단 하나의 나뭇가지에 딱정벌레들이 기어오르더니 화면 밖으로 사라졌다. 움막은 아주 조용했다.

6분가량 지난 뒤에 움막의 나뭇잎 몇 개가 사각거렸다. 테이프에 표시된 6시 12분에 검은 형체가 활과 화살을 손에 들고 움막 뒤에서 기어나와 숲 속으로 사라져버렸다.

남아 있는 테이프에는 정지해 있는 움막의 영상만이 있었다. 인디언은 움막을 영영 버리고 간 것이었다.

캠프에는 이슬비가 밤새도록 쉴 새 없이 내렸고, 마르셀로 팀은 고통스러운 결론을 내렸다. 그들의 의도가 아무리 좋다고 한들 소용없는 일이었다. 마르셀로 팀이 인디언과 접촉하기를 원했던 모든 사람들, 즉 고립된 인디언의 문화를 연구하기를 원했던 인류학자들과 언어학자들, 고립된 인디언의 땅을 보호하기 위해 더 많은 정보를 필요로 했던 푸나이 관리들의 희망 중 어떤 것도 인디언의 희망만큼 중요하지 않았다. 연락대 대원들에게 분명한 사실은 그들의 일이 인디언의 상황을 악화시킬 뿐이라는 것, 그리고 그들이 아무리 노력해도 인디언이 그가 그어놓은 경계를 넘어올 가능성은 없다는 것이었다. 대원들도 자신들이 인디언과 같은 처지에 있었다면 아마 접촉을 거부했을 것이라고 생각했다.

마르셀로는 탐사 활동을 벌이고 나서 고립된 인디언에 대해 전보다 더 많은 사실을 알아낸 것은 아니라고 상관들에게 보고해야 했다. 그러나 마르셀로는 푸나이가 왜 고립된 인디언을 보호하기 위해 그에 대해 더 많이 알아야 하는지 의문이 들었다. 그 인디언은 고립된 인디언이 분명했고, 법에 따르면 그 사실만으로도 그 인디언은 그의 땅에 대한 권리와 그의 관습대로 살 권리를 누릴 수 있었다. 마르셀로가 생각하기에 접촉은 더 이상 가장 좋은 전략이 아니었다.

마르셀로는 그날 밤 캠프에서 이렇게 적었다.

"고립된 인디언은 혼자고, 혼자 살다가 죽기를 원하는 것 같다. 그에게는 그럴 권리가 있다."

마르셀로는 한 가지 전술을 포기했지만, 또 다른 전술을 찾기로 했다. 고립된 인디언의 땅과 그가 혼자 남을 권리를 지키기 위해 노력하기로 결심했던 것이다.

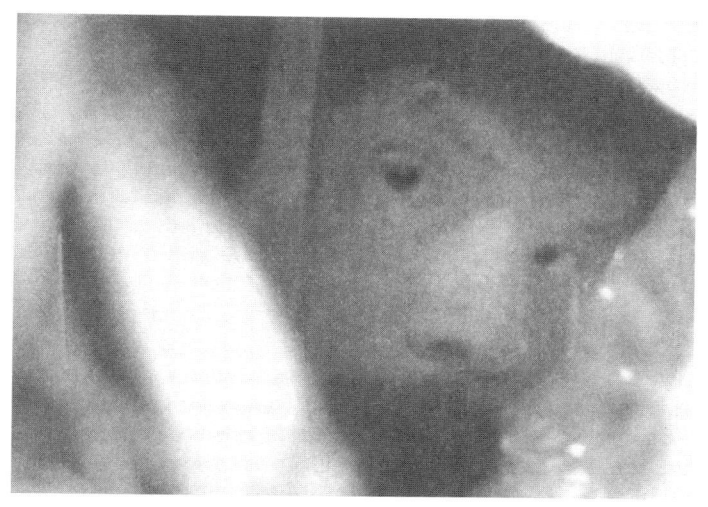

1998년 11월, 고립된 인디언이 움막 밖을 엿보는 모습

9장

전투 경계선

THE LAST OF THE TRIBE

빌헤나는 1990년대에 걸쳐 경제적인 호황을 누렸다. 울퉁불퉁한 흙길은 아스팔트로 말끔하게 포장되었고, BR-364 옆에 점점이 있던 잡화점들은 대형 옷가게와 보석 가게, 스포츠용품 가게, 아이스크림 가게 등에 밀려났다. 미라주, 콜로라도 같은 이름이 붙은 호텔은 지역의 목장주들이나 농부들, 벌목 회사와 거래하기 위해 방문하는 구매상들을 겨냥해 객실을 현대식으로 단장했다. 거리에 최첨단 사무실 건물도 들어섰고, 도시 여기저기에 새로운 주택지가 조성되었다. 주택지의 건축 양식은 현란할 정도로 다양했지만, 거의 모든 주택에 한 가지 공통점이 있었다. 주택이 하나같이 장밋빛의 단단한 재목으로 지어졌다는 것이다. 이로 인해 도시는 1990년대 중반까지 혼도니아 남부의 상업 수도로 자리매김할 수 있었다.

빌헤나에서 가장 오래된 지역 가운데 한 곳에 뉴턴 판돌포 박사가 살았다. 판돌포는 수년 동안 그곳에 살았고, 도시의 규모가 10년도 안 돼 두 배로 커지는 것을 지켜보았다. 그는 귀가 약간 어두웠지만 독특한 높이의 소리에는 적응이 되어 있었다. 그 소리는 바로 이웃의 송수신 겸용 라디오에서 나오는 삑삑대는 전자음이었다. 판돌포는 그 소리를 들을 때마다 두 집을 분리하는 토지 경계선을 향해 이끌리듯 가곤 했다.

그 라디오는 마르셀로 도스 산토스의 것이었다. 마르셀로는 1998년 8월에 탐사를 하고 좌절감을 맛보기 전까지, 종종 그 라디오를 통해 알테어와 다른 대원들로부터 고립된 인디언의 최근 소식을 전해 들었다. 판돌포는 그 소식을 아무리 들어도 질리지 않았다. 그는 라디오에서 소리가 나면 잘 들으려고 귀를 바짝 갖다댔다. 그뿐만 아니라 마르셀로에게 질문을 퍼부으며 인디언에 대한 이야기와 연락대의 최근 모험담에 대해 듣곤 했다.

현대 문명을 받아들인, 그 지역의 인디언 부족들에게 종종 의료 봉사를 한 경험이 있는 판돌포가 볼 때 그 이야기 속에는 빌헤나를 변화시키는 여러 갈등, 예컨대 새로운 것과 오래된 것, 근대적인 것과 전통적인 것, 개발과 자연환경 보존, 개척자와 인디언 간의 투쟁 등이 집약되어 있었다.

마르셀로와 판돌포는 친한 친구가 되었다. 마르셀로는 최근의 탐사 활동에서 돌아온 뒤 판돌포 박사에게 연락대 대원이 고립된 인디언을 만났을 때 찍은 비디오를 보여주었다. 새로운 계획에 대해서도 설명해주었다. 마르셀로는 단 한 사람을 위해 약 60제곱킬로미터의 숲을 일시적으로 보호할 목적으로 법무부에 제출할 서류를 준비하고 있었다. 일시적인 개발 금지 조치 덕택에 삼림 벌채가 이미 금지되어 있기는 했다. 그러나 그 조치는 두 달에 한 번 고쳐야 했는데, 대부분의 목장주들은 그마저도 지키지 않았다. 마르셀로는 더욱 강력한 조치를 원했다. 토지 소유자들이 지킬 수밖에 없는, 지속력이 있는 금지 조치를 바랐다. 마르셀로는 연방정부의 지방 검사 사무실에 보낼 편지의 초고를 작성했다. 그는 편지에 연락대의 탐사 내용, 제기된 대학살에 관해 대원이 벌인 조사 활동, 고립된 인디언과 억지로 접촉하려는 노력을 중단하기로 한 연락대의 결정에 대해 다음과 같이 적었다.

"우리는 고립된 인디언과 무리하게 접촉하려다 곤혹스러움을 겪었다. 항상 시무룩하고 불안하며 걱정 어린 기색에 입을 꾹 다물고 있는 그 인디언의 얼굴을 보면 안타까웠다. 그는 혼자 있고 싶은 게 분명했다. 우리는 인디언을 회유하려는 우리의 의도를 분명히 보여주었다. 하지만 그는 요지부동이었다. …… 결국 우리는 우리 모두가 인디언의 권리를 침해하고 있다는 결론을 내렸다. 우리는 인디언과 접촉하려는 노력을 그만두고 다른 방향으로 나아가기로 결심했다. 즉 고립된 인디언이 혼자 있을 권리와 계획적인 추방의 위협이 없는 작은 숲 지대에서 생존할 권리를 보장하기 위해 노력하기로 했다. 우리는 인디언과 가까워지려는 노력을 포기하지 않을 것이다. 그러나 분명한 사실은 우리가 더욱 신중하게 행동해야 한다는 점이다. 우리는 그의 움막에 너무 가까이 가지 않을 것이고, 접촉할 것인가 말 것인가의 결정을 그에게 맡길 것이다. 그러나 그렇게 하기 위해서는 벌채업자와 목장주, 사냥꾼들이 배제된 최소한의 평온이 우리, 아니 고립된 인디언에게 필요할 것이다."

"그 사람들이 강하게 반발할걸요. 당신이 거기에 고립된 인디언을 데려다놓았다고 말할 거예요. 그 사람들 하는 일이 늘 그렇잖아요."

판돌포가 마르셀로의 계획을 듣고 나서 말했다.

그것은 마르셀로에게는 생소한 이야기가 아니었다. 마르셀로는 고립된 인디언을 위한 토착민 보호구역을 정식으로 요구함으로써 모든 정치인의 분노를 사고 있다는 사실을 잘 알았다. 그럼에도 그는 그 일을 추진해나갔다.

콧수염 논쟁

처음에는 마르셀로가 원하는 대로 일이 착착 진행되었다. 푸나이는 고립된 인디언이 배회하는 60제곱킬로미터 면적의 숲 개발을 일시적으로 금지하려는 그의 노력을 지지했다. 1999년 초에 푸나이는 연방 정부의 재판관 호세 엔히크 구아라시에게 삼림 벌채나 새로운 목초지 조성, 또는 건설 프로젝트를 비롯해 그 땅을 물리적으로 변형하는 행위를 일체 금지할 것을 요청했다. 그 땅에는 두 목장이 일부분 포함되어 있었다. 달라피니 형제의 소유인 모델로 목장과 셀소 드 소르디라는 남자 소유인 소셀 목장이었다. 재판관은 푸나이의 요구를 들어주는 판결을 내렸다. 연락대는 그 판결을 일시적인 해결책으로 여겼다. 그러나 목장주들의 반응은 더욱 싸늘해졌다. 그들은 그 판결을 정의를 회화화한 것으로 여겼다.*

"믿을 수가 없군."

데네스 달라피니는 분노했다. 브라질의 가장 큰 신문사인 《폴라 지 상파울루》의 기자가 데네스 달라피니에게 그의 토지를 개발 금지 구역으로 선언하려는 푸나이의 노력에 대해 질문했다. 그러자 데네스 달라피니는 법적 조치에 대해 개의치 않겠다는 뜻을 내비쳤다.

"지금 이 나라에 더 심각한 문제들이 수두룩하게 쌓여 있는데, 왜 사법부가 과포레 연락대의 정신 나간 주장을 받아들이는지 알 수가 없군요."

데네스 달라피니와 같은 처지에 있는 다른 목장주 셀소 드 소르디는 기자에게 법적 조치가 진행되도록 내버려둘 것이라고 말하면서 그 이야기에 대해 더 이상 언급하지 않았다. 그러나 달라피니 형제는 싸워보지도 않고 가만히 앉아서 땅에 대한 권리를 포기하지 않을 것임을 시사했다.

데네스 달라피니는 그 사건을 '희극'이라고 칭했다. 그러면서 그 이야기가 난데없이 나왔으며 완전한 조작이라고 말했다. 만일 그의 사유지에 인디언이 있다면 연락대가 거기에 그 인디언을 데려다놓은 것이 분명하다고 주장했다.

"우리 사유지에는 마을이 전혀 없었어요. 움막도 없었고요. 과포레 연락대는 말도 안 되는 시나리오를 만들어 증거를 조작하고 있어요. 도대체 어떻게 해서 만들어졌는지는 모르겠지만, 이건 엉터리 희극입니다. 그 사람들이 직접 그곳에 인디언들을 들여보내지 않았다고 나

● 이상은 세계은행이 1997년에 출간한 진행 상황 보고서인 플라나플로로 프로젝트(Planafloro Project.)를 참고한 것이다.

한테 장담할 수 있는 사람이 누가 있습니까?"

　목장주들은 자기들의 주장을 공론화하기 위해 전력을 쏟았다. 그들
은 그 지역에 사는 것으로 알려진 인디언 부족이 사실은 존재하지 않
는다고 브라질 정부가 인정했다면서 '인디언 부재 증명서'를 구아라
시 재판관에게 제출했다. 그리고 그 땅은 자신들이 매입했다고 주장
했다. 달라피니는 재판관에게 이렇게 물었다.

　"존재하지도 않는 미개인을 어떻게 찾아낸다는 겁니까?"

　전에도 그랬듯이 빌헤나의 지주들과 사업자들은 과포레 연락대가
'플라나플로로'라고 알려진 세계은행이 주관하는 지역 발전 프로젝트
의 지원을 받았다는 사실에 주목했다.

　달라피니는 워싱턴에 근거지를 둔 세계은행과 연락대의 연계가 마
르셀로 팀이 브라질 국민의 손아귀에서 아마존을 빼앗으려는 국제적
음모에 가담하고 있다는 것을 증명하는 결정적인 증거라고 했다.

　"많은 사람들이 과포레 연락대가 외국 자본에 어떻게 의존하는지
한마디씩 합니다. 과포레 연락대는 외국 돈을 끌어다 멋대로 쓰고 있
습니다."

　연락대에 대해 이러쿵저러쿵 비난하는 목장주들이 한 가지 물고 늘
어지는 것이 있었다. 마르셀로 팀이 가장 최근에 고립된 인디언과 만
났을 때 빈센트가 비디오로 포착한 영상을 보면, 인디언은 콧수염이
나 있었다. 콧수염을 기른 인디언? 목장주들에게는 금시초문이었다.
목장주들은 아마존 인디언에 대한 사진을 수없이 보았지만 수염을 기
른 인디언은 단 한 번도 본 적이 없었다. 그들은 아마존 인디언들이
콧수염을 기를 리 없다고 주장했다. 따라서 그 '고립된 인디언'은 진

짜 인디언이 아니라는 것이다. 목장주들은 그 사진이 고립된 인디언의 이야기가 정교하게 조작되었다는 증거라고 말했다. 연락대가 한 사기꾼에게 고립된 인디언 행세를 하도록 시켰다는 것이었다.

마르셀로와 빈센트, 알테어는 콧수염 논쟁을 처음 들었을 때 헛웃음을 쳤다. 너무 어처구니가 없었던 것이다. 그들은 몇몇 아마존 인디언이 수염을 기르기는 하지만, 대부분은 수염을 기르지 않는 쪽을 택한다는 것을 알았다. 푸라의 경우 수염을 길렀다가 깨끗하게 면도한 것처럼 보였다. 그러나 사실은 수염이 자라기 전에 뽑아서 그렇게 보였던 것이다. 그것은 미학적인 문제라고 볼 수 있었다. 푸라는 수염이 없는 편이 더 나아 보인다고 생각했는데, 이는 그 자신에게만 국한된 것이 아니었다. 그의 부족민들 공통의 생각이었다. 서반구의 많은 부족이 그런 생각을 가지고 있었다. 수염을 뽑는 것은 흔한 일이었고, 인류학 잡지에서부터 제임스 페니모어 쿠퍼의 《모히칸 족의 최후》에 이르기까지 그런 내용은 오랫동안 연대기에 실렸다. 그런데 콧수염 논쟁이 심각하게 받아들여져서 연락대 대원들은 놀라지 않을 수 없었다. 혼도니아 전역의 사람들(그들 중에는 공무원들도 있었다)은 인디언의 얼굴에 드문드문 수염이 나 있다는 것은 그 인디언이 가짜라는 증거라고 떠들어댔다.

마르셀로의 상관 시드니 포수엘로는 목장주들에게 브라질에서 가장 신뢰할 만한 세르타니스타로 칭송받아 왔다. 그런데 그것은 단지 시드니 포수엘로가 1980년대에 한 작은 숲에 인디언 부족이 있다는 증거를 전혀 찾지 못했다고 보고를 했기 때문이었다. 그 숲은 나중에 카노에 부족과 아쿤추 부족을 위해 만들어진 오메레 보호구역으로 편입되었다. 기자들이 목장주들의 콧수염 논쟁을 포수엘로에게 꺼내자 여행 경험이 많은 세르타니스타는 목장주들의 주장을 단번에 일축해 버렸다.

"턱수염을 기르는 부족들이 있어요. 파라 주에 있는 아라라스 부족이 그런 경우죠."

포수엘로가 《폴라 지 상파울루》의 기자에게 말했다.

기자는 여든한 살의 올란도 빌라스 보아스에게도 자문을 구했다. 빌라스 보아스는 아마존 탐험의 살아 있는 전설이자 브라질 역사상 최초의 인디언 보호구역을 마련한 세르타니스타였다. 그는 포수엘로처럼 기자들에게 콧수염 논쟁은 목장주들이 주장하는 것처럼 결정적인 증거가 아니라고 조언했다.

"그는 분명 인디언이에요. 아마존 지역을 탐험하면서 그와 비슷한 사람들을 많이 봤습니다."

빌라스 보아스는 빈센트가 찍은 영상을 본 후 기자에게 말했다. 그는 고립된 인디언과 비슷하게 수염을 기른, 예전에 보았던 두 부족을 차례차례 떠올렸다.

"혼도니아 남부에는 원주민 공동체가 항상 있었어요. 하지만 혼도니아 주 당국은 그곳을 점유하는 과정에서 원주민들의 입장은 전혀 배려하지 않았지요. 인척과 떨어진 이 고립된 인디언 같은 사람이 나타나는 건 이젠 불가능한 일이 아니지요."

《폴라 지 상파울루》의 기자가 마르셀로에게 그 모든 이야기를 조작했다는 비난을 받는 심정이 어떠냐고 물었다.

"나는 사실을 조작하지 않습니다. 난 그저 아무도 갈 생각을 하지 않는 곳에서 탐사 활동을 벌이고, 그곳에서 새로운 사실을 발견할 뿐입니다."

마르셀로가 기자에게 대답했다.

트롤리 문제

1999년 3월 7일 아침, 고립된 인디언에 대한 이야기가 《폴랴 지 상파울루》에 시리즈로 실렸다. 여러 이야기 가운데 톱기사의 제목은 '법원, 한 인디언을 위해 60제곱킬로미터의 땅 개발 금지'였다.

벌거벗은 채 세상을 등지고 사는 남자가 있다. 30대로 보이는 이 남자는 직모에 피부는 검고, 작은 눈은 눈초리가 약간 치켜올라갔다. 그리고 짧은 검은색 구레나룻과 콧수염을 길렀다. 바로 이 남자가 연방정부 법원으로 하여금 혼도니아 남부에 있는 60제곱킬로미터가량의 땅 개발을 금지하도록 했다. 그 지역의 면적은 65제곱킬로미터인데, 이는 62만 3000명의 주민이 거주하는, 상파울루 주의 오사스코 자치 시와 거의 같은 면적이다.

연락대는 한 전투에서 이겼을 뿐 전쟁에서 승리한 것은 아니었다. 법원의 판결은 마르셀로가 바라 마지않던 영구적인 승리가 아니었다. 재판관은 개발을 금지하는 현재의 조치를 연장했을 뿐이다. 여전히 개발 금지 조치는 1년 이내에 효력을 상실할 터였다. 기사에 설명되어 있듯이 개발 금지 조치의 목적은 연락대가 장기적인 해결책을 찾아낼

때까지 그 사유지에서 탐사 활동을 계속할 수 있도록 하는 것이었다. 기사의 내용은 이러했다.

법원은 개발 금지 조치를 시행함으로써 고립된 인디언이 보호받을 것이고, 푸나이가 고립된 인디언에게 접근해 그의 언어와 부족과 인척의 소재를 알아내고, 그런 다음 그 지역을 토착민 보호구역으로 전환하는 것이 적당한지를 평가할 시간을 갖게 될 것으로 알고 있다.

마르셀로는 충분한 시간이 있다면 결국 고립된 인디언이 연락대가 정기적으로 숲에 온다는 사실에 익숙해질 것이고, 그렇게 되면 인디언이 그들에게 손을 내밀 수도 있을 것으로 보았다. 재판관의 판결 덕택에 대원들은 평화로운 분위기를 조성할 수 있는 시간을 더 많이 벌었다. 그러나 아직 인디언 보호구역을 만든다는 마르셀로의 목적을 달성하지는 못했다. 그 목적을 향해 현실적으로 한 걸음 나아가긴 했지만, 아직은 제도적인 틀을 만든 것에 불과했다. 그런데 그것만으로도 브라질의 토지와 토착민에 대한 정책을 규제하는 일을 담당하는 관료들은 강한 의혹을 제기했다.

땅을 보호함으로써 부족을 보호하는 것은 쉽고도 흔한 일이었다. 그러나 부족민이 겨우 한 명뿐이라면 어떻게 할 것인가? 한 명을 부족이라고 칭할 수 있는가? 단 한 명뿐인 인디언 종족이 정말로 존재할 수 있을까? 고립된 인디언의 문화는 그가 존재하지 않는 한 존속할 희망이 없다. 그렇다면 그 문화는 이미 사멸한 것이 아닌가?

푸나이 내부에서도 그 같은 의문이 제기되었다.* 그런데 그 토지가 결국 한 남자를 위한 보호구역이 될 수도 있다는 생각에 집중하는 사람은 거의 없었다.

"고립된 인디언의 땅은 더 이상 보호할 수 없습니다."

푸나이의 농업 문제 국장인 로쿠에 라라이아가 말했다. 그 인디언을 고립된 상태로 두고 외부인들과의 접촉으로부터 '보호하는 것'은 라라이아가 보기에 일종의 '학대'였다.

그 문제는 《폴라 지 상파울루》와 그 밖의 신문에 논쟁거리로 실려 있었다. 왜냐하면 그것은 수세기 동안 결론지을 수 없었던 근본적인 도덕적 딜레마를 정면으로 타개하려는 것이기 때문이었다. 소집단의 권리를 존중하거나 그것을 보호하지 않는 것이 더 많은 사람들에게 이익이라면, 소집단의 권리는 보호할 가치가 없는 것 아닌가?

도덕심리학자들은 그것을 트롤리(궤도를 따라 이동하는 활차) 문제[●]라고 칭한다. 트롤리 문제는 그런 도덕적 딜레마를 설명하기 위해 심리학자들이 만들어낸 가상의 시나리오를 근거로 지어낸 명칭이다.

활차가 트랙을 따라 전속력으로 달려오고 있다고 가정해보자. 당신은 활차 앞에 다섯 명의 일꾼이 서 있다는 사실을 알아챈다. 그러나 일꾼들은 활차가 자신들을 향해 달려오고 있다는 것을 모른다. 당신은 트랙의 분기점에 서 있다. 당신이 레버를 당기면 다섯 명은 무사할 것이다. 하지만 활차는 단 한 명의 남자가 서 있는 두 번째 트랙으로

● 2000년 3월에서 4월에 걸쳐 《Problemas Brasileiros》에 실린, Leonardo Sakamoto and João Marcos Rainho의 "The Last Survivor"를 참고했다.
● 트롤리 문제를 간략히 설명하기 위해 Fiery Cushman, Liane Young and Marc Hauser, "The Psychology of Justice" in Analyse & Kritik (Stuttgart:Lucius & Lucius, 2006), p. 95를 참고했다.

방향을 바꿀 것이다. 자, 그렇다면 당신은 레버를 당길 것인가?

　이제 당신이 다리 위에 서서 트랙을 내려다보고 있다고 상상해보자. 당신은 폭주하는 활차가 다섯 명의 일꾼을 향해 돌진하는 것을 발견한다. 스위치를 조작할 수 없기 때문에 당신이 활차를 멈출 수 있는 방법은 딱 한 가지뿐이다. 무거운 물건을 활차가 지나갈 길에 던지는 것이다. 활차를 멈추게 할 만큼 무거운 것은 다리 위에 선 당신 옆에 있는 뚱뚱한 남자다. 당신은 다리에서 트랙 위로 그 남자를 밀어버릴 것인가? 그래서 그 남자를 희생시키고 다섯 명의 일꾼을 구할 것인가?

　응답자들이 트롤리 문제에 대해 제시한 답은 연구자들에게 굉장히 흥미로운 것이었다. 심리학자 마크 하우저와 파이어리 쿠시맨, 그리고 리앤 영은 2006년에 100개국 이상의 20만 명이 넘는 사람을 대상으로 인터넷 설문 조사를 벌인 결과를 책으로 출간했다. 사람들의 대답은 같은 문제를 제기한 수많은 다른 연구와 일치했다. 첫 번째 시나리오에서는 거의 모든 사람이 레버를 당기겠다고 대답했다. 그러나 여러 차례 설문 조사를 한 끝에 두 번째 시나리오에서는 대부분의 응답자들이 남자를 트랙으로 밀지 않겠다, 즉 '아니오'라고 대답했다. 응답자들은 종교적·민족적 배경과 교육 수준이 크게 달랐다. 아무튼 결과는 명백했다. 90퍼센트의 사람들이 레버를 당기는 것은 도덕적으로 허용된다고 생각했다. 10퍼센트의 사람들만이 남자를 다리에서 밀어내도 된다고 말했다.

　현실적으로 도덕적 딜레마에 빠지면 시원한 해답을 찾아내기가 어렵다. 그런데 혼도니아에서 고립된 인디언 문제가 트롤리 문제처럼 되어버렸다. 토착민 보호에 관한 골치 아프고 비비 꼬인 윤리 문제가 브라질 사람들이 머리를 싸매고 고민해야 하는 근본적인 문제로 전락했다. 당신은 한 남자의 생존을 보호하기 위해 숲의 한 구역을 보존할 것인가? 그 숲이 수십 명의 농부들과 그들 가족의 생계를 책임질 수 있는데도 그렇게 할 것인가?

브라질에서 토착민은 전체 인구의 약 2퍼센트를 차지한다.● 그러나 토착민의 거주지는 브라질 땅의 12퍼센트 이상을 차지하고 있다. 부족들이 너무 많은 땅을 차지하고 있다고 주장하는 사람들은 브라질 정치판에서 점점 더 큰 목소리를 내며 로비를 벌이는 집단으로 성장했다. 그리고 고립된 인디언 문제는 공평무사의 이름으로 실행된 불공평의 진수를 보여주는 실례인 것처럼 여겨졌다. 목장주들과 보수적인 국회의원들을 비롯해 토착민 보호구역을 반대하는 사람들은 브라질 정부가 고립된 인디언을 구하려는 노력을 함으로써, 경제 생산성이 높은 토지에서 이익을 얻을 수 있는 훨씬 더 많은 사람들을 희생시키고 있다고 주장하기 시작했다. 토착민 보호구역 반대자들은 자신들의 의견을 제시할 때 그 같은 방정식에서 인간적인 요소를 가능한 한 많이 배제하려고 애썼다. 그리고 자신들의 의견을 되도록 추상적으로 표현하려고 했다. 반대자들의 관점에서는 그 땅을 개발하도록 허용하는 것은 트롤리를 멈추기 위해 다리 밑으로 남자를 밀어내는 행위와 같지 않았다. 그들은 그것이 레버를 당기는 것과 같다고 생각했다. 인디언들을 위해 땅을 보호하는 것이 정치적으로는 옳은 일처럼 보일

●Anthony Stocks, "Too Much for Too Few: Problems of Indigenous Land Rights in Latin America", *Reviews in Advance*, May 20, 2005, p. 85.

수 있지만, 과연 그것이 브라질 인구 전체에 더 큰 이익을 제공하는지 반드시 따져봐야 한다는 게 반대자들의 생각이었다.

물론 그 문제는 그렇게 간단하지 않았다. 고립된 인디언 문제는 서류상으로 정리될 수 없는 것이었다. 땅을 개발해서 얻는 이익도 예측할 수 없었다. 토지 개발을 통해 경제 기회를 부여함으로써 모든 사람을 '구제할 것'이라고 장담할 수 있는 사람은 아무도 없었다. 이는 토지를 개발하면 틀림없이 고립된 인디언이 죽을 것이라고 장담할 수 있는 사람이 없는 것과 같은 이치였다. 고립된 인디언이 그 땅에서 나와 먼 보호구역으로 가면, 다른 부족들 틈에서 더 행복한 삶을 발견할 수도 있을 터였다. 하지만 얼마든지 그렇지 않을 수도 있는 일이었다. 이 시점에서 확실하고 타당한 것은 고립된 인디언이 그 지역을 떠날 생각이 없다는 사실뿐이었다.

관념적인 이야기를 그만두고 현실적인 이야기를 하자면, 인디언들을 위해 땅을 보호하는 것이 다수의 공동 이익을 훼손하고 있다는 주장이 브라질 전역을 통해 힘을 얻었다. 고립된 인디언을 위해 땅을 보호하자는 주장을 혼도니아의 지주들이 비난했을 때, 목장과 광산업에 이해가 얽힌 의원들은 국가 전역에 있는 다른 보호구역에 대해 이와 비슷한 주장을 제기했다. 결국 대법원은 브라질 전역에 흩어져 있는 토착민 보호구역의 합법성에 이의를 제기하는 100개가 넘는 미결 사건을 부담으로 느낄 터였다.

논란의 배후

1990년대에 혼도니아 주에서 가장 막강한 권력을 지닌 정치인들 중에 아미르 란도라는 사람이 있었다.● 아미르 란도는 1972년에서 1974년까지, 훗날 혼도니아에서 부동산 소유권을 분배하는 역할을 하게 될 기관인 브라질 토지개혁연구소(INCRA)의 의장이었다. 그런데 그는 1998년에 브라질리아의 주를 대표하는 상원의원이 되었다.

아미르 란도가 부동산 소유권을 분배하는 일에 관여했기 때문에 그가 목장 토지를 소유하는 일은 법적으로 금지되어 있었다. 그러나 마르셀로나 알테어가 지역 일꾼들에게 콘벤토 목장(이 땅의 일부분이 카노에 부족과 아쿤추 부족을 위한 오메레 보호구역으로 편입되었다)의 소유주 이름을 물을 때마다 그 상원의원의 이름을 말하곤 했다. 아미르 란도는 자신이 그 부동산과 관련이 있다는 사실을 애써 숨기지 않았다. 그 부동산으로 연결되는 대문 위에 표지판이 하나 걸려 있는데, 거기에는 '아미르 F. 란도의 소유지'라고 쓰여 있었다.

1999년의 어느 날, 알테어는 누군가가 콘벤토 목장의 소유지 경계 안에 있는 숲 구역에서 벌목을 하고 있다는 것을 알아챘다. 하지만 그곳은 법원이 벌목을 금지한 구역이었다. 알테어는 최소한 200그루의 카브리우바 나무가 베어졌다고 추정했다. 그와 마르셀로는 포르투벨

● 란도에 대한 것은 1999년부터 2000년까지 제출된 푸나이 보고서와 폴라 도 술(Folha do Sul) 신문사 편집자인 줄리오 올리바흐 베네디토(Julio Olivar Benedito)와의 인터뷰, 2000년 4월 29일 자 《엑스프레사오(Expressão)》지의 기사를 참고한 것이다.

류의 법원에 란도를 고소했다. 그러나 란도는 그 목장의 소유주라는 사실을 부인했다. 알테어와 마르셀로가 부동산 서류를 확인해보니 소유주는 레안드로 로페스라는 이름으로 기재되어 있었다.

지역 신문들은 그 사건이 형사 소송으로 커질 가능성이 있다고 판단하고는 관심을 갖기 시작했지만, 아미르 란도는 끝까지 혐의를 부인했다. 그는 서류상으로 부동산의 소유자가 아니기 때문에 처벌을 받지 않았다. 하지만 신문 기자들은 그 부동산 인근에 사는 사람들에게서 마르셀로와 알테어가 들었던 것과 똑같은 말을 들었다. 즉 아미르 란도가 그 부동산의 실제 소유주라는 것이었다.

결국 레안드로 로페스의 정체가 드러났다. 그는 란도의 전 부인의 조카였다. 마르셀로는 로페스가 라란자●가 아닐까 의심했다.

아미르 란도가 불법 행위를 저지른 사실을 부인하자 마르셀로와 알테어는 격분했다. 두 사람은 푸나이에 보내는 보고서에 아미르 란도를 맹비난하는 글을 쓰고 공동 서명을 했다. 마르셀로와 알테어는 고립된 인디언이 자신들의 팀과 접촉하기를 꺼렸다는 내용도 보고서에 적었다. 그런 다음 상관에게 지역 정치가들이 고립된 인디언을 그 땅에서 내쫓기 위해 정부 안에서 압력을 행사하려 하는 것 같다고 덧붙였다. 마르셀로와 알테어는 그때까지 인디언의 영역에 대한 법정 투쟁에 공공연하게 관여하지 않았던 란도가 비밀리에 그들을 방해하고 있다고 믿었다. 그리고 란도가 과포레 연락대에 대한 보복 차원에서

●**라란자**(laranja) '오렌지'를 뜻하는 이 포르투갈어는 정치인이 이해가 충돌하는 법을 빠져나가기 위해 법적 대리인으로 이용하는 사람으로, 보통 먼 친척을 가리키는 속어다.─옮긴이

고립된 인디언 문제에 관심을 보이는 것은 아닐까 하고 생각했다.

이 문제에 개인적으로 관심 있는 공화당의 한 상원의원은 푸나이가 그 인디언과 하루빨리 접촉해야 한다는 내용의 청원서를 집요하게 내고 있다. 거기에는 인디언을 쫓아내고 목장주들을 위해 땅에 대한 규제를 풀려는 의도가 담겨 있다. 적반하장이라더니, 비난의 화살이 고립된 인디언에게 향하고 있는 것 같다. 단지 고립된 인디언이 그의 부족민들을 학살한 수 없이 많은 폭력 상황에서 살아남았다는 이유로 말이다.

2000년 밀레니엄 새해가 밝으면서 많은 정치인들이 과포레 연락대가 하는 일에 대해 불평을 늘어놓기 시작했다. 브라질리아와 포르투벨류의 정부 기관에서 목장 사업에 찬성하는 입법자들은 그 사건을 더 깊이 조사할 때가 되었다고 선포했다.

10장

권력

THE LAST OF THE TRIBE

혼도니아에서 발행되는 2000년 4월 29일 자《엑
스프레사오》헤드라인 옆에 마르셀로의 사진이 실렸다. 제목은 '백인
들의 전쟁'이었다.

많은 토착 부족들이 탐욕에 불타는 목장주들의 침입을 받고 학살을 당
해왔다. 그리고 인디언들을 보호하는 사람들은 협박을 받아왔다. 빌혜나
의 마르셀로 도스 산토스가 바로 그런 경우다. 마르셀로는 작년에 페르난
도 엔리케 카르도소 대통령으로부터 '리오 브랑코의 기사' 상을 받았다.
그것은 마르셀로가 24년 동안 토착 부족들의 관습을 연구하고 보호한 업
적을 인정하는 상이었다. 그러나 혼도니아에서는 사정이 달랐다. 마르셀
로는 살해 협박을 받고 있다고 판타스티코의 기자에게 털어놓았다.

브라질의 '판타스티코'는 미국의 '식스티 미니트'처럼 전국적으로

방송되는 뉴스 프로그램으로, 일요일마다 수백만 명의 시청자를 확보하고 있다. 판타스티코의 한 기자는 2000년 초에 브라질 전역의 고립된 인디언들에 관한 특집 프로그램을 만들기 위해 취재하는 과정에서 마르셀로와 인터뷰를 했다. 인터뷰가 진행되는 동안 마르셀로는 토착 부족을 보호하는 일을 한다는 이유로 최근에 전화 협박을 받았다고 말했다. 그러면서 그 배후에 목장 사업의 이권이 달려 있는 것 같다고 털어놓았다. 방송이 나간 뒤 빌헤나의 지역 신문사가 그에 대해 철저히 취재하기 시작했다.

마르셀로로 인해 '손해를 입은' 목장주 가운데 강력한 세력가가 있다. 그 목장주는, 노련한 변호사라는 점을 차치한다 하더라도, 이 나라의 상원 의원이다. 아미르 란도는 열 명의 인디언이 살고 있는 콜롬비아라에 4000 헥타르의 토지를 소유한 것으로 알려져 있다.

신문에는 란도가 이해 충돌을 초래하는 규제를 피하기 위해 전 부인의 조카를 라란자로 이용한 것 같다는 기사도 실려 있었다. 또 란도가 그 목장과 관련이 있다는 사실을 완전히 부인하지는 않았다는 내용도 있었다. 기사에 따르면 란도는 연락대의 주목을 끈 사건, 요컨대 카브리우바 나무 200그루가 그 목장에서 벌목된 일을 안다고 인정했다. 그런데 그는 그 나무를 자선 단체에 기부했다고 말했다는 것이다.

신문에는 또 란도와 다른 지주들의 논쟁으로 인해 마르셀로가 혼도니아 밖으로 전임할 가능성에 대한 논의가 앞당겨졌다는 소식도 실려 있었다. 하지만 마르셀로는 떠나는 것은 포기하는 것이기 때문에 떠나고 싶지 않다고 신문사 기자에게 말했다.

"떠나느니 차라리 사임을 하고 말겠어요."

청문회

2000년 10월 10일 아침, 국회의원 안토니오 페이자오가 포르투벨류 시의 블록 하나를 독차지하고 있는 혼도니아의 의회 건물로 들어섰다.[*] 페이자오는 브라질리아 의회에서 다른 주를 대표하는 의원으로 활동했기 때문에 그 건물이 낯설었다. 그러나 그는 푸나이의 활동을 조사하는 의회 조사단의 단장으로서 당당하게 청문회실 맨 앞으로 걸어가 자리에 앉았다.

안토니오 페이자오와 몇몇 의원이 혼도니아에 온 것은 인디언 영역의 경계를 정하는 데 있어 마르셀로 도스 산토스가 맡았던 역할을 조사하기 위해서였다. 페이자오는 브라질의 인디언 보호구역이 너무 넓다고 생각했다. 그의 동료 의원들 대부분이 그와 같은 입장이었다. 청문회는 이틀간 열릴 예정이었고, 지역의 목장주 몇몇이 증언하기 위해 소환되어 있었다.

의원들은 마르셀로가 위법 행위를 한 단서를 찾기 시작했다. 그들은 주로 마르셀로가 란도나 그 가족의 사유지가 있는 오메레 보호구역의 경계를 정할 때 그가 한 역할에 초점을 두었다. 과포레 연락대

---

[*] 이 부분에 실린 정보는 브라질 연방정부가 출간한 의회 청문회 공식 보고서를 참고한 것이다.

혼도니아의 콘벤토 목장 밖에 걸려 있는 표지판.
방문객들에게 콘벤토 목장의 토지가 상원의원 아미르 란도의 소유임을 환기시키는 표지판이다.

대원들은 의원들의 조사에 이해관계가 얽혀 있다는 사실을 훤히 알고 있었다. 만일 보호를 받고 있는 오메레 구역의 상황이 의원들이 마르셀로의 신용을 떨어뜨리기라도 함으로써 뒤바뀔 수 있다면, 고립된 인디언을 위한 일시적인 개발 금지 조치는 개선될 가능성이 없을 터였다.

페이자오는 청문회실에 모인 목장주들에게 친근한 표정을 지어 보였다. 어느새 그는 브라질에서 인디언 보호구역에 대해 가장 강도 높게 비난하는 사람들 중 한 명이 되어 있었다. 페이자오는 보호구역 가운데 일부 지역에서 발견된 천연자원을 국가의 경제 발전을 위해 개발해야 한다고 주장했다. 페이자오의 주장은 토지를 개발하고 싶어 안달이 난 모든 목장주들의 귀에 달콤한 음악처럼 들렸을 것이다. 그는 토착민의 권리 확대를 지지하는, 여러 국제 비영리단체와 가톨릭 선교단체를 비난했다. 그러면서 그들이 토착민을 옹호하는 것은 브라질의 주권을 약화시키려는 목적을 감추기 위한 위장술에 불과하다고 말했다. 페이자오는 인디언 지도자들을 조종해서 다른 브라질 사회와의 갈등을 선동했다는 혐의로 인류학자들을 상대로 소송을 건 당사자이기도 했다.

그는 또 이미 보호구역을 할당받은 인디언 부족들을 상대로 '문화 적응 정도'를 평가하는 법을 의회에 입안했다. 인디언 부족들의 문화가 주변의 더 넓은 사회에 존속하는 생활 방식을 대거 수용했다는 사실이 판명되면, 그들은 그 토지에 대한 권리를 잃을 터였다. 1년 전인 1999년에는 자연환경을 해치는 인디언 부족은 누구를 막론하고 처벌해야 한다는 법안을 지지하기도 했다. 그는 브라질의 환경법이 불공

정하게도 비인디언들에게만 일방적으로 적용된다고 주장했다.●

페이자오는 지난 수년 동안 베네수엘라 국경 근처에 있는 호라이마 주의 광활한 보호구역 설정을 적극적으로 반대했다. 광산업자들은 마쿠쉬와 와픽사나 인디언 부족이 점유하고 있는 그 땅에 출입하고 싶어서 안달을 했다. 부족들과 광산업자들 사이에 팽팽하게 흐르던 긴장감은 1990년대 초에 마침내 폭발하고 말았다.● 1993년 한 무리의 인디언들이 두 명의 광산업자를 납치하고는 자신들의 땅을 개발 금지 구역으로 선포해 달라고 요구했다. 그러자 광산업자들은 다섯 명의 인디언을 납치한 뒤 그들을 죽이겠다고 협박하는 것으로 대응했다. 당시 호라이마 로마 가톨릭교회의 주교가 인디언을 지지하는 발언을 했다. 그러자 화가 난 반대파들이 주교관 앞마당의 잔디에 불을 질렀다. 어떤 남자는 지역 라디오 프로그램에 나와 주교를 죽여 우리에게 반대한 대가를 치르게 하자고 말했다. 《뉴욕타임스》의 기자가 그 지역에 와서 그 갈등 양상을 취재했다. 그때 목장주와 광산업자의 대변인이 기자에게 이렇게 설명했다.

"주교는 아직 살아 있어요. 그것만 보더라도 우리가 얼마나 참을성이 많은지 아실 거요, 안 그래요? 물론 우리는 매일 저녁 주교가 자다가 저세상으로 가게 해달라고 기도를 하지요."

● "Congressmen Want 'Acculturation Diploma' of the Indigenous Peoples of Roraima", *Indigenist Missionary Council Newsletter*, October 7, 1999와 "Punishment for Environmental Crimes by Indians", *Gazeta Mercantil*, February 25, 1998 참고.

● James Brooke, "Boa Vista Journal; Gold Miners and Indians: Brazil's Frontier War", *New York Times*, September 7, 1993.

페이자오는 호라이마 출신이 아니었다. 그러나 그는 광산업자들이 마쿠쉬와 와픽사나 부족을 상대로 벌이는 싸움에서 광산업자들을 옹호하고 나섰다. 정계에 입문하기 전, 그는 금을 찾아 아마존을 횡단한 무모하기 짝이 없는 광산업자들을 대표하는 노조의 관리였다. 페이자오는 환경보호론자들, 그리고 그의 동업자들에 대한 국제적 반발에 맞서 싸우다 정치에 눈을 떴다.

다음은 브라질에서 광산업자들은 어떤 존재이고, 그들을 바라보는 또 다른 시선은 어떠한지를 보여주는 《크리스천 사이언스 모니터》의 기사다.

많은 사람들이 '가림페이로스'라고 불리는 광산업자들을 영웅이라 칭한다. 그들이 가난한 사람들을 위해 일자리를 창출하고, 브라질을 세계에서 가장 큰 광물 생산국 중 하나로 부각시켰다는 이유에서다. 그러나 인류학자들은 가림페이로스들이 아마존 전역의 인디언 영역을 유린한데다 질병을 퍼뜨리거나 총기를 사용해서 부족들을 학살하고 있다고 말한다. 환경보호론자들은 가림페이로스들이 자갈이나 모래에서 금을 분리하기 위해 수은을 사용함으로써 아마존의 강들을 앞으로도 수년 동안 오염시키고 야생 동물들에게 나쁜 영향을 미칠 것이라고 우려한다. 광산업자들은 이런 주장을 일축한다. 걸핏하면 과음을 하고 돈을 헤프게 쓰는 그들은 금으로 무엇이든 살 수 있다는 환상에 사로잡혀 있다.●

●Tyler Bridges, "Amazon Gold Rush Leaves Behind Dross", *Christian Science Monitor*, September 27, 1988.

이 기사를 쓰기 위해 기자가 찾아갔던 채광 캠프의 운영자는 다름 아닌 안토니오 페이자오였다.

2000년 안토니오 페이자오는 포르투벨류에서 의회 차원의 조사를 적극적으로 벌였다. 당시의 의회 조사는 페이자오가 그 전해에 했던 약속을 그 나름의 방식으로 지키는 것처럼 비쳐졌다. 그는 1999년에 기자들에게 호라이마 보호구역의 경계 설정이 법적으로 취소되면, 인디언 문제를 다루는 기관에 대한 의회 조사를 벌이지 않겠다고 했다. 그러고는 2000년 10월 10일 아침, 혼도니아 주에 왔다. 그는 푸나이의 불법 행위를 찾기 위한 방법의 일환으로 목장주들에게 증인석에 나올 것을 요구했다.

증언과 조작

배심원단은 마르셀로가 혼도니아에서 벌인 활동을 소개하기 위해 안토니오 두아르테에게 증언할 것을 요구했다. 안토니오 두아르테는 목장주였다. 그의 땅 일부는 카노에와 아쿤추 부족을 위한 오메레 보호구역 조성 때문에 개발이 금지되어 있었다. 그와 그 지역의 다른 여러 목장주는 2, 3년 전에 빌헤나의 변호사인 오데어 플라우지노를 고용해서 보호구역에 대해 법적 소송을 제기했다. 그러나 그 소송은 성공하지 못했다. 아무튼 안토니오 두아르테에게는 그의 불만 사항을 호소할 두 번째 기회가 주어진 셈이었다. 그는 조금도 주저하지 않았다.

안토니오 두아르테는 마르셀로를 공격하기 위해 미리 준비한 발언을 하기 전에 배심원단에게 자신의 의견이 상원의원 아미르 란도와 다른 목장주들을 비롯, 지역의 목장 사업에 종사하는 많은 사람들을 대변하는 것임을 상기시켰다. 두아르테는 거침없이 불만을 쏟아냈다. 그는 마르셀로가 그 땅에 카노에와 아쿤추 부족의 인디언들을 심어놓았다면서 배심원단에 이렇게 말했다.

"마르셀로의 배경을 조사해보니 의혹투성이였습니다. 인디언을 찾아다니는 일은 마르셀로의 이력에서 새삼스러운 게 아닙니다."•

두아르테는 1981년에 푸나이가 마투그로수 주에 있는 드넓은 땅을 인디언 보호구역으로 지정해서 개발을 금지했다고도 말했다. 그러면서 개발 금지 조치를 시행할 당시 그 땅에는 어떤 인디언도 살고 있지 않았다고 했다. 그는 또 마르셀로가 직접 트럭에 한 무리의 인디언들을 태우고 그 지역으로 이주시켰다고 주장했다.

"그 같은 마르셀로의 행동에 대해 연방 경찰이 조사를 벌였습니다. 그 결과 그런 사실이 확인되었습니다."

두아르테는 그 땅의 주인인 루이스 모리모토가 1983년에 푸나이를 고소했으며, 마르셀로가 인디언들을 트럭에 태워 그의 사유지에 이주시키기 전까지는 그곳에 인디언이 한 명도 없었다고 배심원단 앞에서 진술했다.

엄밀히 말하자면 두아르테의 진술은 사실이었다. 하지만 그의 진술에는 몇 가지 중요한 요소가 빠져 있었다.

• 여기에 실린 정보와 인용된 모든 증언은 정부의 공보관이 브라질리아에서 출간한, 상원 청문회의 공식적인 기록을 참고한 것이다.

마르셀로가 인디언들을 트럭에 태워 모리모토의 땅으로 간 것은 사실이었다. 인디언들이 이주하기 전까지 그곳에 인디언이 한 명도 없었던 것도 사실이었다. 그러나 그 일이 일어나기 전부터 인디언들은 모리모토의 땅에 개발 금지 조치를 내려 달라고 로비를 벌였다. 그들은 모리모토가 그 지역에 오기 수년 전부터 살고 있었으며, 그가 오고 나서 쫓겨났다고 호소했다. 푸나이는 인디언 편에 서서 법적으로 그 목장의 개발을 금지했다. 그리고 그곳을 인디언 영역으로 선포했다. 마르셀로는 개발 금지 조치가 시행된 뒤에 인디언들을 트럭에 태워 그 지역으로 갔고, 인디언들은 그곳에 다시 정착하게 되었다. 그런 과정을 조사한 한 경찰은 마르셀로에게 아무런 죄가 없다고 말했다.

그러나 두아르테는 물러서지 않았다. 그가 배심원단에 제출한 증거에는 마르셀로의 신용을 떨어뜨리려는 의도가 담겨 있었다. 청문회실에 있는 사람들 사이에서 차가운 기류가 흐르기 시작했다. 모든 사람이 마르셀로를 국제기관으로부터 자금을 얻어내고, 앞으로 수십 년 동안 개발과 발전을 가로막기 위해 있지도 않은 인디언들을 불러들인 고질적인 거짓말쟁이로 인식하는 것 같았다.

목장주들은 시드니 포수엘로가 1986년에 작성한 '인디언 부재 증명서'를 들고 증언에 나섰다. 그 보고서 앞에는 포수엘로의 이름과 함께 '저명한 세르타니스타'라는 글자가 선명하게 박혀 있었다. 포수엘로가 방문할 당시 그 지역에 인디언의 흔적이 전혀 없었다고 명시되어 있는 맨 처음의 보고서 내용은 목장주들에게 절대적인 진리나 마찬가지였다. 그들은 그 보고서 내용을 계속 인용하며 증언했다. 나중의 일이지만 포수엘로는 탐사 시작 전이나 후에 그 지역에 인디언들이 존재했을 가능성을 배제하지 않는다고 보고서에 적었다. 그런데 그 사실은 언급되지 않았다.

연락대가 세계은행의 플라나플로로 프로젝트로부터 자금 지원을 받았다는 사실 역시 비난의 도마 위에 올랐다. 목장주들은 마르셀로가 연락대의 자금을 확보하기 위해서 인디언들이 학대를 받으며 쫓겨 살고 있다는 이야기를 만들어냈고, 이로써 국제 공동체가 인디언 문제에 민감하게 반응하도록 유도한 뒤 이를 이용하고 있다고 주장했다. 그들은 또 마르셀로의 그 같은 행위가 국가 안보를 우롱하는 것임을 내비쳤다. 인디언 보호구역들이 국경 근처에 있기 때문에 브라질 영토 수비의 군사적인 약점이 노출될 수 있다는 것이었다.

마르셀로의 활동에 대한 의회 조사는 포르투벨류에서 끝나지 않았다. 개발을 옹호하는 의원들은 자신들 대신 벌을 받을 사람을 찾아낸 셈이었다. 그들은 마르셀로를 공개적인 무대에 세워 망신을 받도록 해야 마땅한 사람으로 여겼다. 나중에 브라질리아의 배심원단도 마르셀로가 행한 일을 철저히 조사했다. 그들은 세 명의 증인을 불러 마르셀로에 대해 불리한 증언을 하도록 독려했다. 세 증인은 빌헤나 간장 생산업 연합회장과 인류학자 카를로스 안토니오 시케이라, 그리고 전 푸나이 직원 오스니 페레이라였다.

페레이라가 제일 먼저 증언대에 섰다. 그는 마르셀로가 1996년 카노에 부족과 접촉했을 때, 푸라와 카노에 부족민들을 신타라르가 부족으로부터 분리해 오메레 지역으로 이주시켰다고 주장했다. 그의 주장은 브라질리아에 있는 푸나이 지도부에 의해 일축되었지만 카노에 부족의 정체성을 의심하는 변호사 오데어 플라우지노에게 힘을 실어주는 역할을 했다.

페레이라는 빈센트가 연락대 대원이 최초로 카노에 부족과 만나는 순간을 찍은 영상이 1996년 텔레비전에 방영된 다음 날 아침, 신타라르가 부족의 인디언들이 자신의 집에 찾아왔었다고 상원의원들에게 말했다. 신타라르가 부족이 말하기를, 새로 발견된 인디언들이 수년 전에 행방불명된 신타라르가 부족의 인척일지도 모른다고 했다는 것이다. 페레이라는 물건을 훔친 죄로 푸나이에서 해고되었지만(그는 나중에 정치적인 동기에 의해서 그런 혐의를 뒤집어썼다고 말했다), 신타라르가 인디언들을 혼도니아 남부로 태워다주었다. 그러고는 인디언들과 함께 새로 발견된 카노에 마을을 향해 걸어갔다. 일행은 그곳에서 카노에 부족민 둘, 즉 푸라의 어머니와 그의 누이를 만났다.

페레이라는 카노에 부족이 배고파 보였다고 했다. 그는 그들이 최근에 마르셀로와 알테어에 의해 그곳으로 이주했는데, 그 지역에 익숙하지 않아서 제대로 먹을 것을 채집하거나 작물을 키우지 못했다고 말했다. 페레이라는 또 카노에 부족과 만난 뒤 약 8킬로미터를 걸어서 푸나이 캠프를 발견했다고 했다. 그리고 그곳에서 마르셀로와 브라질 국민건강공단에서 일하는 간호사 이네스 하그리브스를 만났다고 말했다.

"두 사람은 나를 보고 깜짝 놀라더군요. 내 말은 다 사실입니다. 나는 브라질 기독교인단의 일원으로서 주님 앞에 증언하는 것에 익숙한 사람입니다."

페레이라는 이렇게 말하고 잠시 뜸을 들였다가 덧붙였다.

"마르셀로가 양손을 높이 들고 이렇게 말했어요. '페레이라, 당신이 전부 망쳐놨어. 나는 이 일에 많은 시간을 쏟아부었는데 당신이 이곳에 와서 전부 다 망쳤다고.' 이네스 하그리브스도 비슷한 말을 하면서 나를 냉대했습니다. 그 일이 있고 나서 몇 달 뒤, 마르셀로는 내가 인디언들을 독감에 노출시켰다면서 연방 검찰에 고소했어요. 나는 인디언들에게 독감을 옮긴 혐의로 나를 기소한 연방 검사들에 맞서 싸웠습니다. 돈이 없어 변호사 선임도 못한 채 7개월 동안 혼자서 싸웠지요."

페레이라는 상원의원들에게 그 여행에 동행했던 신타라르가 인디언들의 증언 장면이 녹화된 비디오테이프를 제공하겠다고 말했다. 그는 인디언들의 증언이 자신의 발언을 뒷받침해줄 것이라고 장담했다. 하지만 브라질 역사상 가장 유명한 세르타니스타 중 한 사람인 고(故) 올란도 빌라스 보아스가 이미 수년 전에 그 비디오테이프를 본 적이 있었는데, 그는 그것을 가짜라고 일축했다. 빌라스 보아스는 페레이라가 인디언들의 입 모양에 맞추어 말을 녹음함으로써 그들의 진술을 조작했다고 주장했다.

그러나 배심원들은 페레이라를 신뢰할 만한 정보원으로 대우했다. 상원의원 발디르 라우프는 주지사와 상원의원을 지낸 임기 중간에 혼도니아에서 목장주로 일한 적이 있었다. 그는 페레이라의 증언에 대해 푸나이 직원들이 목장주들의 땅에서 목장주들을 몰아내기 위해 인디언이 존재한다는 증거를 조작해온 것으로 믿는다고 말했다.

"푸나이가 목적을 달성하기 위해 혼란을 일으켜서 갈등을 조장하려 한 것 같아요."●

그다음으로는 카를로스 안토니오 시케이라가 증언대에 섰다. 시케이라는 자신이 푸나이 출신의 은퇴한 인류학자라며, 지금은 비정부기구에서 고문으로 일한다고 말했다. 그는 페레이라처럼 인디언 부족의 진상을 조사하기 위해 오메레 보호구역에 가보았다고 배심원에게 말했다. 그러면서 마르셀로의 초기 탐사 보고서를 자세히 읽어보았는데, 거기에는 여러 가지 '절차상의 결함'이 있었다고 했다. 그는 또 카노에 부족을 추적하는 초기의 탐사 활동이 '필요 이상으로 공식적인 것'이었다며, 몇 차례의 탐사 여행에는 푸나이 직원보다 비정부기구의 사람들이 더 많았다고 말했다. 그리고 탐사 보고서 중 하나는 공식적인 푸나이의 보고서가 아니라 '법무부' 표시가 있는 편지지에 작성되어 있었다고 덧붙였다.

시케이라는 마르셀로와 알테어가 카노에 부족 마을을 조성한 것으로 믿는다고 했다. 그는 푸라, 티라만투와 최초로 만나는 장면을 포착한 빈센트의 비디오 증거를 보았을 때, 조작된 느낌을 받았다고 말했다.

"이런 일은 여간해서 일어나지 않습니다. 참으로 어처구니가 없는 일이에요. 영화에서나 있을 수 있는 일이지요."

마지막으로 목장주이자 지역의 간장 생산업 연합회장인 나디르 라지니가 증언했다. 라지니는 1995년에 처음으로 마르셀로를 만났다고 말했다. 그에 따르면 마르셀로는 인디언이 사는 흔적을 찾기 위해 그의 사유지에 들어가고자 했다는 것이다. 그의 사유지 또한 오메레 보호구역이 된 토지 인근에 있었다. 아무튼 당시 라지니는 시드니 포수 엘로의 보고서를 거론하면서 허가서 없이는 마르셀로를 사유지에 들여보내지 않겠다고 맞섰다고 했다. 그리고 마르셀로가 허가서를 가지

● Clarinha Glock, "A Crime with Many Suspects, No Arrests", from the Crimes Against Journalists Immunity Project website, December 1, 2000.

고 돌아온 지 15일쯤 되었을 때, 네 명의 외국인으로 구성된 수상쩍은 사람들이 자기 집 대문 앞에 나타나 사유지에 들어가고 싶다고 말했다고 했다. 라지니는 마르셀로가 그 사람들과 함께 행동하지는 않았지만, 그들이 방문한 시기를 고려하면 서로 무언가 관련이 있지 않을까 의심이 들었다고 배심원에게 말했다. 그는 또 그 외국인들이 그의 사유지에 있는 흙의 광물 성분을 분석하고 싶어 했다고 상원의원들에게 말했다.

"그 외국인들 중 포르투갈어를 하는 사람은 한 명도 없었어요. 한 명은 네덜란드 사람이었고, 또 한 명은 벨기에 사람이었지요. 다들 귀걸이를 하고 머리를 길러서 히피처럼 보이는 젊은이들이었어요."

라지니가 배심원들에게 말했다.

상원의원 아우구스토 보텔로는 라지니에게 연락대 대원들이 그 땅에 인디언들을 이주시켰다고 믿느냐고 물었다. 라지니는 그런 느낌이 들었지만, 확신할 수는 없다고 대답했다. 이에 보텔로는 느낌만으로 증언해서는 안 된다고 말하고는 이렇게 덧붙였다.

"작물 생산 같은 걸 방해하는 것이 비정부기구 사람들이 흔히 쓰는 전략입니다. 그들은 아마존이 개발되는 걸 원하지 않아요. 그리고 혼도니아는 개발의 관점에서 볼 때 모든 주의 중심에 있습니다. 그렇기 때문에 비정부기구의 활동이 혼도니아에서 더 많이 벌어지는 겁니다."•

나중에 보텔로는 호라이마에 있는 인디언 보호구역에 대한 개발 법안을 의회에 제출했다.

목장주들

상원 청문회가 열리는 동안 마르셀로는 증언 요청을 받지 않았다. 그는 포르투벨류의 의회에서 배심원들을 향해 증언할 때, 자신이 벌인 탐사 활동은 목장주들을 성가시게 하려는 게 아니라 인디언들을 보호하려는 것이라고 말했다. 그리고 그것이야말로 자신의 일이라고 덧붙였다.

마르셀로는 또 1986년에 시드니 포수엘로가 작성한 보고서에 기초한 인디언 부재 증명서가 만들어진 뒤, 한 농장 직원의 제보가 있었다고 말했다.

"그 직원은 탐사 지역 옆의 사유지에 인디언들이 살고 있었는데, 무자비하게 쫓겨났다고 했습니다. 그래서 제가 그 문제에 관심을 갖게 된 겁니다."

마르셀로는 1980년대와 1990년대에 횡행한 벌목 탓에 인디언들은 어느 부족이든 살던 땅에서 정기적으로 이주할 수밖에 없었을 것이라면서 이렇게 덧붙여 설명했다.

"1986년 초에 농장주들은 인디언들이 살던 지역에서 10만 헥타르의 땅을 개간했습니다. 그 바람에 인디언들의 땅은 모두 파괴되었습니다. 인디언들은 400여 대의 전기톱이 굉음을 내는 가운데 눈앞에서 모든 것들을 파괴하는 광경을 보고 이주를 했던 것입니다."

● Isabella Kenfield, "Brazilian Agribusiness Boom's Dark Side: Violence and Plunder in the Amazon", *Brazzil Magazine*, October 16, 2008.

아마존의 개발과 보존을 놓고 벌이는 싸움에 대해 전혀 아는 것이 없는 사람이 청문회장에 앉아 있었다면, 그는 그 안에 감도는 긴장감이 순전히 마르셀로에게서 비롯되었다는 인상을 받을 수도 있었을 것이다. 그만큼 목장주들은 마르셀로가 누구의 자문도 구하지 않고 독단적으로 땅에 대한 소유권을 그들의 손에서 빼냈다는 주장을 편파적이기는 해도 납득할 만하게 제시했다.

청문회에 참석한 스무 명이 넘는 의원들 중에 단 한 사람만이 마르셀로의 입장을 옹호하는 질문을 했다.

"마르셀로 씨, 당신은 그 지역에 개발 금지 조치를 내릴 수 있는 힘이 있습니까?"

"아뇨, 제겐 그런 힘이 없습니다."

"그럼 당신이 하는 일은 뭔가요?"

"저는 제가 수집하는 정보를 푸나이의 상관들에게 제공하고, 법에 의거해서 이런 문제들을 단속하는 공무원에게 전해지도록 할 수 있을 뿐입니다."

"그런데 그 지역은 무슨 이유로 개발 금지 조치가 내려진 건가요?"

"개발 금지가 된 건 인디언들이 있다는 사실이 증명되었기 때문입니다. 그곳을 방문한 인류학자들이 그 사실을 증명했습니다. 그 지역을 방문한 연방정부 검사도 그 과정에 참여했습니다. 다른 사람들, 즉 다른 토착민 보호주의자들도 그곳에 가서 상황을 조사했습니다. 그들 모두가 이 사실을 확인했습니다. 그러나 엄밀히 말하면, 인류학 보고서를 제출한 사람들은 바로 그곳에 갔던 인류학자들이었어요. 그 보고서를 통해서 푸나이 회장이 그 지역의 개발을 금지했습니다. 제가 한 게 아닙니다."

포르투벨류에서의 조사가 끝난 뒤 푸나이 상관들은 마르셀로가 논쟁의 피뢰침이 되었고, 그의 적들 때문에 그가 그 지역에서 효율적으로 일할 수 없게 되었다는 결론을 내렸다. 마르셀로는 상관들의 결론이 옳다고 마지못해 인정해야만 했다.

하지만 마르셀로는 결코 사과하지 않았다. 상대방 사람들이 자신의 명예를 훼손하고 자신을 몰아붙여 죄를 뒤집어씌우려 했다고 굳게 믿기 때문이었다. 수년 전이었다면 그는 그 지역에서 가장 세력이 강한 사람들 몇몇과 싸워 성공할 가망이 거의 없다는 것을 알면서도 지체 없이 모든 것을 걸고 자신의 명예를 회복시키려 했을 터였다. 그러나 이번에는 그렇게 하지 않았다. 마르셀로는 자신이 시작한 일을 마무리하기에 자신보다 알테어가 더 유리한 입장에 놓여 있다고 판단했다. 그는 현실적으로 생각하기로 했다. 아마도 그것은 마르셀로가 사랑에 빠졌기 때문일 터였다.

목장주들이 마르셀로를 혼도니아 주에서 추방하려는 시도를 하기 직전, 그는 디비나라는 여성을 만났다. 디비나는 마르셀로가 20년 전 남비콰라 부족 마을에서 함께 일했던 간호사의 여동생이었다. 마르셀로는 디비나 덕분에 정부의 조사와 비난을 견뎌낼 수 있었다. 그러니까 디비나에게서 큰 위안을 얻었던 것이다.

디비나의 가족은 혼도니아의 인디언들이 머문 곳에서 2400킬로미터 떨어진 고이아스에서 살았다. 고이아스는 마르셀로에게 씁쓸한 결말로 끝난 혼도니아에서의 경험을 정리하고 새롭게 시작할 기회를 준 곳이었다.

마르셀로와 디비나는 고이아스에서 아담한 집과 땅을 구입했다. 그것은 목장주들에게 승리의 희소식이었다.

짐승도
신도 아닌 그들

THE LAST OF THE TRIBE

　　　　　　마르셀로가 혼도니아에서 추방당할 무렵, 고립된
인디언 역시 달라피니 형제 소유의 숲에서 추방당했다. 삼림 벌채를
일시적으로 금지했는데도 아무런 소용이 없었다. 벌채는 오히려 무서
운 속도로 진행되었다. 2000년 말에는 달라피니 형제의 사유지에 있
는 '보호구역' 가운데 약 80퍼센트가 목초지로 바뀌었다.* 인디언이
살던 숲의 대부분이 사라져버렸던 것이다.

　알테어와 빈센트는 마르셀로와 정치가들의 논쟁으로 인해 과포레
연락대의 일이 지장을 받아서는 안 된다고 생각했다. 두 사람은 고립
된 인디언이 생존해 있는지 알아보기 위해 계속 탐사 활동을 벌였다.
고립된 인디언의 거주 구역이 점차 줄어들고 있는 탓에 그가 어느 때
보다 더 큰 위험에 노출되지는 않았는지 걱정되었다. 그들이 접근은

● 삼림 벌채 수치는 2000년 10월 18일 자 푸나이의 보고서에 실린 어림치다.

하되 접촉을 하지 않는 것이 대단히 중요한 사항이기 때문에 과포레 팀은 이름을 바꾸었다. 이제 팀 이름은 과포레 연락대가 아니라 '과포레 환경 파수대'였다.

과포레 팀은 고립된 인디언의 움막을 더 많이 찾아냈다. 아울러 그 인디언이 셀소 드 소르디가 소유한 숲의 한 구역으로 옮겨갔다는 사실을 알아냈다. 셀소 드 소르디의 소셀 목장은 달라피니 형제의 사유지와 인접해 있었다. 알테어와 빈센트는 고립된 인디언이 전혀 생각지도 않은 사람들 때문에 이리저리 옮겨다닌다는 사실도 알아냈다. 그 사람들은 토지가 없는 무단 점유자들이었다. 그들은 소셀 목장의 일부를 자신들의 소유로 해달라고 요구했다.

그 사람들은 '땅 없는 농민 운동'이란 뜻의 MST(Movimento dos Trabalhadores Rurais sem Terra) 단체에 소속된 소작농들이었다.• 이들은 자신들이 비생산적인 토지라고 여기는 곳에 허가도 받지 않은 채 캠프를 세운 뒤 집단 이주를 시도했다. 토지의 잠재력을 최대한 활용하지 않는 누군가에게 소유권을 계속 쥐어주는 것은 사회적으로 불공평하다는 것이 이들의 주장이었다. 브라질에서는 고작 3퍼센트의 인구가 잠재 농지의 3분의 2를 소유하고 있다. 이로 인해 소작농들은 정치 단체를 결성했는데, 그것이 MST다. 2000년까지만 해도 100만 명이 넘는 MST 회원들이 브라질 전역에 수천 개의 캠프를 세우고 있었다. 캠프마다 알록달록한 텐트가 줄지어 서 있었는데, 시간이 흐르

• MST에 관한 정보는 MST의 웹사이트인 www.mstbrazil.org를 포함해 여러 출처를 참고한 것이다.

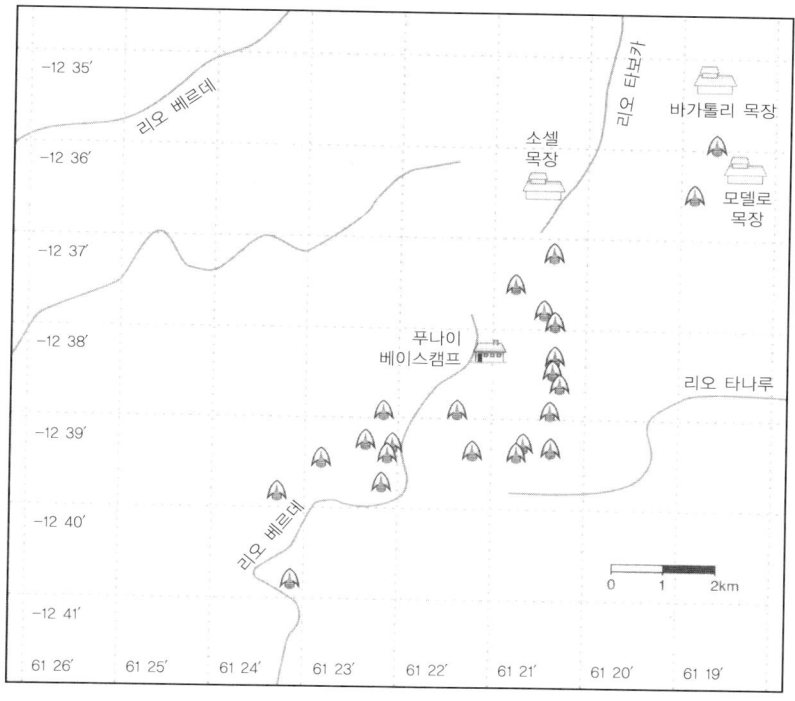

면서 MST는 점점 세를 확장해 강력한 사회 운동으로 발전했다. 물론 이것은 토지를 소유한 목장주들에게는 악몽과도 같은 일이었다.

　MST 회원들이 소셀의 사유지에 텐트 치는 것에 관심을 보이기 전까지 과포레 환경 파수대 대원들은 셀소 드 소르디를 또 한 명의 까다로운 목장주로 여겼다. 소르디는 MST가 등장하자 자신의 사유지 안에 있는 숲에 일시적으로 개발 금지 조치를 내리는 것이 이익일 수 있다는 사실을 깨달았다. 그는 MST의 소작농들이 마을을 세우기 전에 그들을 쫓아내 달라고 경찰에 요청했다. 그러면서 소작농들이 점유하려는 땅은 단순히 또 다른 '비생산적인 사유지'가 아니라 브라질 법에 의해 특별히 보호되고 있는 인디언의 영역이라고 주장했다. 만일 MST 회원들이 새로운 무단 점유자의 마을을 세울 장소를 찾는다면 선택할 만한 사유지는 얼마든지 많았다. 아무튼 소르디는 자신의 사유지는 이미 한 인디언이 점유하고 있다고 주장했다. 그는 달라피니 형제와는 대조적으로 숲의 모든 물리적 변형에 대한 금지 조치를 존중했다.

낯익은 움막

화살 사건이 있은 뒤로 과포레 파수대는 계속 고립된 인디언을 위해 선물을 남겨두었다. 그 인디언이 어느 날 자신들이 친근한 존재라는 사실을 깨닫고, 적절한 때에 자신들을 찾아올지도 모른다는 바람에서였다. 2000년에 처음으로 고립된 인디언이 그들의 선물을 받아들이기 시작했다. 인디언은 씨앗과 마체테, 그리고 과일을 주워 모았다. 어느 날 알테어는 탐사 여행 중에 인디언이 그들이 남겨둔 씨앗을 심어서 밭을 울창하게 가꿔놓은 광경을 목격했다.

고립된 인디언이 자신들의 선물을 받아들이자 파수대 대원들은 오랜 연패 끝에 작은 승리를 거둔 기분이었다. 대원들이 판단하기에 인디언은 그들이 자신을 해칠 생각이 없다고 결론을 내린 것 같았다.

알테어는 인디언이 곧 접촉을 시도할 수도 있다고 믿었다. 만일 인디언이 파수대 대원들이 악의가 없는 사람들이라고 생각한다면, 교류하는 것이 자신에게 큰 이득이 되리라고 판단할 터였다. 그런데 이런 중요한 시기에 마르셀로와 정치가들의 싸움이 일어났으니, 참으로 안타까운 일이었다. 마르셀로는 자신이 직접 나설 형편이 아니었으므로 알테어와 빈센트에게 현장 조사를 수행하도록 했다. 두 사람은 마르셀로가 포르투벨류에서 증언한 지 3주쯤 지났을 때 소르디의 목장을 방문했다. 그들은 소르디의 땅에 인디언이 있다는 사실로 인해 소르디에게 일어난 심경 변화가 진심인지, 그리고 그것이 그들에게 어떤 새로운 기회를 열어줄 수 있는지 확인하고 싶었다.

소셸 목장의 사무소는 질척한 목초지 가운데 볼품없이 생긴 마구간과 판잣집이 모여 있는 곳에 있었다.* 가장 큰 마구간 옆에는 키 큰 풀 위로 보일 듯 말 듯한, 작은 프로펠러가 달린 비행기가 녹슨 채 방치되어 있었다. 목장의 일꾼들이 말을 타고 소 떼를 모는 광경이 서부 영화의 한 장면 같았다. 알테어와 빈센트가 한 판잣집 안에서 소르디를 찾아냈다. 소르디는 그들에게 긁힌 자국이 있는 나무 탁자에 앉으라고 권하고는 커피를 따라주었다.

알테어와 빈센트는 도무지 믿을 수가 없었다. 그들을 그렇듯 따뜻하게 맞아준 목장주는 그때까지 한 명도 없었기 때문이었다. 게다가 소르디는 인디언들을 위해 자신의 땅에 개발 금지 조치가 내려지기를 원하는 최초의 목장주이기도 했다.

● 이 지역에 대한 묘사는 빈센트 카렐리의 비디오 영상과 저자가 직접 그 농장을 방문해서 목격한 광경을 참고한 것이다. 빈센트 카렐리는 그곳에서 이루어진 모든 대화를 포함해 소르디와 알테어가 만나는 장면을 녹화했다.

소르디는 벤치에 앉아 담배를 깊이 빨아들이며 알테어의 말을 집중해서 들었다. 알테어는 고립된 인디언이 소르디의 사유지에서 떠돌아다닌 뒤로는 더 안정적이고 고정된 생활을 하고 있는 것 같다고 말했다. 인디언은 파수대 대원들의 선물을 무시하지 않았다. 그러기는커녕 그들이 인디언을 위해 남겨둔 옥수수와 카사바를 받아들였고, 그 작물을 심기까지 했다. 그러나 알테어는 푸나이의 일시적인 토지 개발 금지 조치의 효과가 몇 달 뒤면 소멸될 것이라고 말했다. 그는 파수대가 접촉하지 못할 경우를 가정하고, 그때까지도 인디언이 그 어떤 고초도 받지 않도록 하겠다는 약속을 소르디에게서 받아내고 싶어 했다.

소르디는 아무런 불평을 하지 않았다. 오히려 파수대 대원들이 원하면 언제든지 자신의 땅을 샅샅이 탐사하고, 그 인디언을 보호하기 위해 해야 하는 일은 무엇이든 해도 좋다고 말했다.

"그 인디언도 우리와 똑같은 사람이잖아요. 안 그렇습니까? 우리가 그 인디언에 대해 인내심을 가져야 할 것 같군요."

소르디의 말에 알테어는 탁자에 놓인 카드 한 벌을 집어 훌훌 넘기면서 동의의 뜻으로 고개를 끄덕였다. 그러고는 싱글벙글 웃으며 말했다.

"그런 생각을 하고 계시다니 반갑군요. 이 근방에 있는 당신의 이웃들은 그렇게 생각하지 않거든요."

그들의 만남은 짧고 간단했다. 하지만 그것은 고립된 인디언의 문제가 아무런 진전 없이 실패로 끝날 것 같은 때에 알테어의 기운을 북돋우는 강장제였다. 한 명의 목장주라도 과포레 파수대의 목적에 진심으로 공감한다면, 그들이 어떤 일을 겪든 불가능한 일은 없을 것 같았다.

비가 내리는 2000년 11월의 어느 날 아침 6시였다. 알테어와 빈센트는 소르디의 목장을 떠나 숲으로 걸어갔다. 고립된 인디언이 아직도 거기서 살고 있는지 확인하기 위해서였다. 정기적으로 탐사 여행에 동참하는 계약직 직원 파울로 페레이라도 그들과 함께 갔다. 사키라비아 부족의 인디언 세 명도 동행했다. 그 인디언들은 오메레 보호구역에서 서쪽으로 차로 몇 시간 거리에 있는 메켄스 토착민 보호구역에서 살았다.

전체 80명가량 되는 사키라비아 부족은 아쿤추 부족과 같은 투파리어족에 속하는 언어를 사용했다. 대부분의 사키라비아 부족민들은 메켄스 보호구역에 수년 동안 살면서부터 포르투갈어도 유창하게 구사했다. 알테어는 만일 파수대 대원들이 고립된 인디언과 마주쳤을 때 인디언이 대화를 나누고 싶어 한다면, 사키라비아 부족 인디언들을 데리고 가도 손해 볼 것이 없다고 긍정적으로 생각했다. 어쩌면 고립된 인디언은 푸라에게서는 찾아내지 못한 어떤 동질감을 사키라비아 부족 인디언들에게서 느낄 지도 몰랐다.

일행은 묵묵히 정글 속을 걸었다. 진흙 때문에 장화는 무겁고, 청바지는 무릎까지 흠뻑 젖어 있었다. 모기들이 얼굴 주위로 휙휙 스쳐 지나갔다. 알테어가 배낭과 소총을 들고 앞장서서 갔다. 맨살이 드러난 그의 등에는 벌레에 물린 자국이 벌겋게 부풀어 올라 있었다. 파울로는 인디언에게 선물로 남겨둘 작정인 야자수 나무 한 다발을 들고 알테어를 따라갔다. 사키라비아 인디언들은 야채가 수북이 쌓인 바구니를 들고 있었다.

알테어는 한 손에는 GPS를, 나머지 한 손에는 낡은 놋쇠 나침반을

든 채 몇 번이나 길을 확인하면서 앞으로 나아갔다. 몇 시간이 지났을까, 알테어는 자신이 20일 전에 연장과 씨앗을 두고 갔던 장소를 찾아냈다. 선물은 그 자리에 없었다.

일행은 자연적으로 생긴 오솔길을 따라가면서 그 지역을 정찰했다. 그들은 숲으로 이어진 오솔길을 따라가던 중 자토바 나무를 보았다. 알테어는 그 나무를 유심히 관찰했다. 나무줄기의 한 군데가 움푹 패어 있었다. 그 표시는 인디언의 움막이 근방에 있음을 알려주는 것이었다. 일행은 몇 미터 떨어진 곳에서 날카로운 꼬챙이가 가득 박힌 함정을 찾아냈다. 그리고 몇 분 뒤에는 움막을 발견했다.

그 움막은 이미 버려진 것이었다. 알테어는 안으로 머리를 들이밀고 움막 한가운데 있는 낯익은 구덩이를 보았다. 열기가 식은 재가 한 구석에 흩어져 있었다. 땅 위에는 바나나 잎으로 만든 낡은 그릇이 놓여 있었다.

"이제 어떻게 해야 하죠?"

파울로가 물었다.

알테어는 움막을 살펴보다가 모델로 사유지에서 찾아냈던 움막들과 그 구조가 매우 흡사하다는 사실을 알아챘다. 그것은 지푸라기를 아무렇게나 겹겹이 뒤덮어서 성급하게 지은 작은 움막이었다. 알테어가 1996년 12월 처음으로 고립된 인디언과 마주쳤을 때 보았던 벽면이 나무로 된 움막처럼 튼튼해 보이지 않았다. 알테어와 빈센트는 고립된 인디언이 위험에 처한 느낌이 들 때는 움막을 작고 허름하게 짓고, 금방 버리고 떠나지 않아도 될 것 같은 때는 좀 더 크고 튼튼하게 짓는다고 생각했다. 아무튼 고립된 인디언이 선물을 받아들이는데다 벌채되지 않은 숲의 한 구역에서 살고 있다는 사실은 그가 그 어느 때보다 오래 머물 작정임을 암시하는 것이었다.

"계속 갑시다."

알테어가 말했다.

일행은 일렬종대로 숲 속을 걸었다. 갑자기 파울로가 손가락을 입에 대고 나지막이 속삭였다.

"쉬잇!"

파울로는 소리가 나는 쪽으로 조심스레 다가갔다. 나머지 일행도 소리가 나는 방향으로 몸을 돌렸다. 몇 미터 걸어가자 옥수수와 카사바, 파파야가 심어진 자그마한 밭이 나왔다.

알테어가 밭 가장자리에서 걸음을 멈추었다. 그는 한 손으로 팍시우바 줄기를 잡고 몸을 앞으로 숙였다. 그러고는 밭을 자세히 살펴보았다. 반대편에 움막이 있었다. 알테어는 좀 더 가까이 다가가기로 마음먹었다. 고립된 인디언이 선물을 받아들이기 때문에 그들과 접촉하려고 손을 내밀 수도 있다는 생각이 들어서였다. 그러나 알테어는 고립된 인디언을 놀라게 하고 싶지는 않았다. 그는 몸을 돌려 대원들에게 손바닥을 보였다. 조용히 있으라는 신호였다. 대원들은 알테어의 지시에 따라 천천히 발소리를 죽이며 앞으로 나아갔다. 밭에 오래되지 않은 발자국이 나 있었다. 움막 꼭대기에서 가느다란 연기가 소용돌이를 치며 피어오르고 있었다. 마치 누군가가 안에서 요리를 하는 것 같았다.

"인디언이 움막에서 방금 나간 것 같습니다. 우리가 오는 소리를 들은 모양이에요."

알테어가 대원들에게 속삭였다.

대원들은 휘둥그레진 눈으로 움직이는 무언가가 있는지 경계하며 알테어의 어깨 너머를 바라보았다.

"저쪽에 숨어서 인디언을 기다립시다."

알테어가 몸을 숨기기에 좋은 곳을 가리키며 말했다. 나무가 무성한 곳이었다.

"얼마 있으면 인디언이 돌아올 겁니다."

그들은 나무 뒤로 몸을 숨겼다. 수많은 모기가 대원들 얼굴에 날아들었다. 그들은 소리가 나지 않게 조심하며 모기를 쫓았다.

알테어는 한참 동안 움막을 지켜보았다. 그러고 나서 출입구에 인디언이 쓸 만한 도구를 비롯해 몇 가지 선물을 남겨두자고 말했다.

"도끼와 마체테를 둡시다."

알테어는 그렇게 말하고 파울로와 함께 움막에 바짝 다가갔다. 그는 움막이 비어 있는 것을 확인하고는 다른 대원들에게 아무도 없다는 신호를 보냈다. 대원들이 달려왔다. 알테어는 움막 안을 자세히 살펴보았다. 나무로 엮어 만든 그릴에서 연기가 피어오르고 있었다. 그릴 위에는 멧돼지 고기와 죽은 아르마딜로가 통째로 놓여 있었다. 돼지고기는 갈색으로 노릇노릇하게 구워져 있었다. 알테어는 자신들이 식사를 하려는 인디언을 방해한 게 틀림없다고 생각했다.

바나나 잎으로 만든 그릇이 바닥에 놓여 있었다. 그릇 안에는 속이 노란 푸푼하 과일이 가득 들어 있었다. 야생 칠면조 깃털도 땅바닥에 놓여 있었다. 깃털이 다듬어져 있는 것으로 보아 화살 만들 때 쓰려는 모양이었다. 한구석에는 완성된 화살이 수북이 쌓여 있었다. 화살 더미 옆에는 고무나무에서 채취한 유액도 있었다. 조명용 횃불에 쓰려고 모아놓은 모양이었다.

바닥 한가운데에는 구덩이가 숨겨져 있었다. 그리고 두 개의 기다란 널빤지가 구덩이의 양쪽 언저리를 따라 놓여 있었는데, 인디언은 거기서 잠을 잤을 터였다.

알테어는 사진을 몇 장 찍고 움막 입구 가까이에 도구를 두었다. 이윽고 일행은 밭 가장자리로 돌아와서 기다렸다. 빈센트는 옥수수와 카사바 옆을 지나칠 때 작물이 여문 지 꽤 되었다는 것을 알아차렸다.

"인디언이 적어도 삼 개월 동안은 이곳에서 지낸 모양이군."

빈센트가 옥수수 줄기의 길이를 재보며 말했다.

일행은 움막을 지켜보며 한 시간 동안 기다리다가 포기했다. 만일 인디언이 접촉을 하고 싶어 했다면 이미 그들에게 다가왔을 터였다.

알테어는 기다리는 동안 내내 감시당하는 듯한, 낯설지 않은 느낌을 떨쳐낼 수가 없었다. 일행이 소르디의 목장과 더 가까운 곳에서 야영을 하며 밤을 보내려고 터벅터벅 걸어갈 때도 계속 그런 느낌이 들었다.

외로움의 크기

과포레 환경 파수대가 4년에 걸쳐 고립된 인디언을 추적하면서 수집한 그의 일상생활과 그를 둘러싼 환경에 대한 정보는 헤아릴 수 없이 많았다. 대원들은 새로운 사실을 발견하고 새로운 정보를 얻을 때마다 꼼꼼히 기록해나갔다. 그 결과 그들은 고립된 인디언이 무엇을 먹고 어디에서 자는지, 얼마나 자주 사냥을 하고 멀리 돌아다니는지, 그가 소중히 여기는 작물은 무엇인지 등 그의 생활 방식에 대해 속속들이 알게 되었다. 세르타니스타들은 고립된 인디언의 거칠고 독립적인 생활 방식을 생생히 상상할 수 있을 만큼 정글에서 충분한 시간을 보냈다. 그들은 훈제한 아르마딜로의 고기 맛이 어떤지 알았고, 숲 속에 흐르는 유리처럼 투명한 시냇물도 마셔보았다. 또한 광대한 정글 한가운데 카우초 횃불의 노란 불빛 주위에 모여서 적막한 밤을 보내기도 했다. 그들은 정글에 있다가 불상사가 생겼을 때 도와 달라고 소리쳐도 아무도 들을 수 없다는 사실도 알았다. 그러나 고립된 인디언이 정서적으로 느낄 외로움이 얼마나 큰지는 알지 못했다. 그들은 언제든 무선 전신으로 교신만 하면 금세 달려올 동료와 친구, 그리고 가족이 있었다. 하지만 그 인디언에게는 아무도 없었다. 그는 그 어떤 영혼과의 교류도 없고 대화도 없이 진공 상태에서 철저히 혼자 살아가는 존재였다.

인간은 사회적 동물이다.● 우리는 다른 사람과 교제를 하지 않으면 살 수 없도록 되어 있다. 우리가 스스로의 의지와는 달리 다른 사람들과 분리되면, 우리 몸에서는 생물학적인 변화가 생긴다. 적당히 고립되어 있어도, 가령 짧은 시간 무리에서 이탈해 있어도 평소보다 더 많은 스트레스 호르몬이 분비된다. 혈압 수치가 상승하는 경우도 흔하다. 우울증과 함께 자살 충동을 느낄 수도 있다. 더 비관적인 사고와

● 고립으로 인해 야기된 생리학적 변화에 대해서는 2004년 6월 15일 자 《로스앤젤리스 타임스(*Los Angeles Times*)》에 실린 조 로빈슨(Joe Robinson)의 기사 "Marooned"에 잘 설명되어 있다.

행위를 할 수도 있다. 인지 발달 전문가들은 타인과의 상호 작용이 차단될 때 정보를 뇌세포에 보내는 수지상 돌기가 수축하거나 아예 사라질 수 있다는 사실을 발견했다. 인간이 꽤 오랫동안 혼자 남겨지면 정신 상태는 결코 정상일 수 없다.

물론 생각을 가다듬기 위해 일부러 혼자만의 시간을 가질 수 있다. 혼자 있는 시간을 즐기는 사람들은 그 시간이 명석한 사고를 하는 데 얼마나 놀라운 효과를 주는지 잘 안다. 신비론자들과 은둔자들, 그리고 철학자들(사막을 찾아가는, 초기 기독교 교파의 사람들부터 헨리 데이비드 소로에 이르기까지)은 자유 의지에 의한 고독의 이점을 격찬했다. 루소는 혼자 있을 때만 온전하게 '자연의 의지'대로 된다고 주장했다.● 최근에는 영향력 있는 미국 가톨릭교의 작가 토머스 머튼이 고독을 일컬어 그 자체가 고귀한 목표라고 찬양하기까지 했다.

머튼은 이렇게 말했다.

"은둔자들은 치유의 힘이 있는, 야생이나 가난 또는 무한의 정적 속으로 침잠해 들어간다. 그것은 나중에 사람들에게 설교하기 위해서가 아니라 전 세계인들의 마음에 있는 상처를 치유하기 위해서다."●

하지만 숲에서 산책이나 야영을 하며 명상에 잠기는 것과 필요에 의해서든 자의에 의해서든 다른 사람과 접촉하지 않고 혼자서 수년간 버티는 것은 크게 다르다. 사상가들은 철저히 혼자 있는 것, 즉 완벽

● 이 인용문은 장 자크 루소의 *The Reveries of the Solitary Walker* (New York: New York University Press, 1979), p. 12에서 발췌한 것이다.

● 이 인용문은 "Notes for a Philosophy of Solitude" in Merton's *Disputed Questions* (San Diego: Harcourt Brace Jovanovich, 1985), p. 194에 나와 있다.

하게 고독한 상태로 존재하는 것은 인간의 본성을 거역하는 것이라고
말한다. 어떤 사상가는 고립을 자처하는 것은 어떤 의미에서는 인간
이기를 포기하는 행위라고 말하기도 한다.

일찍이 아리스토텔레스는 이렇게 말했다.

"사회에서 살 수 없는 사람, 또는 혼자 있는 것만으로도 충분하기
때문에 그 누구도 필요하지 않다는 사람은 짐승이거나 신일 것이다."●

사실 인간은 불완전한 존재다. 그렇기 때문에 다른 사람, 예컨대 플
라톤의 말을 빌리자면 '다른 반쪽'이 필요하다. 불가리아 출신으로 프
랑스에서 활동하는 철학자 츠베탕 토도로프는 그보다 앞선 시대의 철
학자인 쇼펜하우어처럼 삶과 존재의 개념을 구분 지어서 설명한다.
그에 따르면 인간은 혼자 살 수 있지만, 다른 사람의 도움이 있어야만
존재할 수 있다는 것이다.

"인간은 다른 사람의 응시 없이는 존재한다고 볼 수 없다. 그리고
존재하지 않으면 삶 자체는 소멸된다. 우리는 저마다 두 번 태어난다.
한 번은 자연에서, 또 한 번은 사회에서 태어나 거기서 살고 존재한
다. 삶과 존재 둘 다 덧없는 것이다. 하지만 그 두 가지를 위협하는 위
험은 서로 다르다. 인간은 동물이다. 그러나 인간의 본성 전체가 동물
인 것은 아니다."●

철학적 명상은 추상적이고, 그런 만큼 비현실적인 것으로 보일 수
있다. 고립된 개인들에 대한 실제적인 예는 역사에서 거의 찾아볼 수
가 없다. 그렇기 때문에 검증되지 않은 가설로 취급되기 쉽다. '구덩

●Aristotle's *Politics* (Charleston, S.C.: Forgotten Books, 1972), p. 3.

이 속의 인디언'의 고독한 삶은 전례를 찾을 수 없을 정도로 극단적인 경우다. 인간이 그 같은 환경에서 어떤 반응을 보일지에 대해 숙고하는 것은 과학적으로 쉽지 않다. 다시 말해 고립된 인간을 과학적인 방식으로 관찰하기란 무척 어려운 일이다.

장기간에 걸쳐 고립되었는데도 살아남은 사람들의 행동을 연구하려는 시도는 간간이 있었다. 그러나 피실험자들, 즉 난파자, 수감자, 우주 비행사는 인디언처럼 장기적이거나 극단적인 고립을 한 번도 경험한 적이 없었다. 그런 연구 가운데 몇몇은 아마도 그럴 것이라는 일반적인 추측이나 가정을 여지없이 깨뜨렸다.

1932년 캘리포니아대학 연구진이 '이사벨'이라고 이름 붙인 여자아이는 태어난 순간부터 오로지 엄마와만 지낸 지 6년 만에 구조되었다.[*] 아이의 엄마는 농아였다. 사생아로 태어난 아이는 어두운 다락방에서 엄마와 함께 죽 갇혀 지냈다. 아이의 엄마는 가족들에게 철저히 외면당했다. 연구진은 여자아이가 어느 누구와도 의사소통을 한 적이 없기 때문에 뇌가 손상되었을 것이라고 추측했다. 여섯 살 반인 여자아이가 말 한마디 할 줄 모르고 징징거리는 소리만 내기 때문에 그 추측은 타당해 보였다. 처음에 전문가들은 그 아이가 엄마처럼 귀가 들리지 않을 것이라고 생각했다. 마르셀로와 알테어가 고립된 인

- Tzvetan Todorov, *Life in Common: An Essay in General Anthropology* (Lincoln: University of Nebraska Press, 2001), p. 54.
- For the story of Isabelle I consulted Kingsley Davis's journal article "Extreme Isolation", which was collected in *Down to Earth Sociology: Introductory Readings*, edited by James M. Henslin (New York: Simon & Schuster, 2007), p. 153.

디언이 그들의 애원에도 아무런 반응이 없는 듯 보이자 귀가 안 들릴지도 모른다고 의심했던 것과 같은 식이었다. 버클리대학의 연구진이 처음에 이사벨의 언어 능력을 시험했을 때, 그 결과는 가장 낮은 수준으로 나왔다. 그러나 이상한 일이 일어났고, 연구진은 그로 인해 이사벨이 지능이 낮을 것이라는 추측을 재고하게 되었다. 이사벨은 놀라운 속도로 말을 배우기 시작했던 것이다. 첫 단어를 가까스로 말한 지 두 달 만에 문장을 엮어냈다. 9개월 뒤에는 읽고 쓰고, 이야기를 들은 뒤 그것을 다시 말할 줄 알았다. 그리고 7개월 뒤에는 1만 5000개 정도의 단어를 터득했다. 이사벨은 2년이 채 지나지 않아 정상적인 여덟 살짜리 아이의 교육 수준에 도달했다. 이사벨의 아이큐는 1년 반 만에 세 배로 향상되었다.

그러나 이사벨의 예를 극단적인 고립 상태에서 살아남은 또 다른 경우로 보기는 힘들다. 몇몇 연구 결과를 보면 고립에 대한 반응은 다양하게 나타났다. 1950년대 미국 정부의 정보기관들은 공산주의 세뇌를 받은 미국인들을 강제로 고립시켰을 경우 어떤 반응이 나타나는지 조사했다. 그리고 그 같은 상황에 강제로 떠밀려 들어간 경우 그 결과는 거의 예측할 수 없고, 개인에 따라 다르다고 결론지었다.

미국 중앙정보국(CIA)의 비망록에는 강제 고립에 대해 이렇게 기술되어 있다.

"고립에 대해 개인이 보이는 반응의 차이는 매우 크다. 그 어떤 상황에 처해도 이보다는 크지 않을 것이다. 별 탈 없이 장기간의 고립을 견뎌내는 사람들이 있는가 하면, 단기간의 고립을 겪고도 정신병에 걸리기 직전의 상태에 이르는 사람들이 있다."•

극단적인 경험을 하고도 정신적인 손상을 입지 않은 사람들은 주어진 상황에 저항하지 않고 처음부터 이를 순순히 받아들였다고 볼 수 있다. 장기간의 강제 고립 상태에서 살아남은 사람들을 대상으로 한 1963년의 임상 연구에서 연구원들은 다음과 같은 사실을 알아냈다.

"고립된 사람들 중에 살고자 하는 의지가 강한 사람은 혼자 있는 기간을 극복하기 위해 내면적인 탄력성을 유지한다······. 이런 사람들은 대부분 자신이 그 같은 경험을 역이용할 것이라는 굳은 신념을 갖고 있다. 즉 그런 경험으로 인해 삶의 동기가 보다 명료해지고, 대부분의 노동 시간을 과학적인 또는 전문적인 기술을 습득하는 데 쏟을 것이라는 확신을 갖고 있다."●

고립된 상황에서 온전한 정신을 유지하는 비결은 사람들이 두려워하는 앞날, 말하자면 언제 무슨 일이 발생할지 모르는 무한정의 시간으로 가득한 미래에 대해 어떻게 반응하느냐에 있는 것 같다. 연구자들은 두려우면서도 암울한 미래에 굴복하지 않고 계속 고립 상황을 겪는 것은 정신적인 의지를 굳게 다지는 데 큰 도움이 될 수 있다고 말한다. 그리고 정신적인 의지가 강하면 보통 사람들은 우울증에 빠질 수 있는 상황에도 잘 대처할 수 있게 된다고 한다. 노르웨이의 연구진은 가족 외의 모든 사람과 단절된 채 지리적으로도 무척 외진 농

● 이 정보는 1956년 4월 25일 자, 'A Report on Communist Brainwashing'이라는 제목의 FBI 문서를 참고한 것이다.

● N. Burns and D. Kimura, "Isolation and Sensory Deprivation", *Unusual Environments and Human Behavior*, edited by N. Burns, R. Chambers and E. Hendler (New York: Macmillan, 1963), p. 167.

지에서 일생을 보낸 사람들이 더 사회화된 사람들보다 몇 가지 형태의 스트레스에 훨씬 긍정적인 반응을 보인다는 사실을 알아냈다. 연구진에 따르면 장기간의 고립에 익숙해진 사람들은 대여섯 시간 동안 감각 상실을 겪은 경우에도 도시 환경에서 성장한 사람들보다 그 고통을 훨씬 적게 느낀다는 것이다.[*]

극단적인 고립에 대한 사람들의 반응을 예상하는 데 도움이 될 만한 연구 결과를 한 가지 소개하자면 이렇다.

가장 중요한 것은 실제로 얼마나 오랫동안 고립되어 있느냐가 아니라, 당사자가 얼마나 고립되어 있다고 느끼는가다. 장기간 고립된 사람들은 정신적 외상을 최소화하기 위해 인간관계를 대신할 만한 상상의 존재를 생각해낸다.

정신과학협회 저널에 실린 한 연구 결과에 따르면, '극도의 고립 상태를 겪은 사람들은 상상의 인물이나 종교적인 신 또는 동물들을 만들어내고 그들과 놀랄 정도로 빨리 대화를 시작한다'고 한다.

상상의 대상이든 아니든 그 같은 관계는 당사자에게 큰 도움이 된다.

시카고대학의 사회심리학 교수인 니콜라스 에플리는 이렇게 말했다.

"상상은 그야말로 대단한 것이다. 주위에 아무도 존재하지 않더라도 우리는 상상으로 얼마든지 어떤 대상을 만들어낼 수 있다. 육체의 건강에 영향을 주는 것은 실제적인 외로움이 아니라 지각되는 외로움이다. 신앙심이 강한 사람은 숲에 혼자 있어도 여전히 누군가와 깊이

---

[*]이 연구에 관한 더 자세한 정보는 *Man in Isolation & Confinement*, edited by John Rasmussen (Piscataway, N. J.: Aldine Transaction, 2007), p. 101에서 찾을 수 있다.

연결되어 있다고 여긴다. 그곳에 자신과 함께 또 다른 존재가 있다고
믿는 것이다. 그런데 40년 넘게 결혼 생활을 하면서도 철저히 혼자라
고 느끼는 사람도 있다."•

영혼의 표지

과포레 대원들은 그동안 찾아낸 모든 증거를 통해서 고립된 인디언이
기본적인 생존을 위해 고된 일을 하느라 하루의 많은 시간을 보낸다
는 사실을 알게 되었다. 그러나 인디언이 오로지 일만 하는 것은 아닐
터였다. 분명히 그에게도 노동에 전력하지 않는 시간, 즉 한가한 때가
있을 것이다. 그들은 그의 움막을 발견할 때마다 근처에서 머리 높이
지점의 줄기가 나이테가 훤히 보이도록 움푹 파인 나무를 발견했다.
꿀이나 유액을 얻으려고 줄기의 일부를 잘라낸 것은 아닌 듯했다. 나
무가 쓰러질 정도로 상처가 깊지도 않았다. 대원들은 다른 부족의 인
디언들에게 잘라낸 나이테 무늬의 나뭇조각이 어떤 용도로 쓰일 수
있냐고 물어보았다. 아무도 대답을 해주지 않았다. 아무리 생각해도
실용적인 쓰임새가 없을 것 같았다. 대원들은 또 다른 인디언들에게
도 물어보았다. 그러자 나이테가 영혼의 표지일 것이라고 했다. 고립

•Nicholas Epley, et al., "Creating Social Connection Through Inferential Reproduction:
Loneliness and Perceived Agency in Gadgets, Gods and Greyhounds", *Journal of the
Association for Psychological Science* 19, no. 2 (2008).

된 인디언이 어떤 형태의 신앙을 갖고 있는지는 모르지만, 나이테는 그의 내면 세계를 지배하는 신앙의 외부적인 표지라는 것이었다.

어쩌면 고립된 인디언은 그 같은 믿음 체계 덕에 버틸 수 있었는지도 모를 일이었다. 카노에 부족과 아쿤추 부족을 비롯한 여러 인디언은 고립된 인디언이 선조부터 전해져온 일종의 영적인 규약을 따르는 것이라고 했다. 그 지역에 알려진 모든 부족들은 저마다 신화 같은 것을 가지고 있었다. 부족의 기원을 알 수 있는 이야기를 비롯해 그들만의 아담과 이브 이야기도 있었다. 그들에게는 숲의 혼령도 있고, 강의 혼령도 있었다. 정글의 수많은 식물들 가운데 단 한 그루의 나무가 신성시되기도 했다. 그리고 그 나무에 얽힌 이야기는 신화만큼이나 풍부하고 의미도 깊었다.

그 지역의 몇몇 부족은 두 형제가 세상을 창조했다고 말했다.[*] 또 어떤 부족들은 해와 달이 최초의 인간이었는데, 나중에 하늘로 보내졌다고 했다. 인류를 몰살시킨 대홍수에 대해 말하는 부족도 있고, 불어난 물을 이겨내 인류의 생존을 지킨 부부에 대해서 말하는 부족도 있었다. 남비콰라 부족은 아버지에게 카사바 나무에 대해 제대로 설명하지 못한 사내아이에게서 농업이 발생했다고 말했다. 그 아이가 죽자 시신이 나무와 농작물로 변했는데, 다리뼈는 카사바 줄기, 갈비뼈는 콩, 눈은 호박, 이는 옥수수가 되었고, 그 부족은 그것들을 경작하게 되었다는 것이다.

● 저자는 이 지역 부족들의 신앙을 살펴보기 위해 여러 인류학자의 연구, 특히 클로드 레비 스트로스(Claude Lévi Strauss)와 베티 민들린(Betty Mindlin)의 연구를 참고했다.

20세기 전반에 프랑스의 인류학자 클로드 레비 스트로스는 그 지역에 알려진 부족들의 마을을 두루 여행하고, 그들의 신화를 연구했다. 레비 스트로스는 많은 부족들이 보이지 않는 혼령의 존재를 믿는다는 사실을 알아냈다. 그 혼령은 숲 어디에든 있으며, 선할 수도 있고 악할 수도 있었다. 인디언들은 종종 팔을 휘둘러서 그 혼령들을 '잡았다'고 했다. 그리고 부족의 주술사들이 잡은 혼령들을 빨아먹게 하거나 입김을 불어넣는 방법으로 환자의 몸에 주입해서 병을 치료했다는 것이다. 레비 스트로스에 따르면 수십 년이 지난 뒤에도 그 부족들은 여전히 똑같은 방법을 쓰고 있다고 한다.

　과포레 대원들도 그런 의식이 거행되는 장면을 목격한 적이 있었다. 특히 카노에 부족과 아쿤추 부족은 곧잘 그런 의식을 치렀다. 푸라는 고립된 인디언의 움막 밖에 서 있을 때 혼령들을 불러내려 했다. 그리고 고립된 인디언의 화살이 움막 밖으로 삐죽이 나온 것을 보았을 때는 다급하게 양팔을 흔들어댔다.

　레비 스트로스는 남미 인디언에 관한 안내서에 이렇게 적었다.

　"혼령은 과포레 강 주변에 사는 인디언들의 믿음 체계에서 큰 역할을 하고 있다. 아루아 부족에 따르면 혼령은 미노이리 왕국에서 돌아온 죽은 사람들의 영혼으로, 그들의 동료나 주술사를 보호하고 그들의 적을 물리친다고 한다."

　부족의 신화는 도덕적 규약으로 세대에서 세대로 전해졌다. 신화에는 간통, 근친상간, 과식, 식인 같은 범죄를 저지른 사람들에게 일어나는 끔찍한 벌, 이를테면 벌레나 뱀에게 잡아먹히고, 맥에게 강간을 당하는 일 등에 대한 것까지 담겨 있었다. 혼도니아의 아루아 부족은

'자기 아내들을 잡아먹은 남자'에 대한 이야기를 했다. 그 남자는 자기의 살이 맛있다는 사실을 알고 자기를 잡아먹은 전설적인 인물이다. 그가 죽자 그의 혼령은 육체를 자토바 나무로 바꾸었다. 그때부터 잘 부러지지도 않고 무뎌지지도 않는 질 좋은 화살촉이 그 나무에서 계속 자라났다. 인디언들은 마치 낮게 매달려 있는 과일을 따듯이 그 나무에서 화살촉을 딸 수 있었다. 아루아 부족은 그 화살촉을 즐겨 사용했다. 그러던 어느 날, 고집이 세기로 유명한 남자가 그 나무가 베푸는 은혜를 거부했다. 그 뒤로 자토바 나무는 두 번 다시 훌륭한 화살촉을 생산하지 않았다. 잘 부러지고 무뎌져서 쓸모가 없는 화살촉만 생산할 뿐이었다.

다음은 브라질의 인류학자 베티 민들린이 2002년에 혼도니아의 아루아 부족에게서 들은 이야기를 그대로 기록한 것이다.

우리의 선조님은 이렇게 말씀하셨다.

"내 사위, 그리고 아내들을 잡아먹은 남자인 나는 미래에 태어날 사람들에게 화살촉을 만들 필요가 없을 거라고 일러두었다. 그들은 단지 화살촉을 얻으러 오기만 하면 될 터였다. 그런데 고집 센 남자가 내 말을 듣지 않았다. 따라서 아직 태어나지 않은 사람들이 사용할 화살촉은 이런 것이 될 것이다."

선조님은 여러 화살촉 가운데 볼품없이 생긴 것을 집어서 땅에 던지셨다. 그러자 거기에 타쿠아라(대나무)가 자랐고, 이것이 우리가 사용하는 화살촉이 생겨난 배경이다.

선조님은 또 이렇게 말씀하셨다.

"아직 태어나지 않은 사람들의 자식들이 화살촉을 만들려면 무척 힘들 것이다."

  선조님의 말씀처럼 오늘날 우리는 화살촉 하나 만드는 데 온 힘을 기울인다.

이런 이야기를 듣다 보면 현실과 마법 같은 세계의 경계가 흐릿해질 수밖에 없다. 어쨌든 이 같은 이야기는 인디언 부족들 사이에서는 무척 흔하다. 그렇기 때문에 고립된 인디언은 어느 시점에서 이와 비슷한 내용의 신화를 알게 되었을 것이 분명하다.

지금은 고립되어 있는 만큼 인디언은 그 신화를 누구와도 공유하지 않은 채 다만 기억 속에 저장하고 있을 것이다. 알테어와 마르셀로, 그리고 빈센트는 살육과 공포의 현장을 상상해보았다. 자신의 부족민들이 죽는 광경을 직접 목격하면 어떨까? 세 사람은 인디언의 뇌리에서 모든 기억이 희미해지고 과거는 분노와 슬픔으로 얼룩졌을 것이라고 생각했다.

알테어는 2000년 말 탐사 여행을 하던 중에 고립된 인디언이 버리고 간 움막 안에서 자그마한 활을 발견했다. 그것은 인디언이 사냥할 때 사용하던 활과 사뭇 달랐다. 너무 작아서 실용적인 용도에는 쓸 수가 없을 것 같았다. 마치 푸라가 어린 조카 오페라를 위해 만들어주었던 것과 비슷한 장난감처럼 보였다.

그 작은 활은 무엇일까? 간신히 생존해가는 남자가 그렇게 비실용적인 물건을 수고스럽게 지니고 다니는 이유가 무엇일까? 그의 세계에는 단 한 명의 아이도 존재하지 않는다. 그런 터에 어린아이의 장난감에 대체 어떤 의미를 부여하는 것일까?

두 가지 가능성이 떠올랐다. 작은 활은 고립된 인디언이 파괴된 부족의 마을에서 가져온 단순한 기념품이거나 그가 예전에 알던 남자아이를 상기시키는 유품일 수 있었다. 어쩌면 그 남자아이에 대한 어렴풋한 기억을 떠올리기 위해 직접 그 활을 만들었는지도 모른다.

알테어는 확신이 서지 않았다. 대부분의 부족은 사람이 죽으면 그의 소유물을 시신 옆에 묻거나 태웠다. 그런데 부족의 마지막 생존자에게 그런 관례가 적용될까?

고립된 인디언이 잃어버린 자신의 부족들과 함께 있기를 갈망할 수도 있다고 생각하니 그가 가여웠다. 대원들의 대화가 갑자기 중단되었다. 깜깜한 밤에 숲 한가운데 앉아서 아르마딜로 고기를 먹으며 고립된 인디언의 처지가 어떨지 상상한다면, 제아무리 냉정한 세르타니스타도 침울한 표정으로 오랜 침묵에 빠져들 수밖에 없을 터였다.

이름 없는 존재

알테어가 자그마한 활을 찾아낸 직후 과포레 파수대의 보조원인 파울로 페레이라가 고립된 인디언에게 줄 선물을 들고 소셀 목장 근처의 숲으로 향했다. 그는 파수대가 그 안에서 아르마딜로와 멧돼지 갈비구이를 발견했던 움막에 접근했다. 인디언은 움막에 없었지만 그의 화살과 활은 그곳에 있었다. 모든 정황으로 볼 때 인디언은 아직 그곳에 살고 있는 것이 분명했다. 그렇다면 인디언은 파수대가 움막을 발견했는데도 달아나지 않았다는 말인가?

그랬다. 인디언이 그렇게 한 것은 처음이었다. 그리고 그것은 또 다른 획기적인 변화를 의미했다. 파울로는 그것이 고립된 인디언이 그들에 대한 경계심을 풀었고, 그의 두려움이 조금씩 가라앉고 있다는 것을 뜻한다고 생각했다. 대원들이 인디언에게 준 씨앗을 심은 것으로 추정되는 옥수수와 카사바가 잘 자라는 것도 긍정적으로 해석되었다. 요컨대 그것은 그들이 그와 관계를 맺기 시작했을 뿐만 아니라, 희미하게나마 상호 신뢰와 존중의 징후마저 나타나기 시작했다는 것을 뜻하는 듯했다.

파울로는 잔뜩 흥분한 채 움막에서 물러났다. 그러고는 곧바로 숲속으로 들어갔는데, 잠시 후 누군가의 목소리가 들렸다.

"허!"

파울로는 얼어붙은 듯 제자리에 섰다. 그는 고개를 돌려 인디언을 바라보았다. 인디언은 14미터쯤 떨어진 나무들 가운데 서 있었다. 그러다 소리를 지를 때처럼 갑작스럽게 몸을 돌리더니, 커다란 나무 주위를 두어 차례 돌다가 숲 속으로 사라져버렸다.

파울로는 자신이 서 있는 곳이 어딘지를 깨닫고 깜짝 놀랐다. 그는 인디언이 꼬챙이를 박아놓은 함정의 언저리 근처에 서 있었다. 파울로는 그 자리에 꼼짝없이 선 채 인디언이 소리친 이유를 생각해보았다.

"그랬구나."

파울로는 혼잣말로 중얼거렸다. 인디언이 소리친 이유는 위험한 함정에 빠지지 않도록 조심하라고 파울로에게 주의를 주기 위해서였다. 알테어는 1997년에 탐사 활동을 벌이다가 그런 함정에 발이 빠진 적이 있었다. 다행히 즈크로 된 커다란 배낭 덕택에 무사할 수 있었다. 배낭 덕에 바닥에 떨어지지도 않고 꼬챙이에 찔리지도 않았던 것이다. 그런데 파울로는 배낭을 메고 있지 않았다. 인디언이 주의를 주지 않았다면 그는 온 체중을 실어 날카로운 꼬챙이 위로 떨어졌을 터였다.

이제 고립된 인디언은 추상적인 대상에서 한 명의 인격체로, 완전히 낯선 사람에서 파수대 대원들의 친구로 바뀌어 있었다. 하지만 그의 이름은 아직 아무도 몰랐다. 대원들은 여전히 고립된 인디언을 일반 명사로 불렀다. 그는 '구덩이 속의 인디언'이나 '고립된 인디언' 또는 단순히 '인디언'이었다.

고립된 인디언에게 다른 이름이 필요했을까? 만일 그가 어떤 사람과도 관계를 유지하지 않는다면 대체 이름이 무슨 소용인가? 단 한 사람뿐인 세계에서 자신을 개인으로 인식시키기 위한 이름 같은 것이 필요하겠는가?

그 지역의 인디언들에게 이름은 낯선 개념이었다. 가령 남비콰라 인디언들은 칸디도 혼돈이 1907년에 그들을 '발견하기' 전까지 부족 이름이 없었다. 그들은 그들 자신을 전혀 부족으로 생각하지도 않았다. 그들에게 이름을 지어준 것은 브라질 사람들이었다. 인디언들 사이에서 그들 자신은 그저 '사람'들이었다.

이와 같은 애매함은 이 지역 부족들 안의 개개인들에게도 명백하게 적용되었다. 카노에 부족도 예외가 아니었다. 푸라가 항상 푸라라고 불린 것은 아니었다. 그는 오페라라는 이름을 쓰다가, 그 이름을 새로 태어난 누이의 아들에게 빌려주었다. 마찬가지로 아쿤추 부족의 코니부는 바바라고 불리다가 독뱀에 물린 후로는 코니부라고 불렸다. 이름은 영구적인 것으로 여겨지지 않았고, 중요성이 크게 부여되지도 않았다. 한 인간의 개성은 그의 이름과는 관계가 없었다. 누군가의 이름을 모른다고 해서 부족민들 사이에 그의 정체나 존재에 대한 인지도가 낮은 것은 아니었다.

그것은 존재나 정체가 다른 사람들에 의해 좌우된다는 아리스토텔레스의 사상 또는 흔히 철학의 수수께끼로 일컬어지는, 주관적 관념론의 형이상학적인 개념과 비슷했다. 가령 이런 수수께끼였다. 만일 숲 속에서 나무 한 그루가 떨어지는데, 주위에 그 소리를 들을 사람이 아무도 없다면 나무는 소리를 낸 것일까?

인디언들은 존재나 정체가 다른 사람들의 인식에 따라 좌우된다고 믿지 않았다. 그들의 입장에서 보면 숲 속에서 떨어지는 나무는 항상 소리를 낸다.

과포레 파수대 대원들은 고립된 인디언에게 결코 이름을 붙이지 않았다. 그에게 이름이 필요하지 않기 때문이었다. 대원들은 고립된 인디언을 창조하지 않았다. 설사 고립된 인디언의 이름을 아무도 모른다고 해도 그는 존재했다.

용서와 화해

오와이모로가 살해된 지 2년이 되었다. 한동안 은둔해 있던 아쿤추 부족은 과포레 파수대와 다시 접촉하기 시작했다. 그들은 다시 푸나이의 캠프를 정기적으로 방문했다. 카노에 부족과의 관계도 회복했다. 그것은 무엇보다도 필요에 의한 해빙이었다.

2000년 초의 어느 날 저녁, 폭풍우가 몰아쳐 정글은 쑥대밭이 되었다. 굉음과 함께 맹렬한 기세로 억수 같은 비가 움막 위에 퍼붓고, 나무줄기가 부러져 뼛속처럼 허연 속살이 드러났다. 숲은 휘몰아치는 바람 소리와 산산이 쪼개지는 나무들의 고통에 겨운 날카로운 소리로 소란했다. 아쿤추 부족민 일곱 명은 그들의 세 움막에 밤새도록 모여 있었다. 결국 개간지 가장자리에 있던 커다란 나무가 기울더니 뚝 부러지고 말았다. 나무는 두 움막의 지붕에 정통으로 떨어졌다. 그들 가운데 가장 어린 부족민인 열네 살가량의 여자아이, 코니부가 딸로 입양한 그의 조카가 즉사했다.

코니부도 다쳤다. 나머지 부족민들이 쓰러진 나무 아래서 그를 끌어냈다. 코니부의 몸은 긁히고 멍이 들었으며, 오른쪽 다리는 으스러졌다. 넓적다리뼈도 나무줄기의 무게에 짓눌려 부서져 있었다. 이틀 뒤, 푸팍은 약초로 만든 약과 압박붕대로 코니부를 치료한 후 푸나이 캠프로 걸어와서 도움을 청했다. 아도니아스와 브라질 공공 의료 시설의 한 간호사가 푸팍과 함께 10킬로미터를 걸어서 아쿤추 캠프로 갔다. 그리고 아도니아스는 다시 푸나이 캠프로 돌아와 빌헤나에 있는 마르셀로와 알테어에게 무선 전신을 보냈다.

알테어는 새벽 4시에 빌헤나를 떠났다. 코니부를 마을 밖으로 옮겨야 할 경우에 대비해 일을 도와줄 또 한 명의 간호사와 남비콰라 인디언 세 명도 함께 데리고 갔다. 그들은 8시에 푸나이 캠프에 도착했고, 질척한 숲을 통과해 아쿤추의 움막까지 걸어가느라 이번에도 세 시간 반이 걸렸다. 코니부는 고통으로 정신 착란 상태였다. 거의 다섯 시간 동안 알테어와 아도니아스, 인디언들은 코니부를 해먹에 눕혀 교대로 들고 숲 속을 지나갔다. 그들이 푸나이 캠프에 도착했을 때 다른 아쿤추 부족민들이 알테어에게 자신들의 지도자를 멀리 데려가지 말라고 간청했다. 그러나 알테어는 그들에게 즉흥적인 몸짓 언어로 코니부가 곧 돌아올 것이라고 장담했다. 그리고 그들을 설득시켜 코니부를 빌헤나에 있는 지역 병원으로 태워갔다.

알테어는 차를 몰아 코니부와 간호사들을 병원에 내려준 뒤 480킬로미터의 진흙 길을 가로질러 또 다른 인디언 보호구역으로 갔다. 예전에 과포레 팀이 아쿤추 부족과 함께 있을 때 통역을 맡았던, 투피어를 하는 인디언을 찾기 위해서였다. 그곳에서 알테어는 통역자를 태우고 서둘러 빌헤나에 있는 병원으로 향해, 그 다음 날 오후에 도착했다. 의사들은 응급 수술을 권했고, 코니부를 동쪽으로 거의 800킬로미터 떨어진, 이웃해 있는 마투그로수 주의 더 큰 병원으로 옮겨야 할 것이라고 말했다. 그날 오후 코니부, 즉 그 전날까지 어떤 차량에도 타는 것을 거부했던 남자는 비행기를 타고 인구가 50만 명이 넘는 쿠이아바로 갔다.

코니부의 다리에는 열두 개의 금속 핀이 고정되어 있었다. 코니부는 한 인디언센터에서 한 달가량 치료를 받은 뒤 마침내 부족에게 돌아왔다. 그동안 부족민들은 코니부의 부재로 인해 무척 힘들어했다. 푸팍은 폐렴에 걸렸고, 여자들은 먹을 것을 아끼느라 애를 먹었다.

코니부에게 도시에서의 경험은 너무도 벅찬 것이었다. 코니부는 통역자를 통해 알테어에게, 그가 경험한 현대 생활에 흥미가 생기지 않는다고 말했다. 그는 어느 때보다도 더 편안한 숲으로 돌아가고 싶어 했다. 그러나 그런 경험을 한 후에 코니부는 어려운 결정을 내렸다. 그와 부족민들이 고립된 환경에서 생존하려면 의료 문제를 이겨내도록 도와줄 수 있는 주술사의 도움이 절박하게 필요했다. 코니부는 부족 가운데 심령술을 익힌 유일한 사람이기 때문에, 그리고 코니부가 어느 누구 못지않게 많은 도움을 필요로 했기 때문에, 그가 그 목적에 꼭 들어맞는다고 알고 있는 유일한 사람에게 부탁을 할 수밖에 없었다. 그 사람은 카노에 부족인 푸라의 누이 티라만투였다.

오와이모로가 살해된 뒤 2년 동안 두 부족의 관계는 완전히 냉각 상태였다. 그런데 우연찮게도 코니부가 회복 중에 있을 때 카노에 부족민들은 심각한 복통에 시달리고 있었다. 티라만투와 그녀의 아들이 유독 고통스러워해서 파수대 대원들은 그들을 나룻배에 태우고 빌헤나에 가서 치료를 받게 했다. 푸라와 타투아는 그들이 죽을까봐 걱정했다.

건강에 대한 위협으로 인해 두 부족은 그들의 존재가 얼마나 미약한지 깨달을 수밖에 없었다. 2월에 카노에 부족과 아쿤추 부족이 푸나이 캠프에 모였다. 티라만투와 코니부는 라페 의식으로 어색한 분위기를 깼다. 그들은 그들 사이에 떠다니고 있을지도 모르는 나쁜 영혼들을 공중에서 모두 몰아냈다.

그다음 몇 개월에 걸쳐서 두 부족은 서로 더 자주 만나기 시작했다. 연말 즈음에는 예전처럼 친밀해졌다.

카노에 부족은 점점 커져가는 부족 절멸의 위협에 비하면 다른 모든 비극적인 사건은 아무것도 아니라고 믿었다. 그래서 그들은 어떤 것이든, 심지어 살인도 기꺼이 용서했다.

마지막 혈통

스픽스유리금강앵무(Spix's macaw)는 꼬리가 긴 파란 앵무새로, 브라질 북동 지역이 유일한 원산지인 희귀한 카라이바 나무에 둥지를 튼다.* 스픽스유리금강앵무가 수집가들의 포획물이 되고 그 지역의 많은 서식지가 개발된 후, 1980년대까지 사실상 멸종된 것으로 여겨졌다. 생존해 있다고 알려진 극소수의 유리금강앵무는 수집가들의 손에 잡혀 있었다. 그런데 1990년대 초에 쿠라카 마을 인근 주민들이 스픽스유리금강앵무와 매우 흡사해 보이는 새를 숲에서 보았다고 제보하기 시작했다. 결국 조류학자들과 환경운동가들이 브라질의 북동 지역 숲을 대대적으로 수색했다. 현장 조사원들이 탐사를 하면서 찍은 비디오 장면의 도움으로 전문가들은 목격된 새가 야생에 생존해 있는 것으로 알려진 마지막 유리금강앵무라고 결론을 내렸다. 그리고 한 옥스퍼드대학 교수가 깃털을 모아서 DNA 테스트를 한 결과, 그 새는

● 2008년 국제조류보호연맹의 "Species Factsheet: *Cyanopsitta spixii*" 참고.

수컷으로 밝혀졌다.

혼자 남은 유리금강앵무가 있다는 소식●에 수많은 사람들이 들고 일어나 대책 마련에 나섰다. 브라질의 환경운동연합은 단체를 결성해 '스픽스유리금강앵무의 회복을 위한 영구 위원회'라는 이름을 붙였다. 기금 마련 운동이 영국에서 벌어졌고, 미국은 유리금강앵무 보호를 위한 자금을 모았다. 국제 토론회가 열려 새를 보호하기 위한 전략이 논의되었다. 신문들은 유리금강앵무에게 '미스터 론리'라는 별명까지 붙였다.

유리금강앵무는 다른 종의 앵무새와 짝짓기를 하려고 애써왔다. 그러나 유리금강앵무가 번식에 기울인 노력은 실패할 운명이었다. 위원회는 유리금강앵무를 잡아두고 번식시킬 것인가를 놓고 논의한 후 유리금강앵무가 야생으로 천연 서식지에 남아 있어야 한다고 결론지었다. 만일 유리금강앵무가 자연적으로 생존할 가능성이 있다면, 뒤에 태어날 세대의 유리금강앵무들에게 자립하는 방법을 본보기로 보여줄 '선생님'이 필요할 것이기 때문이었다. 위원회는 홀로 살아남은 유리금강앵무에게 잡아서 사육한 암컷을 소개해주기로 했다. 조류학자들은 암컷이 야생으로 나갈 준비를 할 수 있도록 수개월 동안 훈련시켰다. 암컷은 마침내 1995년에 자유의 몸이 되었다. 두 마리의 새가 공존할 가능성이 있다는 초기의 보도는 낙관적인 관측을 낳았다. 그러나 두 새는 짝짓기에 성공하지 못했다. 7주 후에 암컷이 죽었다. 아무래도 송전선에 부딪힌 것 같았다.●

● "Rare Bird Feared Dead in Brazil", *Associated Press Online*, November 30, 2000.

마르셀로가 포르투벨류에서 의회에서 심문을 받기 5일 전에 과학자들은 유일한 야생 스픽스유리금강앵무를 마지막으로 목격했다. 그런데 그해 11월 말에 전 세계의 신문과 텔레비전 방송국은 그 새가 아마도 포식 동물에 의해 죽은 것으로 보인다고 보도했다.

유리금강앵무를 보존하려는 노력을 앞장서서 도와준 영국의 환경보호론자 토니 주피터는 이렇게 말했다.

"스픽스유리금강앵무는 꼬박 10년 동안 모든 역경에도 불구하고 악착같이 생명을 유지했다. 그래서 유리금강앵무의 죽음은 비극 중의 비극이라 할 수 있다. 자연보호론자들은 유리금강앵무를 야생 상태에서 지키기 위해 10년 동안 노력을 기울였다. 그럼에도 죽었기 때문에 그동안 더 많은 조치를 취했어야 했는지, 아니면 최선을 다했는지의 문제가 어김없이 제기되고 있다."

전 세계의 언론 매체가 유리금강앵무의 죽음을 슬퍼할 때, 자신의 부족에 남은 마지막 남자인 푸라는 혈통을 지키기 위한 자신만의 운동을 계속 펼쳤다. 푸라는 아이를 낳아야겠다고 마음을 먹고, 본격적으로 배우자를 물색하기 시작했다. 결국 그는 열일곱 살가량 된 아쿤추 부족의 여자아이 이노테를 선택했다. 두 부족이 화해한 직후 푸라는 이노테에 대한 관심을 분명하게 알리기 시작했다. 그는 이노테를 보고 회심의 미소를 지은 뒤 그녀의 머리칼을 매만졌다. 둘은 앉아서 이야기를 나누곤 했다. 둘 다 상대방이 무슨 말을 하는지는 안중에도 없었다. 그 와중에 푸라는 이노테의 눈을 뚫어지게 쳐다보면서 그녀

● Michael McCarthy, "Tragic Tale of the Loneliest Bird on Earth", *Independent*, June 7, 2000.

의 손바닥을 마사지해주었다. 이노테는 푸라의 관심에 우쭐해하는 듯 보였고, 그가 구애를 해와도 전혀 거부하지 않았다. 그러나 푸라는 신사 중의 신사였다. 코니부가 옆에서 둘의 교제를 감시하지 않으면 푸라는 결코 이노테에게 손대지 않았다. 두 사람이 결혼을 하려면 관습에 따라 코니부의 축복이 필요했다. 푸라가 이노테의 팔뚝을 쓰다듬을 때, 나이 지긋한 추장은 그들에게서 조금 떨어져 앉아 모든 움직임을 주시했다. 그때까지 코니부는 두 부족 간의 결혼은 시기상조라고 선언했다.●

고립된 인디언 역시 그의 부족의 마지막 남자였다. 그가 죽을 때 그의 혈통과 그의 문화가 지닌 고유한 속성은 그와 함께 죽을 것이다. 파수대는 카노에 부족과 아쿤추 부족을 결속시켰고, 그 연합 덕택에 두 부족은 생존할 수 있었다. 두 부족은 발전도 할 수 있었을 것이다. 그러나 파수대 대원들은 자신들이 고립된 인디언에게 그의 부족과 언어와 전통이 완전히 없어지는 것을 막을 수 있는 모든 기회를 주었는지 의문을 품지 않을 수 없었다.

2000년 11월에 아쿤추 부족과 대화를 할 수 있는 새로운 통역사가 오메레 캠프를 방문했다. 그때 알테어는 코니부와 아쿤추 부족의 여자들에게 고립된 인디언을 찾아나서는 탐사 여행에 동참해 달라고 설득하려다 실패했던 일을 떠올렸다. 그들은 도요타 자동차가 무서워서

● 푸라가 아쿤추 부족 여인에게 육체적으로 구애하는 광경은 마리솔 소토(Marisol Soto)가 포착한 것이다. 마리솔 소토는 2002년에 에스파냐 텔레비전에서 방송한 다큐멘터리 〈Indios〉를 제작한 바 있다. 그로부터 5년 뒤 저자는 푸라를 데리고 아쿤추 마을을 방문했다. 그리고 푸라가 그 여자에게 구애하는 광경을 지켜보았다. 하지만 그때도 그의 노력은 물거품이 되고 말았다.

주저했었다. 그러나 이제 코니부가 트럭에다 비행기까지 타보았기 때문에 알테어는 다시 한 번 말을 꺼내보는 것도 괜찮겠다고 생각했다. 이른바 '구덩이 속의 인디언'이 아쿤추 부족의 여자들을 보고 푸라처럼 낭만적인 생각을 갖게 되면 어떨까?

통역자가 코니부에게 그 이야기를 꺼내자 추장은 고립된 인디언의 초대를 받지도 않았는데 그에게 접근할 수는 없다고 대답했다. 알테어는 그 문제에 대해 더 이상 이야기하지 않고 화제를 돌렸다. 그 문제에 대해 이야기할 기회는 두 번 다시 생기지 않았다. 왜냐하면 수주일 안에 푸나이의 회장(수주일 전에 마르셀로의 후임으로 알테어를 지목했던 사람)이 알테어에게 해고되었음을 통보했기 때문이었다.

새로운 국면

알테어가 해고되었다는 소식이 보도되자 브라질 전역의 푸나이 직원들이 항의하기 시작했다. 마르셀로가 혼도니아에서 추방되었을 때는 많은 직원들이 아미르 란도가 그 일을 배후에서 조종하는 것 같다며 쑥덕거렸다. 알테어가 해고된 데 대한 해명이 없자 푸나이 직원들은 아미르 란도가 의심스럽다고 발표했다. 그 비난의 주도자는 시드니 포수엘로였다. 포수엘로는 푸나이 고립된 인디언 부서의 부장이고, 마르셀로와 알테어의 직속상관이었다. 포수엘로는 자신과 아무 상의도 없이 알테어가 해고되었다고 말했다. 12월 18일에 《폴라 지 상파울루》는 포수엘로의 주장을 전국으로 보도했다.

포수엘로는 알테어가 해고된 것은 브라질 의회의 예산위원회 의장인 란도와 푸나이 회장인 글레니오 다 코스타 알바레즈의 막후 거래를 통해 이루어진 것이라고 비난했다. 포수엘로는 알바레즈가 알테어를 제거하라는 정치적인 압력을 받았다고 자신에게 말한 적이 있다고 신문사에 전했다.

"그 지역에 땅을 소유한 란도 상원의원이 배후에 있습니다."

란도와 알바레즈 모두 포수엘로의 주장을 부인했다. 그러나 그들이 부인을 하자 혼도니아 일부 지역에서 회의적인 의견이 쏟아져 나왔다. 2001년 초에 빌헤나에서 발행되는 《폴하 도 술》의 사설은 란도와 해고 사건을 직접적으로 결부시키지 않고 별개의 문제인 양 다루었다.

란도는 토착민보호주의자 마르셀로 도스 산토스를 강제로 그 주에서 내몰아 그의 삶을 지옥으로 만들었다. 그런 뒤에 마르셀로의 후임인 '독일인' 알테어가 해고되었다는 소식을 들었다. 우연찮게도 푸나이에 배당된 연방정부의 예산이 '독일인'이 직책을 박탈당한 후에 두 배로 뛰었다.

알테어를 잃는 것은 마르셀로가 고이아스로 이사한 것보다 더 곤혹스러운 역경이었다. 마르셀로가 떠날 때도 연락대의 대원들 모두 그를 붙들고 싶어 했다. 당시 알테어와 빈센트는 마르셀로가 해온 일의 결실을 거두려 했다. 그들의 임무는 거짓이 없어 보였고, 고귀하게 느껴졌다. 그들은 마르셀로가 떠난 일을 두고 비온 뒤에 땅이 굳어지는 법이라고 약간은 긍정적인 생각을 하며 거의 마음을 다잡은 상태였다. 마르셀로는 디비나와 함께 행복해 보였다. 혼도니아의 목장주들과 잠시 어느 정도 거리를 두는 것이 그에게 좋을 것도 같았다. 그러나 알테어가 해고되자 모든 희망이 무너져버렸다. 알테어가 떠나버리면서 빈센트는 푸나이와 연결된 유일한 끈을 잃어버렸다. 수년 전에 고립된 인디언 문제를 제기했던 세 남자 모두 갑자기 혼도니아에서 무능력자가 된 기분이었다.

마르셀로와는 달리 지역민들 사이에서 알테어를 분열을 일으키는 인물로 보는 사람은 전혀 없었다. 알테어는 참을성이 있고 유쾌한 직원이라는 평판을 얻었다. 그리고 그의 행동은 마르셀로가 견뎌야 했던 철저한 감시의 시선을 받지 않았다. 알테어는 해고를 당할 만큼 불미스러운 행동을 한 적이 없었다. 한 가지가 있다면, 마르셀로와 절친한 친구 사이라는 것이었다. 알테어를 해고한 일은 일방적인 결정으로 비쳤다. 그 일은 비정부기구와 토착민보호주의자들을 자극했다. 그들은 그 결정이 누가 봐도 불공평한 것이라고 항의했다. 하지만 결정을 뒤집지는 못했다. 알테어는 푸나이에서 일을 계속하는 것은 허용되었다. 단, 혼도니아 밖에 머물러야 한다는 조건이 붙었다. 그것은 불합리한 조건이었지만 알테어는 이의를 제기할 입장이 아니었다. 알테어는 먼저 마투그로수로, 그다음에는 그의 아내가 가족과 함께 살고 있는 미나스제라이스 주로 옮겨가서 푸나이의 새로운 지역 팀에 합류했다.

알테어는 긍정적으로 생각하기로 했다. 브라질은 영토가 방대한 국가여서 탐사할 지역이 많았다. 따라서 알테어가 카노에 부족과 아쿤추 부족과 그랬던 것처럼 새로운 지역에서 다른 토착 부족들과 친분을 맺을 기회가 얼마든지 있었다. 알테어는 푸나이가 자신을 배신했다는 사실을 두고두고 원망할 수도 있었다. 그러나 푸나이는 알테어가 대학 학위가 없는데도 그에게 훌륭한 보수와 비교적 권위 있는 직책을 주기도 했다.

하지만 빈센트는 그렇게 관대하지 않았다. 그는 푸나이가 고립된 인디언의 가장 열렬한 보호자들을 해고함으로써 사실상 그에게 사형 선고를 내린 것이나 다름없다고 여기며 푸나이를 혐오했다. 빈센트는 더 이상 혼도니아를 방문하지 않았다. 그의 생각에 고립된 인디언 이야기는 사실상 끝났다. 그리고 그것은 절대적인 비극이었다.

그러나 브라질리아의 푸나이 본부에서 적어도 한 직원은 포기하지 않았다. 1986년에 혼도니아를 방문한 뒤로 혼도니아의 목장주들이 입에 침이 마르게 칭찬한 사람, 시드니 포수엘로는 수년 동안 멀리서 지켜보았던 고립된 인디언의 일을 마무리하기로 결심했다.

예순 살의 포수엘로는 생존해 있는 어느 누구보다도 많은 아마존 오지를 탐사했다. 그는 혼도니아 최고의 직원들이 파면된 상황에서 앞으로 어떻게 일을 해나갈지 곰곰이 생각하다가 더 적극적으로 나서기로 했다. 포수엘로는 고립된 인디언의 문제를 연구할수록 자신이 경험한, 긴장이 고스란히 응축된 갈등이 수십 년에 걸쳐 아마존 전역에서 정점에 이르고 있다고 더욱 굳게 믿었다.

고립된 인디언이 함정에 박아놓는, 야자수로 만든 날카로운 꼬챙이.
사진 속의 꼬챙이는 함정에 박아놓기 전의 것으로, 인디언의 움막 근처에서 발견되었다.

12장

전설적인
세르타니스타

THE LAST OF THE TRIBE

　　　　　1959년 열여덟 살의 시드니 포수엘로[*]는 모험을
하고 싶어 몸이 근질근질했다. 그때까지 시드니는 상파울루 교외에
살았고, 어딘가 다른 곳에 가봤으면 했다. 친구들이 축구를 하고 싶어
할 때 그는 고무줄 새총을 들고 작은 숲 속을 여기저기 뛰어다니고 싶
어 했다. 시드니는 유명한 화보 잡지인《오 크루제이루》에서 광활한
야생 지대에 관한 기사를 읽으며 몇 시간씩 보내기도 했다. 그러면서
정글에 우거져 있는 나뭇가지를 베어 젖히며 나아가고, 지도에 표시
되어 있지 않은 지역을 지도에 그리고, 새로운 땅을 발견하는 꿈을 꾸
곤 했다. 시드니가 사는 도시는 거대했지만, 도시의 삶은 시시해 보였
다. 어린아이였을 때도 그는 배포가 컸다.

　10대 시절의 시드니는 자신의 꿈을 시험해보려고 브라질 오지에 우

---

[*] 세르타니스타로서의 시드니에 관련된 일화는 저자와의 인터뷰에서 비롯된 것이다.

편물을 전해주는 작은 군용기를 탔다. 그는 상자와 편지봉투가 있는 뒷좌석에 앉아 안전벨트를 맸다. 그러고는 지도상에서 실수로 녹색 잉크를 쏟은 것 같은, 커다란 얼룩 정도로 보이는 새로운 싱구 국립공원으로 향했다. 싱구 국립공원에 사는 사람들은 인디언들뿐이었고, 당시에 가장 유명했던 모험가들이 그곳을 탐사할 예정이었다. 바로 빌라스 보아스 형제였다. 그들 네 형제는 부족연구가들이었고, 남아메리카에서 야생의 경치가 그대로 보존되어 있는 곳을 횡단하고 있었다. 시드니는 수개월 동안 빌라스 보아스 형제에게 그들 팀에 합류하게 해달라고 애원하는 편지를 썼다. 또 그들의 누이가 상파울루의 어느 곳에 사는지 알아내 그 집을 지키고 있었다. 시드니는 거머리처럼 그녀를 따라다니면서 지칠 줄 모르는 혈기왕성한 10대가 할 수 있는 일이라면 무슨 일이든 돕겠다고 했다. 그러면서 이미 마음속에 영웅으로 숭배하기 시작한 남자들을 만날 기회가 오기를 기다렸다. 빌라스 보아스 형제들이 누이의 집에 들렀을 때, 시드니는 가게로 달려가서 그들에게 담배를 사다주었다. 그는 모험을 하기 위해 필사적이었고, 빌라스 보아스 형제들은 마침내 두 손을 들었다.

비행기는 착륙하자 진흙에 코를 박고 활주로 가장자리를 향해 미끄러졌다. 비행기가 부르르 떨며 멈추자 폭풍우처럼 휘몰아치던 편지봉투들이 시드니 주위에 내려앉았다. 그와 또 다른 승객인 브라질 육군 하사관이 해치●에서 뛰어내렸다. 그러자 한 사내가 그들에게 인사를 하더니 재빨리 트랙터를 가지고 왔다. 그러고는 비행기를 진흙에서

●해치(hatch) 항공기·우주선의 출입문.—옮긴이

끌어내 더욱 단단한 땅으로 올리는 일을 도와주었다. 사내는 강철 케이블의 한 끝을 트랙터에 걸었고, 육군 하사관은 다른 쪽 끝을 비행기의 자그마한 뒷바퀴에 걸었다. 그런데 육군 하사관이 케이블을 비행기에 단단히 고정시키기도 전에 트랙터를 모는 사내가 비행기를 끌어당기기 시작했다. 육군 하사관 옆에 서 있던 시드니는 케이블이 팽팽하게 당겨지는 것을 보았다. 어느 순간 하사관의 손가락이 바퀴와 케이블 사이에 끼었다. 손가락은 완전히 절단되어 시드니 발치에 있는 진흙 속으로 툭 떨어져나갔다.

시드니는 도움을 청하러 활주로 근처에 있는 막사로 곧장 달려갔다. 그곳에서 그는 아마존 인디언들을 만났다. 그것은 앞으로 시드니가 수없이 만나게 될 인디언들과의 첫 번째 조우였다.

시드니는 막사에 다다르자 진흙 속으로 미끄러지면서 우스꽝스럽게 넘어졌다. 두 발은 뭔가 단단한 것을 찾아서 움직이고, 두 팔은 균형을 잡으려고 바람개비처럼 돌아가다가 철퍼덕하는 소리와 함께 땅바닥에 엎어졌다. 그는 일어서다가 자신을 보고 웃고 있는 100명의 카야포 부족을 보았다.

시드니가 아마존 인디언을 본 첫인상은 간단했다.

개자식들…….

브라질 모험 역사에서 가장 유명한 이력 가운데 하나가 어처구니없게도 욕설로 시작된 것이다. 시드니는 본격적으로 모험을 시작했다. 처음부터 인디언들에게 관심을 보인 것은 아니었다. 시드니의 관심사를 바꿔놓기 시작한 것은 그의 스승인 올란도 빌라스 보아스와 그의 형제들이었다.

빌라스 보아스 형제들은 아마존 인디언들과 오랫동안 함께한 최초의 비선교사로 알려져 있다. 특히 1950년대에 일을 시작한 올란도는 브라질 언론 매체를 통해 추앙받는 세르타니스타이자 국가적 영웅인 칸디도 혼돈의 화신으로 여겨졌다. 혼돈은 생애 말에 빌라스 보아스 형제들을 그의 문하생으로 뽑았다.

시드니가 정글에 착륙했을 때, 빌라스 보아스 형제들은 남미 최초의 인디언 보호구역인 3120제곱킬로미터의 싱구 지역을 만들기 위한 초석을 깔고 있었다. 그 지역은 뉴저지와 코네티컷을 합쳐놓은 크기와 비슷했다.

그들은 수년 동안 인디언들이 현대 사회로부터 그들을 보호해줄 완충 지대 역할을 할 땅을 받을 자격이 있다고 당국에 제기하면서 보호구역 조성을 추진하고 있었다. 빌라스 보아스 형제들을 추종하다가 성년에 이른 대부분의 토착민보호주의자들처럼 시드니도 인디언들이 현대 세계에 적응해야 하겠지만, 그러한 변화를 주도해나가야 할 사람은 바로 인디언들 자신이어야 한다는 빌라스 보아스의 철학을 받아들였다.

올란도 빌라스 보아스가 2001년 여든여덟의 나이로 작고했을 때, 그는 영국 왕립지리학협회로부터 독일 정부에 이르기까지 광범위한 국제기관들이 인도주의 활동에 주는 최고 영예의 상을 받았다. 그러나 올란도는 영광스러운 명예와 함께 위험한 명예도 얻었다. 그리고 바로 그러한 명예가 시드니의 상상력을 사로잡아 그로 하여금 그들과 같은 길을 걷게 했다.

돈키호테의 열정

올란도가 얻은 가장 눈에 띄는 투쟁의 흔적 가운데 하나는 말라리아를 앓고 나서 생긴 것이었다. 그는 그 사실을 사람들에게 알리는 것을 꺼리지 않았다. 올란도는 탐험가로, 인디언 보호주의자로 일하면서 말라리아와 싸운 횟수가 250번도 넘는다고 말했다.

자신을 '올란도의 목에 붙어 있는 진드기'라고 칭한 시드니는 40년 이상 탐험가로 일하면서 말라리아에 걸려 오한에 떤 횟수를 기억해두었다. 말라리아에 걸린 횟수는 그의 모험 횟수를 세는 일종의 척도가 되었다. 그가 정글 한가운데서 고립된 인디언들과 마주친 이야기들 중 하나를 새로 만난 사람들에게 들려주면, 그들은 경외감에 휩싸였다. 그러나 시드니는 이야기를 듣는 사람들이 경탄해 마지않는 것 같으면 입을 다물곤 했다.

"올란도는 말라리아를 200번도 넘게 걸렸어요. 나는 지금까지 겨우 서른아홉 번 걸렸는데 말이죠."

시드니는 이야기를 하다 말고 불쑥 이런 말을 해서 상대방의 정신이 번쩍 들게 했다. 수줍고 소심해 보이는 그였지만, 열대병에 걸리는 것을 영예의 배지로 여기는 것이 분명했다. 시드니가 목에 차고 다니는 사슬에 말라리아 예방약이 담긴 원통형의 약병이 매달려 있었는데, 그는 열대병에 걸리는 것을 그 약병만큼이나 자랑스럽게 여겼다.

2000년 무렵 시드니의 얼굴에 험난한 삶의 흔적이 생겼다. 나날이 벗겨지는 곱슬머리와 마구 뒤엉킨 턱수염은 희끗희끗했다. 1970년대에는 한 식민주의자와 싸움을 하다가 그 사내의 연발 권총 개머리판에 맞아 이 다섯 개가 나간 적도 있었다.* 1980년대에는 싱구 보호구역에 할당된 인디언들의 땅 면적을 줄이려는 푸나이의 계획에 분노한 멘투크티레 부족민들에게 납치를 당하기도 했다. 비행기가 불시착해서 늑골이 부러진 적도 있었고, 탐험을 하는 수년 동안 여덟 명의 동료가 죽는 것을 목격하기도 했다. 1998년에는 오토바이 사고로 왼쪽 안구가 튀어나오기도 했다. 그러나 그는 그런 것은 안중에도 두지 않고 계속 정글 탐험을 했다. 당시 시드니는 모로코 왕으로부터 인도주의 상을 받기 위해 사하라 사막으로 여행한 뒤, 그곳에서 유목 생활을 하는 타우레그 부족을 방문하던 차였다.

시드니는 1990년대 초에 잠깐 푸나이 회장을 지냈으나 그 자리를 그만두고 열정을 쏟아서 할 일로 돌아섰다. 그것은 바로 그가 1987년에 설립한, 푸나이의 고립된 인디언 부서를 지휘하는 일이었다. 그는 여전히 정기적으로 탐험을 했는데, 그의 집은 브라질리아에 있는 상자 모양의 고층 아파트 단지에 있었다. 벽에는 그가 탐험을 하면서 찍은 사진들이 걸려 있을 뿐, 특별히 눈에 띄는 장식물은 따로 없었다.

돈키호테 조각상들이 여러 탁자에 놓여 있고, 벽에는 돈키호테 그림들이 걸려 있었다. 선반에는 세르반테스의 17세기 대작이 꽂혀 있었다.

시드니는 서사시적인 모험 여행을 아주 좋아했다. 라만차 출신의 이상주의자에 관한 이야기만큼 그를 감동시킨 것은 없었다. 그는 여덟

●이 일화는 존 헤밍이 포수엘로(Possuelo)에 대해 쓴 "Last Explorer of the Amazon", which appeared in *Geographical* Magazine, February 2005에 나와 있다.

살 무렵에 포르투갈어로 된 어린이용 축약본 《돈키호테》를 읽었다. 그가 10대가 되어 《돈키호테》를 다시 읽었을 때, 돈키호테의 이미지는 선의 본보기로 그의 머릿속에 박혀버렸다. 그는 돈키호테에게서 전 세계 사람들이 정신 나간 사람이라고 해도 자신이 옳다고 믿는 것을 위해 당당히 싸우는 위인이라는 인상을 받았다. 돈키호테는 자신이 세계를 바꿀 수 있다고 믿었고, 시드니는 그것이야말로 영웅다운 모습이라고 생각했다. 시드니가 보기에 정의를 위해 싸우고 약자를 지키고 숙녀에게 모자를 살짝 들어올려 인사하는 기사의 법도에는 소박한 기품이 있었다. 세상 사람들이 그런 법도를 지나간 시대의 한물간 잔재로 여긴다 하더라도 시드니는 그것이 마땅히 인생을 살아가는 기틀이 되어야 한다고 믿었다. 브라질 부족들의 이익을 위해 싸우는 것은 그의 숭고한 목표가 되었다. 그는 아주 헌신적으로 그 역할에 뛰어들었다.

푸나이의 동료들 중 몇몇은 연극적이고 낭만적인 생각에 젖은 그를 보고 황당해했지만, 그는 개의치 않았다.● 시드니의 세 전처는 저마다 진정한 사랑을 찾았다는 것을 그와 살면서 깨달았다. 시드니는 기사도 정신이 있는 매력적인 남자였다. 하지만 그의 마음은 이미 인디언들과 그들을 돕는 일에 가 있었다. 시드니는 마치 칼을 휘둘러 정글의 오솔길을 치우듯 결혼 생활을 정리해버렸다. 그에게 세 명의 전처에 대해 물으면, 그는 이렇게 대답하곤 했다.

● 푸나이 내부에서 평가하는 포수엘로의 명성에는 양면성이 있다. 포수엘로는 일에 대한 헌신과 열정으로 상당한 존경을 받고 있다. 그러나 포수엘로와 함께 일했던 많은 동료들은 그가 자기중심적이고 같이 일하기 힘든 사람이라고 말했다.

"전처들은 더 이상 페넬로페*가 아니에요."

마르셀로와 알테어, 그리고 그들의 동료 중 몇몇은 시드니를 세르타니스타로서 존경했다. 그러나 평화적인 그의 방식에 항상 동조한 것은 아니었다. 그들은 수년 동안 시드니에게 탐사 활동의 진척 상황에 대해 보고하고, 고립된 인디언을 추적하면서 최근에 꼬였던 일에 대해 알리곤 했다. 그러면 시드니는 대개 같은 반응을 보였다.

"일을 밀어붙여요. 벌채업자들보다 먼저 접촉을 해요."

시드니는 그들끼리 있도록 내버려둠으로써 인디언들을 보호하는 공식적인 정책을 지지하는 것으로 유명하다. 많은 작가들이 그의 철학을 가리켜 '돈키호테식 발상'이라고 이름 붙였다. 그러나 그는 고립된 인디언이 생명을 위협당하는 절박한 상황에 직면해 있고, 따라서 인디언이 지고 들어오는 것은 시간문제일 뿐이라고 믿었다.

시드니는 규칙에는 간혹 예외가 있다고 믿었다. 고립된 인디언은 보호해야 할 필요가 있었다. 고립된 인디언은 그 부족의 마지막 생존자로서 실질적으로 세계 역사상 유례가 없는 극단적인 경우였다.

생존자들

1800년대 초에 캘리포니아 해안에서 110킬로미터가량 떨어져 있는

● 페넬로페(Penelope) 그리스 신화에 나오는 오디세우스의 아내로, 남편이 트로이 전쟁에서 돌아올 때까지 20년 동안 정절을 지켰다고 한다. ─옮긴이

샌니콜라스 섬의 인디언들이 약 300명에서 일곱 명으로 줄었다. 그 섬을 둘러싸고 있는 바다에 수달과 물개가 많다는 사실이 알려지자 알래스카의 모피 상인들이 그 부족을 학살했던 것이다. 1835년에 캘리포니아 주 산타바바라의 가톨릭 선교사단 사제들이 한 스쿠너●의 선장에게 중대한 임무를 맡겼다. 생존자들을 실어온 뒤 그들을 다시 나룻배에 태워 선교사단에 데리고 오는 임무였다. 19세기에 벌어진 그 구조 활동에 대한 이야기가 몇 가지 있는데, 그중 한 가지를 보면 구조대가 인디언들을 배에 태우고 바위투성이인 섬 해안에서 출발한 지 몇 분 만에 한 아기를 두고 왔다는 사실을 깨달은 것으로 되어 있다. 그런데 선장은 폭풍우가 몰아치는 파도 속에서 배를 돌리면서까지 위험을 무릅쓸 가치가 없다고 판단했다. 절박해진 아기 엄마는 바닷물 속으로 뛰어들었고, 바람이 휘몰아치는 섬의 해안으로 헤엄을 쳤다. 그녀의 모습은 배에 탄 남자들의 시야에서 금세 사라졌다. 사람들은 아기 엄마가 파도가 굽이치는 바다에서 익사했다고 믿었다. 덜 극적이긴 하지만 더 신빙성 있는 다른 이야기들에 의하면, 스쿠너의 선원들은 단지 한 인디언을 두고 온 것이라고 했다. 폭풍우가 점점 심하게 몰아치는 상황에서 선원들이 인디언들의 머릿수를 주의해서 세지 않고 서둘러 섬에서 나왔다는 것이다.

어느 쪽이 사실이든 18년 뒤에 한 수달 사냥꾼이 사람이 살지 않는 것으로 알려진 섬에서 인간의 발자국을 보았다고 제보했다. 실제로 한 여자가 그곳에서 혼자 살고 있었다. 그녀가 배에서 섬 해안으로 헤

●스쿠너(schooner) 두 개 이상의 돛대에 세로돛을 단 서양식 범선.—옮긴이

엄을 쳐갔는지, 아니면 선원들이 애초에 섬에 두고 왔는지는 알 수 없었다. 그 여자는 자신의 모든 부족민들보다 더 오래 살았다. 성공적으로 선교사단에 이송되었던 부족민은 수달 사냥꾼이 그 여자의 발자국을 발견했을 무렵 모두 사망했다.

1853년 여름에 수색대가 그 섬에 가서 가마우지 깃털로 몸을 덮은 여자가 물개 가죽을 벗기고 있는 것을 발견했다. 여자는 쉰 살가량 되어 보였고, 그녀만의 언어로 말을 했다. 전에 아기가 있었는지는 몰라도 당시에는 없었다. 먹을 식물이라고는 나무뿌리와 덩굴이 고작인 상황에서 여자는 사냥을 하고, 조수의 차가 있는 물웅덩이에서 물고기를 찾고, 갑각류와 물개를 잡아먹으며 생존해왔다. 여자는 거의 20년 동안 사나운 폭풍우와 싸우면서 고립 상태를 이겨냈던 것이다.

이후 여자는 선교사단으로 이송되었다. 한 신부가 여자에게 세례를 베풀고 주아나 마리아라는 이름을 지어주었다. 여자는 금세 지역의 호기심의 대상이 되었고, 찾아온 사람들을 노래와 춤으로 매료시켰다. 그러나 선교사단에 온 지 2주 후에 그녀는 이질에 걸려 죽고 말았다. 결국 그녀가 섬에서 어떻게 생존했는가 하는 자세한 이야기는 영원히 수수께끼로 남았다.

48년 뒤 미국의 마지막 '미개한' 인디언이 캘리포니아 주 오로빌 근처에서 발견되었다. 그 인디언은 골드러시* 때 그 수가 급격히 감소한 야히 부족 출신이었다. 야히 부족은 1865년에 목장주들이 자행한

●골드러시(gold rush) 1848년에 캘리포니아 주에서 금이 발견되자 사람들이 금을 찾으러 서부 해안으로 몰려간 일.―옮긴이

대량 학살로 인해 겨우 서른 명이 살아남았고, 그다음 40년에 걸쳐 점점 그 수가 줄었다가 급기야 1908년 11월에는 단 한 명의 인디언만이 남았다. 야히 부족 인디언은 쉰 살가량 되어 보였다. 그는 외부와의 교류 없이 살아오다가 1911년 8월 29일 아침에 사람들에게 발견되었다. 도살장 밖에 있는 개들이 짖어대는 바람에 잠에서 깬 도축업자들이 즈크 자투리만을 걸친 여윈 남자가 가축우리에 기대어 웅크리고 있는 것을 발견했던 것이다.

그 지역 보안관은 야히 부족 인디언을 오로빌 감옥에 가두었다. '디어크리크의 미개인'은 즉각 사람들 사이에서 큰 화제가 되었다. 신문들은 인디언이 석기 시대에서 곧장 현대 세계로 건너뛴 경위를 상세히 다루었다. 버클리 캘리포니아대학의 인류학자 알프레드 크로버는 그 기사를 읽고 '샌니콜라스 섬에 고립된 여인'에 대해 들었던 이야기를 떠올렸다. 크로버는 보안관에게 야히 부족 인디언을 대학에서 보호하겠다고 요청하는 전보를 보냈다. 크로버의 동료인 인류학 교수 토머스 워터맨은 감옥에 가서 그 인디언이 자신이 연구한 언어인 야나 방언을 한다는 사실을 알아냈다.

두 인류학자는 야히 부족 인디언을 샌프란시스코로 옮겨서 살아온 이야기를 듣고 그것을 해석하기 시작했다. 3년 전에 조사관들이 네 명의 야히 인디언이 거주하는 마을을 발견했다. 마을에는 그 인디언과 그의 어머니, 누이 그리고 노인이 살고 있었다. 그 인디언과 어머니는 조사관들의 눈에 띄지 않는 곳에 숨었고, 누이와 노인은 도망을 쳤는데 그 뒤로 영영 다시는 볼 수 없었다. 살아남은 인디언은 누이와 노인이 도망친 직후에 사망했을 것이라고 나중에 인류학자들에게 말했다. 강을 건너다가 익사했든지 퓨마나 다른 동물에게 잡아먹혔을 것이라고 했다. 그리고 그의 어머니는 마을을 버리고 떠날 수밖에 없는 상황에 이른 뒤에 바로 사망했다고 말했다.

두 인류학자는 인디언을 대학 캠퍼스에 데리고 와서 현대식 옷을 입혔다. 바지와 남방, 코트를 입히고 넥타이도 매주었다. 인디언은 이집트인의 미라와 다른 북미 원주민들의 두개골과 뼈가 전시되어 있는 인류학 박물관에서 생활했다.

야히 부족 인디언에게 이름이 없다는 사실은 금세 문제가 되었다. 크로버는 캘리포니아 인디언들은 이름을 부르는 일이 거의 없다는 것을 알았다. 그래서 기자들에게 인디언에게 이름을 지어주는 것은 부적절하고 소용없는 일이라고 말했다. 그러나 그러한 설명에도 인디언에게 이름을 지어주어야 한다는 대중의 요구는 수그러들지 않았다. 그래서 크로버는 마지못해 인디언을 '남자'라는 뜻의 야나어인 '이시'라고 불렀다.

이시는 나무를 쪼개어 만든 족집게로 얼굴에 난 털을 사람들 몰래 뽑았다. 수염을 선호하는 백인의 성향을 따라 하고 싶지 않아서였다. 이시는 박물관에서 보낸 처음 며칠 동안 새로운 세계의 아웃사이더가 된 기분이라고 말했다.

"당신들 앞에서 나는 별종입니다. 이것이 어쩔 수 없는 현실이에요."

크로버는 이것이 난생 처음 겪은 다른 사람들과의 삶에 대한 이시의 관점이라고 설명했다.

얼마 뒤 보드빌* 감독과 순회 쇼 단체들로부터 이시를 지방 순회공연에 출연하게 해달라는 제의가 크로버에게 쇄도했다. 영화사들은 이시를 영화에 출연시키게 해달라고 아우성이었다. 박물관은 살아 숨쉬는 석기 시대의 인물과 사진을 찍고 악수를 하고 싶어 하는 방문객들로 발 디딜 틈이 없었다. 인간과 전혀 접촉하지 않고 거의 3년을 보낸 이시는 갑자기 왁자지껄한 사람들에게 둘러싸였다. 이시는 말 그대로 박물관의 전시품이 되었다.

이시가 박물관에서 공식적으로 모습을 보이는 것은 일요일 오후 두 시간 반으로 제한되어 있었다. 이시는 가끔씩 화살을 시위에 메기거나 화살촉 깎는 것을 시범으로 보여주곤 했다. 불을 지필 때 썼던 나무 송곳 막대를 만들기도 했다. 크로버는 이시를 차에 태우고 바다로 데려가기도 했다. 이시는 골든게이트 파크에서 활 쏘는 것을 연습했다. 한 신문사가 오르페움 극장에서 열리는 보드빌 쇼를 관람하라고 이시를 초대했다. 이시는 초대를 받아들였고, 발코니 박스 좌석의 맨 앞줄에 앉았다. 무대에서 공연자가 "특별석에 앉아 쇼를 보고 있는 당신은 대학에서 온 인디언"이라고 시를 낭독하자 이시는 사람들과 함께 웃었다.

이시는 넥타이 매는 것을 딱 한 번 보고 금세 배웠다. 그는 나체로 사진 찍는 것은 거부했다. 이시는 싸구려 호각, 만화경, 성냥 등에 매료되었다. 또 영어를 조금 배웠는데, 엉뚱한 말을 하곤 했다. 한 부인이 이시에게 신을 믿냐고 묻자 그는 이렇게 말했다.

"그럼요, 마이크!"

● **보드빌**(vaudeville) 희극 배우, 가수, 댄서, 곡예사, 마술사들이 출연하는 쇼. 노르망디 지역에서 불리던 풍자적인 대중가요에서 비롯되었다.—옮긴이

그다음 5년 동안 과학자들은 이시에 관한 거의 모든 것을 연구했다. 그들은 이시가 숲에서 발밑에 있는 작은 나뭇가지를 부러뜨리지 않고 맨발로 걷는 것에 놀랐다. 색스턴 폽 박사는 이렇게 적었다.

"이시는 엄지발가락으로 튀어오르듯 걷는다. 엄지발가락 근육이 놀라울 정도로 강하다. 그의 걸음걸이는 각 발이 땅바닥에 닿는 순간 미끄러지듯 나아가는 것처럼 보인다. 발꿈치나 발의 볼이 걸음의 충격을 받지 않는 듯하다. 그는 발을 쾅 내딛거나 꾹 내리누르지 않고 조심스럽게 내딛는다. 그리고 약간 안짱다리인 것처럼 걷는다."

이시는 발견된 지 4년 반 만에 박물관에서 결핵으로 죽었다.

크로버는 이시가 자신의 시신이 부검되기를 원하지 않을 것이라고 믿었다. 그래서 이시의 시신을 화장할 것을 요청했다. 그는 이시가 살아 있을 때보다 죽은 뒤에 훨씬 더 호기심의 대상이 될까봐 걱정했다.

크로버는 이시의 죽음에 대해 이렇게 말했다.

"우리에게는 아무도 연구해보지 못한 인디언의 해골 수백 개가 있습니다. 이 사건에 대한 세간의 지대한 관심은 병적이면서 공상에 사로잡힌 것이라고 볼 수 있습니다."

크로버가 걱정하는 것은 당연했다. 역사적으로 보면 지구상에서 사후에 끔찍한 일을 당한 원주민들의 이야기가 숱하기 때문이다. 예를 들어 오스트레일리아 태즈메이니아 섬의 마지막 원주민 생존자는 1869년에 죽은 뒤 그가 인간과 유인원 사이에 빠져 있던 잃어버린 고리라고 믿은 의사들에 의해 발굴되었다가 다시 묻히는 일을 몇 차례나 당했다. 한 의사는 그의 시신에서 머리를, 또 다른 의사는 손과 발을, 어떤 의사는 귀와 코를 잘랐다. 시신의 일부를 기념품으로 간직한 의사들도 있었다. 그 의사들 중 한 명은 그 원주민의 피부로 담배쌈지를 만들기까지 했다.

크로버의 요청은 무시되었고, 의사들은 부검을 실시했다. 샌프란시스코의 한 신문은 이시가 죽은 지 일주일 후에 '고(故) 이시 씨에게'라는 제목의 시를 게재했다.

그대는 적응하지 못했소. 생활 방식이 너무 달랐으니까.

아수라장 같은 이곳의 삶이 무척이나 생소했겠지요.

형제여, 애초에 사람들이 그대를 찾아내지 않았으면 좋았을 것을.

스미스소니언박물관이 이시의 뇌를 소장하고 있다는 소문이 수년간 파다하게 퍼졌다. 그 소문은 사실이었다. 1999년에 이시의 뇌가 박물관에서 발견되었다. 그런 다음 이시의 뇌는 국립자연사박물관의 메릴랜드 주 저장 시설에서 에탄올에 보관되었다. 스미스소니언은 대중의 항의에 대한 응답으로 이시의 뇌를 야히 부족의 후손 인척으로 여겨지는 레딩 란체리아와 핏 리버 부족민들에게 보냈다. 이시의 뇌는 2000년 8월에 디어크리크 캐넌에서 비공개로 장례식을 치르고 땅에 묻혔다.●

● 이시에 대한 이야기는 테오도라 크로버(Theodora Kroeber)의 *Ishi in Two Worlds: A Biography of the Last Wild Indian in North America* (Berkeley: University of California Press, 1961)에 실린 것이다. 국립자연사박물관의 보관실에서 이시의 뇌가 발견되었다는 이야기를 포함해 세부 내용 중 일부는 오린 스탄(Orin Starn)의 저서 *Ishi's Brain: In Search of America's Last "Wild" Indian* (New York: W. W. Norton, 2004)에서 발췌한 것이다.

카라피루

시드니 포수엘로는 '마지막 부족민들'을 황야에서 현대 생활로 품위 있게 몰아가는 일을 망쳐놓은 사람들이 모든 것을 책임져야 한다고 생각했다. 역사상 고립된 인디언이 겪는 종류의 고립 상태를 견딘 사람들은 극소수에 불과했다. 그런데 그와 비슷한 깊이의 고독을 경험한 사람이 있었다. 시드니는 우연히 그 남자를 알게 되었다.

그의 이름은 카라피루였다.[*] 카라피루는 1978년 브라질의 북동부에서 정착민들이 그의 마을을 공격하고 불태워버린 뒤에 부족민들과 떨어져 지낸 인디언이었다. 시드니는 부족과 떨어진 후 카라피루에게 일어난 일이야말로 현대 문명이 이따금씩 부족민과 관련된 일을 바로 잡을 능력이 있다는 것을 보여주는 드문 증거라고 생각했다. 그의 생각에 운명이 협조한다면 문명의 충돌은 반드시 비극으로 끝날 필요가 없었다.

카라피루의 부족 마을은 브라질 북동부 마라냥 주의 커피 빛깔이 나는 시냇물 근처에 있었다. 마을은 순식간에 파괴되었다. 한 무리의 정착민들이 습격해서 부족민들에게 총을 쐈다. 그 바람에 소수의 생존자들이 제각기 다른 방향으로 흩어져 숲 속으로 달아났다. 발견된

---

[*] 카라피루에 대한 서술은 안드레아 토나치(Andrea Tonacci)의 2006년 브라질 영화 〈The Hills of Disorder〉를 참고한 것이다. 이 영화는 다큐멘터리 장면과 극적 재구성, 카라피루와 시드니 포수엘로 그리고 사건과 관련된 사람들의 특별 출연으로 구성되어 있다. 추가된 세부적인 이야기는 저자가 시드니 포수엘로와 올란도 포수엘로, 토나치, 웰링턴 고메스 피게이레도(Wellington Gomes Figueiredo)를 인터뷰한 내용을 재구성한 것이다.

생존자는 여덟 살가량의 사내아이 단 한 명이었다. 사내아이는 마을에서 도망친 후 철조망 울타리에 걸려 발견되었다. 지역 푸나이의 직원들이 사내아이를 인근 보호구역에서 다른 인디언들과 함께 있도록 조치해 그를 보호했다.

정착민들이 마을을 공격할 때 카라피루는 숲에 혼자 있었다. 그는 마을이 수색되고 파괴되는 것을 지켜본 후 오직 살아야 한다는 일념으로 무작정 숲으로 걷기 시작했다. 그는 무려 10년 동안 걷고 걸어서 나무가 우거진, 브라질 북쪽의 산을 넘어 남쪽으로 줄곧 내려간 다음 바이아 주의 안지카르라는 마을에 도착했다. 카라피루는 총 1448킬로미터 이상을 걸었다.

그 10년 동안 카라피루는 가능한 한 문명 사회를 피해 다녔다. 하지만 자신도 모르게 도시와 마을 언저리를 지나고, 철로를 따라 걷거나 도로를 건너곤 했다. 카라피루는 활과 화살, 그리고 풀잎을 엮어 만든 바구니를 가지고 다녔다. 바구니에는 냄비 두 개, 불을 지필 때 쓰는 마찰용 막대기, 그리고 자잘한 물건들이 담겨 있었다.

1988년 10월, 소박한 벽돌집이 모여 있는 자그마한 마을인 안지카르의 주민들은 돼지가 비명을 지르며 미친 듯이 마을을 내달리는 소리를 들었다. 돼지의 옆구리에는 긴 나무 화살이 삐죽이 나와 있었다.

마을 사람들은 그 화살을 보고 근처에 인디언이 있다는 것을 알아챘다. 그들은 그제야 지난 수주일에 걸쳐 몇 마리의 가축(대부분 돼지와 닭)이 없어진 이유를 짐작할 수 있었다. 인디언이 마을 밖에 숨어서 가축을 잡아먹고 있다면, 당장 그를 찾아내야 했다.

마을 사람들은 수색대를 조직해서 주변을 구석구석 뒤졌다. 그들은 마침내 덤불에서 카라피루를 찾았다. 카라피루는 마을 사람들이 다가오는 것을 보고 쉽게 도망을 칠 수도 있었는데, 그러지 않았다. 게다가 저항하기는커녕 진심으로 기뻐하는 것 같았다. 마을 사람들이 다가오자 카라피루는 미소를 지었다. 그러고는 활과 화살을 순순히 넘겨주었다.

마을 사람들은 카라피루를 마을로 데리고 가서 벌거벗은 그에게 반바지를 입혔다. 카라피루는 마을 사람들이 주는 음식을 받아먹었다. 그러고는 남자들과 여자들, 그리고 아이들이 미개의 인디언을 실물로 보려고 주위에 모여들자 순진하게 웃어 보였다.

이윽고 푸나이에 그 소식이 전해졌다. 푸나이의 직원들로서는 1년 전인 1987년에 고립된 인디언 부서를 설립한 시드니를 부르는 것 말고는 다른 방법이 없었다. 시드니 역시 어떻게 해야 할지 확신이 서지 않았지만, 일단 만나기로 했다. 그가 그 인디언을 만나려는 것은 단순히 호기심 때문이 아니었다.

시드니는 또 한 명의 세르타니스타인 웰링턴 고메스 피게이레도와 함께 차를 몰고 안지카르에 가서 주민들과 살고 있는 카라피루를 만났다.

처음에는 그 인디언의 부족 이름이 수수께끼였다. 시드니는 수년 전에 멀리 떨어진 아와과자 부족민들을 찾기 위해 마라냥 주의 처녀 열대우림 지대를 탐험하면서 37일 동안 갖은 고생을 견뎠다. 그는 카라피루를 보았을 때 아와과자 부족민일지도 모른다고 생각했다. 카라피루의 말은 아와과자 부족의 언어와 비슷하게 들렸고, 머리털은 약간 곱슬이었다. 곱슬머리는 대부분의 브라질 인디언에게서는 보기 드문 특징이었다. 그러나 시드니는 아와과자 부족에게서는 곱슬머리가 있다는 얘기를 들어본 적이 있었다. 아무튼 그들은 카라피루를 마을에 두고 갈 수가 없었다. 그렇다고 마땅히 데리고 갈 만한 곳이 따로 있는 것도 아니었다. 그래서 두 세르타니스타는 카라피루를 시드니의 차에 태워 약 350킬로미터 떨어진 브라질리아로 데리고 왔다.

웰링턴과 시드니가 들판과 목장을 지나 마침내 2500만의 인구가 사는 도시로 진입했을 때, 그들은 카라피루가 어떤 생각을 하고 있을지 궁금했다. 둘은 카라피루의 언어를 알아들을 수 없었기 때문에 짐작만 할 뿐이었다. 그러나 시드니는 보나마나 카라피루가 눈앞에 펼쳐지는 도시의 풍경에 압도되었을 것이라고 장담했다. 현대 문명을 처음 접하는 사람의 눈에 전 세계의 모든 도시들 가운데 브라질리아만큼 초자연적으로 보이는 곳은 없을 터였다. 수도 브라질리아는 '미래의 도시'가 되기 위해 스푸트니크*를 쏘아올린 시기와 시트콤 '젯슨 가족'이 방영된 시기의 중간인 1960년대 초에 허허벌판에 건설되었다. 그러나 유난스럽게 모더니스트적인, 브라질리아의 건축 양식으로 인해 오스트레일리아의 미술 비평가 로버트 휴즈는 이 도시를 '유토피아의 공포'라고 불렀다. 그러나 시드니는 브라질 최고의 부족학 전문가들과 토착민 보호기관이 본부를 두고 있었기 때문에, 브라질리아가 적어도 2주 동안은 카라피루를 데리고 있기 가장 좋은 장소라고 믿었다. 2주 뒤에는 푸나이 직원들이 카라피루가 정확히 어느 부족에 속하는지 결론을 내릴 터였다.

●스푸트니크(Sputnik) 1957년 소련에서 발사한 세계 최초의 인공위성.—옮긴이

카라피루는 경이에 휩싸인 채 눈앞의 광경에 빠져들었다. 시드니의 부인과 딸, 막내아들이 함께 살고 있는 네모난 고층 아파트 건물에 다가가자 카라피루는 말없이 창밖을 뚫어지게 쳐다보았다. 그 6층의 아파트는 그 뒤 2주 동안 그가 머물 집이기도 했다.

시드니는 옷장을 뒤져 카라피루에게 파란 와이셔츠를 입혔다. 카라피루는 창문 앞에 서더니 유리가 투명한 것에 깜짝 놀란 표정을 지었다. 그는 유리에 침을 탁 뱉었다. 카라피루에게 수돗물은 기적과도 같은 것이었다. 텔레비전은 도무지 받아들이기 힘든 모양이었다. 카라피루는 텔레비전 화면 자체보다 텔레비전 화면에 대한 가족들의 반응을 신기하게 여겼다. 그는 텔레비전에 그다지 신경을 쓰지 않았다.

시드니의 부인과 가정부는 카라피루의 몸에 비누칠을 하며 샤워하는 것을 도와주었다. 시드니는 카라피루 앞에서 변기를 사용했다. 자기로 된 그릇 모양의 변기가 어떤 용도로 쓰이는지, 오물이 어떻게 씻겨 내려가는지 카라피루에게 보여주기 위해서였다. 저녁 식사 때 그들은 카라피루에게 컵과 숟가락, 포크에 대해 설명해주었다. 그리고 그가 고기 자르는 것을 도와주었다.

시드니의 세 살짜리 아들 올란도는 카라피루와 금세 친해졌다. 올란도는 인디언들과 함께 있는 것에 익숙했다. 아파트에서 자고 갈 손님이 깃털로 된 머리 장식을 쓰거나 아랫입술을 컵 받침 모양으로 늘어뜨리는 나무 접시를 입에 끼우고 있어도 올란도는 전혀 이상하게 생각하지 않았다. 그러나 올란도는 카라피루 같은 손님은 난생 처음이었다. 카라피루는 아무리 오래 놀아도 결코 싫증을 내지 않는 친구였다. 시드니가 낮에 푸나이 사무실에 가면 카라피루는 거실에서 만화 '톰과 제리'를 보며 올란도와 함께 놀곤 했다. 올란도가 동요를 부르고, 카라피루가 식탁을 숟가락으로 두드리며 흥을 돋울 때도 있었다. 시드니의 부인은 그들이 함께 노는 모습을 지켜보면서 카라피루가 두고 온 삶이 어땠을까 상상하곤 했다. 그녀는 카라피루가 올란도와 딸 페르난다에게 하는 행동을 보면서 카라피루도 예전에 가족을 이루고 살았을 것이라고 생각했다.

카라피루는 침대에서 잠을 자지 못했다. 그래서 시드니는 남는 방에 해먹을 걸어놓았다. 카라피루가 시드니 가족과 함께 생활한 지 2주가량 되었을 때, 시드니는 카라피루의 방에서 지독한 악취가 새어나온다는 것을 알아챘다. 시드니는 음식이 오래돼서 냄새가 나는 것이겠거니 했다. 시드니 가족은 카라피루와 처음 식사를 할 때, 그가 고기를 몰래 남겨두고 그것을 와이셔츠 자락에 싸서 자기 방에 가져가는 것을 보았다. 그래서 그들은 카라피루에게 배가 고프면 언제든지 주방에 가서 음식을 먹으면 된다고 일러주었다. 그 뒤로 카라피루는 음식을 따로 챙겨두지 않았다. 시드니는 썩은 음식이 있지는 않은지 방 안을 여기저기 살펴보았다. 옷장 속, 옷 더미 아래, 구석진 곳을 들여다보았지만 아무것도 찾지 못했다. 하지만 냄새는 가시지 않았다. 마침내 시드니는 창밖을 내다보았다. 창 아래로 1미터 되는 지점에 콘크리트 턱이 건물에서 튀어나와 있었는데, 그 턱에 수북이 쌓인 배설물 더미가 햇빛을 받으며 썩고 있었다. 공교롭게도 약 2주분의 양이었다. 카라피루는 창밖으로 배설물을 떨어뜨리고 있었던 것이다. 손을 뻗어 콘크리트 턱의 배설물을 치우기는 힘들었다. 그래서 시드니는 욕실에서 호스를 끌고와 배설물을 씻어내렸다. 그 바람에 고층 아파트 벽이 똥물 범벅이 되었다. 아래층에 사는 사람들이 좋아할 리 없었다.

극적인 만남

카라피루가 브라질리아에 도착하자마자 푸나이는 그가 어떤 부족 출신인지 알아볼 겸 전문가들을 불러들여 그의 언어 유형을 분석하게 했다. 전 세계의 언어를 기록하는, 미국에 근거지를 둔 비영리기관인 '하계 언어학연구소(Summer Institute of Linguistics)'의 언어학자들은 카라피루가 브라질 중앙의 아와 카노에이로 부족 출신일 것이라고 말했다. 하지만 시드니는 카라피루가 아와과자 출신일 것이라고 주장했다.

시드니는 게이라는 이름의 아와과자 부족민에게 브라질리아에 오라고 요청하기 위해 그와 접촉을 시도해보았다. 그러나 게이의 행방은 묘연했다. 푸나이가 찾을 수 있는, 아와과자 언어를 하는 유일한 사람은 열여덟 살가량의 사내아이였다. 그 사내아이는 마라냥의 인디언 보호구역에서 지냈기 때문에 포르투갈어도 할 줄 알았다. 그곳 사람들은 사내아이를 '환영한다'는 뜻의 포루투갈어인 벤빈도라고 불렀다.

시드니가 마라냥에 있는 푸나이 직원에게 전화를 걸었다.

"벤빈도가 그 아이의 이름이에요? 벤빈도, 좋아요. 이제 내 말을 잘 들어요. 상루이스를 출발해 이곳으로 오는 첫 번째 버스를 타요. 내가 당신과 벤빈도를 데리러 버스 정류장에 갈게요."

벤빈도가 카라피루에게 소개되었을 때, 그들은 서로 의사소통이 잘

되었다. 그들은 단순한 언어 소통 이상의 깊은 유대감을 형성한 것 같았다. 벤빈도는 30초 동안 카라피루에게서 눈을 떼지 않고 아무 말 없이 그를 빤히 쳐다보더니, 시드니를 돌아보았다.

"이 아저씨의 얼굴을 알아보겠어요."

벤빈도가 말했다.

시드니는 깜짝 놀랐다. 하지만 그런 말을 했다고 해서 이상할 것도 없다고 생각했다. 만일 카라피루가 아와과자 부족 출신이라면, 벤빈도가 같은 마을 출신이어서 어렸을 때 보았던 카라피루를 알아봤을 수도 있다는 것이 불가능한 이야기는 아니었다. 그러나 벤빈도가 이야기를 계속할수록 점점 더 이상한 생각이 들었다.

"저 아저씨가 제 아버지인 것 같아요."

그들의 외모는 놀라울 정도로 닮았지만, 시드니는 그 말을 믿을 수가 없었다. 이런 우연의 일치가 일어날 리 없었다. 시드니는 벤빈도에게 그 사실을 증명할 방법이 있는지, 아버지에 대해 기억하는 특이 사항이 있는지 물었다. 벤빈도는 아버지 등의 척추 중간 아래쪽에 흉터가 하나 있다고 말했다. 시드니와 벤빈도는 카라피루의 티셔츠를 걷어올렸다. 시드니는 벤빈도가 설명한 바로 그 자리에 나 있는 흉터를 보았다.

하계 언어학연구소의 언어학자들은 그 이야기를 듣고 의심쩍어했다. 그들은 벤빈도의 이야기가 그랬으면 좋겠다는 그의 바람에서 나온 것이 분명하다고 생각했다. 언어학자들은 카라피루가 아와 카노에이로 부족 출신이라는 주장을 굽히지 않았다. 그 문제를 해결하기 위해 푸나이는 아와 카노에이로 부족 출신으로 포르투갈어를 하는 사람들을 찾아내어 브라질리아에 데리고 와서 카라피루와 대화를 나누게 했다. 벤빈도 역시 그 모임에 참석했다. 텔레비전 방송국은 그 모임이 스포츠 행사라도 되는 듯 방송을 했다.

"무슨 말인지 하나도 못 알아듣겠어요. 알아들을 수 없는 말을 하네요."

아와 카노에이로 인디언들 중 하나인 부티칼이 카라피루가 하는 말을 듣더니 텔레비전 기자에게 말했다.

그러나 벤빈도는 카라피루의 말을 전부 이해했다. 인류학자들은 카라피루가 사실상 아와과자 부족의 인디언이라는 점에 동의했다. 카라피루는 벤빈도가 여덟 살 때 도망쳐나왔던, 파괴된 마을 출신이었다. 당시 벤빈도는 인근 밭에서 철조망 울타리에 걸린 채 발견되었다. 카라피루는 벤빈도를 영영 잃어버렸다고 생각했던 아들로 인정했다.

며칠 뒤에 시드니는 카라피루를 데리고 벤빈도가 발견된 직후에 생활한 카루 인디언 보호구역으로 갔다. 그들은 비행기를 타고 마라냥으로 향한 다음, 카누를 타고 핀다레 강을 따라 보호구역으로 들어갔다. 정오에 보호구역에 살고 있는 스물네 명의 인디언이 카라피루 주위에 모여들었다. 카라피루는 인디언들이 환영의 노래를 부르자 놀라워하며 환하게 웃었다.

카라피루는 혼자 마을을 떠나온 지 10년 만에 인디언들 곁으로 돌아왔다. 그중에 단 한 명만 그의 부족 출신이었다. 카라피루가 새로운 삶에 적응하는 일은 쉽지 않았다. 그는 보호구역으로 이사온 뒤에 곧바로 다른 인디언들이 사는 마을에서 조금 떨어진 숲에 움막을 지었다.

이제 50대인 카라피루는 주위에서 제대로만 도와주면 고립된 인디언이 고립된 삶에서 벗어나 지역 사회에 어떻게 다시 적응할 수 있는가를 보여주는 살아 있는 본보기가 될 터였다. 그는 여전히 보호구역에 살고, 벤빈도와 친밀한 관계를 유지하고 있으며, 다른 부족의 인디언들과 친하게 지냈다. 그러나 가끔 1주씩 숲 속으로 모습을 감추곤 했다.

카루 인디언 보호구역을 관리하는 푸나이 직원들은 카라피루가 오랫동안 고독하게 사는 방법을 터득했기 때문에 이따금씩 고독한 시간을 몹시 그리워하는 것 같다고 말했다.

고독한 대변인

푸나이에 고립된 인디언 부서를 설립한 뒤, 시드니는 브라질의 원주민 비접촉 정책을 대표하는 인물로 국제적인 명성을 얻었다. 전 세계적으로 아이맥스 영화관에서 상영된 영화 〈아마존〉*은 그를 고립된 문화의 상징적인 보호자로 다루었다. 《내셔널지오그래픽》은 시드니의 여러 탐험 가운데 하나를 커버스토리로 실었고, 다음과 같은 그의 말을 인용했다.*

"일단 원주민들과 접촉하면, 당신은 그들의 우주를 파괴하는 과정에 들어간 것입니다."

● 1997년 키스 메릴(Kieth Merrill)이 감독한 이 영화는 아카데미상 후보에 오르기도 했다.
●《내셔널지오그래픽》 2003년 195 참고.

1998년 《타임 매거진》은 시드니를 가리켜 '지구의 영웅'이라고 칭했다. 《뉴욕타임스 매거진》은 그를 '황야의 외로운 대변인'이라고 기술했다. 고립된 인디언들이 문명 사회에 편입되어야 한다고 주장하는 사람들에 맞서 시드니가 거의 혼자 싸움을 하고 있다는 뜻이었다. 그 기사는 다음과 같이 이어졌다.[*]

시드니 포수엘로는 분별력 있는 사람임에도 자신만의 방식대로 일한다는 면에서 그가 추적하는 인디언과 다를 바 없는 고립된 존재다. 그 역시 사라져가는 종족에 속한다. 포수엘로는 정치적인 대가로 직함을 받지 않은, 그러나 제대로 이름값을 하는 세르타니스타들이 브라질 전역에 열두 명도 안 된다고 말했다. 그리고 그들 중 많은 이들이 그의 프로젝트가 사라지는 것을 보고도 아무렇지 않게 생각한다.

포수엘로 없이 포수엘로의 비전을 상상하는 것은 불가능하다……. 포수엘로는 자신을 비난하는 사람들 중에 기업가들과 정치가들, 장군들, 그리고 지식인들뿐만 아니라 동료 세르타니스타도 있다는 사실을 안다. 인류학자들처럼 그들은 마치 자신들이 새로운 문화를 낳은 것처럼 늘 세상 사람들에게 그 문화를 소개함으로써 명예를 얻었다. 하지만 포수엘로는 고립된 인디언을 찾는 일만큼이나 불가능한 일 같기는 하지만 사람들의 생각을 바꾸기로 결심했다.

포수엘로는 이렇게 말했다.

"나는 그 사람들과 정반대로 생각하고 있어요. 새로운 문화를 발견한다

---

[*]Diane Schemo, "The Last Tribal Battle", *New York Times Magazine*, October 31, 1999.

고 해서 명예를 얻는 건 아닙니다."

그러나 혼도니아의 고립된 인디언의 경우, 마르셀로와 알테어는 그와 접촉하지 않는다는 정책을 시드니보다 더 열렬히 지지했다. 시드니는 고립된 인디언의 환경이 심각한 위협을 받고 있기 때문에 유감스럽지만 위험을 무릅쓰고라도 접촉을 할 수밖에 없다고 생각했다. 또 다른 보호구역으로 이주하는 것이 카라피루에게 효과가 있었으므로 고립된 인디언도 그럴지 모른다는 생각도 했다.

시드니는 고립된 인디언의 난감한 처지를 해결하는 일을 지휘할 알테어의 후임을 찾아야 했다. 고립된 인디언의 상황이 긴박한 만큼 그 일에 전적으로 매달릴 사람이 필요했다. 그러나 시드니는 푸나이 소속의 탐사 대원들 가운데 그 일을 제대로 할 사람이 별로 없을 것이라고 생각했다. '포수엘로의 비전'을 지지할 사람이 필요했다. 마침내 시드니는 집 안에서 복도를 따라 방 몇 개만 지나치면 그런 사람을 찾을 수 있겠다고 확신했다.

시드니는 그가 아는 가장 훌륭한 세르타니스타에게 경의를 표하는 뜻에서 그 이름을 따서 아들의 이름을 지었다. 바로 올란도 포수엘로였다. 올란도 포수엘로는 겨우 10대였다. 그러나 시드니가 우편 비행기를 타고 마투그로수로 향했을 때, 역시 10대였다. 시드니는 유전이라도 된 듯 아들에게서도 자신의 삶을 이끌어왔던, 모험이 하고 싶어 몸이 근질거리는 근성을 보았다. 아들은 야외 활동의 묘미를 알았다. 그는 사춘기가 되기 전부터 많은 탐험가들이 평생 정글에서 지내는 것보다 더 많은 시간을 보냈다. 그리고 인디언에 대한 그의 경험은 꽤 독특했다.

시드니는 만일 고립된 인디언이 올란도가 고등학교를 마칠 때까지 1년가량만 버텨준다면, 새롭게 활기를 띤, 혼도니아의 과포레 환경 파수대를 이끌어갈 적임자를 지명할 수 있을 것이라고 생각했다.

그는 알테어가 해임된 후 수개월 동안 혼도니아의 상황을 예의 주시했다. 그러면서 인디언의 땅이 파괴되지 않았는지 확인하는 팀을 감독했다. 그리고 1년이 조금 지난 뒤에는 과포레 파수대와 탐사 활동을 벌일 때 올란도를 데리고 가기 시작했다. 고립된 인디언 부서를 책임질 수 있는 역량을 키워주기 위해서였다.

2004년 말 올란도 포수엘로가 스무 살이 되었을 무렵이었다. 그는 고립된 인디언과 접촉하는 일을 목표로 활동하는 탐사대의 리더가 되었다. 올란도는 혼도니아로 향하는 비행기에 탔다. 비행기는 안전하게 착륙했다. 올란도의 아버지가 세르타니스타 교육을 받을 당시 첫 여행에 올랐을 때 경험했던 극적인 사건은 일어나지 않았다.

그러나 올란도의 비행 역시 장대한 모험의 시작이었다.

젊은 시절의 시드니 포수엘로

13장

또 한번의 시도

THE LAST OF THE TRIBE

올란도 포수엘로는 혼도니아에 정착하고 얼마 지나지 않아 병원 침대 신세를 졌다.

올란도는 과포레 환경 파수대의 새 본부로 쓸 집을 빌린 날 아침에 체온이 오르기 시작했다.[*] 그리고 그날 밤 진흙탕 길로 차를 몰고 오메레 캠프에 가는 중에 땀이 뻘뻘 나더니 몸이 천근만근 무겁게 느껴졌다. 올란도는 질척질척한 길을 터벅터벅 걸어서 가장 큰 움막으로 갔다. 그런 다음 목욕용 물통에 찬 물을 가득 채우고 그 안에 들어가 앉았다. 그런데 아무런 효과가 없었다. 올란도는 저녁을 건너뛰고 잠을 청해보았다. 고통으로 몸 전체가 경직되어 있었다. 그는 밤새도록 몇 번이고 아픈 몸을 이끌고 욕실을 들락거렸다. 정글 모험의 낭만을 꿈꾼 그였지만, 낭만은 없었다.

---

[*] 올란도의 질병에 대한 기술은 그가 저자에게 제공한 그의 일기에서 발췌한 것이다.

올란도는 뎅기열에 걸린 것은 아닌지 걱정했다. 뎅기열은 모기에 물려 생기는, 치명적인 위험이 잠재되어 있는 병이다. 2004년과 2005년 초에 뎅기열이 맹렬한 기세로 브라질 전역을 휩쓸었다. 리오에서부터 혼도니아에 거주하는 사람들이 전염되었다. 올란도는 캠프에서 밤에 잠 한숨도 제대로 못 잔 채 하루 더 앓고는 트럭에 올라타 지파라나 마을에 있는 작은 병원으로 향했다. 목이 너무 아파서 고개도 돌릴 수 없을 정도였다.

의사는 올란도에게 그 지경이 되도록 왜 병원에 오지 않았냐고 말했다. 간호사들이 올란도의 침대를 준비했다. 병실은 훌륭했다. 만일 그곳이 호텔이었다면 아마 마을에서 가장 좋은 호텔일 터였다. 병실에는 화장실과 컬러텔레비전이 있었고, 벽에는 작은 미니바까지 있었다.

그러나 병실의 시설이 좋고, 침대가 아무리 편하다고 해도 올란도는 하루빨리 병원에서 나가고 싶었다. 그는 수주일째 보고서를 살펴보고 있었다. 전에 마르셀로와 알테어가 고립된 인디언을 찾아 탐사여행을 하면서 작성한 보고서였다. 올란도는 직접 탐사 활동을 벌일 계획을 세웠다. 개발이 금지된 지역 주변의 지형을 파악하고 탐사할 팀을 새로 꾸렸다. 숲 속에서 모험다운 모험을 하고 싶어 몸이 근질근질했던 것이다. 하지만 당장은 낮잠을 자는 중간중간《다빈치 코드》의 페이지를 넘기면서 모험이 주는 흥분을 대신하는 수밖에 없었다.

올란도는 가만히 있으면 병이 나는 성격이었다. 평소의 그는 강건한 사내의 표본이었다. 피부는 일광욕을 해서 그을려 있고, 검은 곱슬머리는 어깨에 닿을 정도로 길었다. 광대뼈는 툭 튀어나왔고, 턱은 뾰족했다. 귀에는 단추 모양의 검은색 귀고리가 매달려 있었다. 많은 여자들이 올란도의 선천적인 수줍은 성격에 매료되었는데, 올란도는 복잡한 여자관계 때문에 벌써부터 인생이 심각하게 꼬이고 있었다. 그는 브라질리아를 떠나기 전에 한 여자를 임신시켰다. 올란도는 아기를 낳겠다는 여자의 결정을 지지했고, 아버지가 된다는 생각에 한껏 들떴다. 그러나 모든 것을 중단하고 가장 노릇만을 하며 살지는 않을 것이라는 점을 분명히 해두었다. 올란도에게 과포레 파수대의 책임자 자리는 새로운 직업인 셈인데, 사실상 그는 그 일을 위해 양육된 것이나 다름없었다. 올란도는 그 일에 다른 무엇보다도 중요한 한 가지 조건이 붙어 있다는 것을 아주 잘 알았다. 그것은 바로 기꺼이 가족과 친구들로부터 떨어져 집에서 아주 먼 곳에서 지내야 한다는 조건이었다. 시드니는 아들 올란도에게 파수대 일이 연애나 결혼 생활을 버겁게 할 수 있지만 아무 대가도 치르지 않고 가치 있는 일을 할 수는 없다고 말했다. 올란도는 파수대의 일에서 큰 보람을 느낄 것이라고 확신했다. 그는 정글에서 자신의 능력을 시험해보고 싶어 했는데, 이 일이 그럴 수 있는 좋은 기회라고 생각했다.

새로운 팀

알테어가 해임되고 올란도가 오기 전에 시드니는 모아시르 코르데이로 데 멜로라는 사람을 잠시 과포레 환경 파수대의 책임자 대리를 맡겼다. 당시 고립된 인디언의 상황은 날로 악화되고 있는 것 같았다.

의회가 마르셀로의 활동을 조사한 뒤 그 주에 있는 인디언 보호구역의 법적 지위에는 어떤 변화도 일어나지 않았다. 그러나 그로 인해 지역의 목장주들과 정치가들은 대담해졌다. 2003년 혼도니아 주지사는 에스파냐어 텔레비전 방송국에 출연해서 어떤 고립된 인디언도 혼도니아 주에 살 수 없다고 못 박았다.• 그러면서 누구라도 혼도니아에서 고립된 부족을 찾는다면, 그것은 "푸나이 직원들이 그 부족들을 볼리비아에서 이곳으로 이주시켰기 때문"이라고 말했다. 인디언 보호구역에서 불법으로 행해지는 벌채는 더욱 기승을 부렸다. MST의 토지 무단 점유자들에게 위협을 받을 때 알테어와 합의했던 소셀 목장의 주인 셀소 드 소르디는 고립된 인디언을 보호하기 위해 개발을 억제한다는 의견에 불만을 드러냈다. 그의 친척들은 푸나이 직원들을 만나 고립된 인디언에 대해 불평을 늘어놓으면서 숲이 농지로 개발되기를 간절히 바란다고 말했다. 토지 불법 점거 위협이 시들해진 만큼 인디언을 보호하겠다는 목장주의 열의도 식은 것 같았다.

처음에 모아시르는 너무 늦기 전에 인디언과 접촉을 해야 한다는 시드니의 생각에 동의했다. 그는 짧은 일정으로 숲에 두 번 갔다왔지만 아무 성과도 없었다.

탐사 여행을 다녀온 뒤로 모아시르의 생각은 바뀌었다. 모아시르가 브라질리아의 푸나이 본부에 보낸 공식적인 전보에는 자신의 일에 확신을 갖지 못해 괴로워하는 심경이 드러나 있었다. 모아시르는 혼도니아에서의 경험을 토대로 고립된 인디언과 억지로 접촉하는 것이 이

• 마리솔 소토의 다큐멘터리 〈Indios〉 참고.

로울 게 전혀 없다는, 마르셀로와 알테어의 결론이 정확했다고 믿었다. 시드니가 올란도를 혼도니아에 보내기 직전인 2004년에 모아시르는 시드니에게 '긴급함'이라고 표시된 편지를 썼다. 그는 아무 성과도 거두지 못한 두 차례의 탐사 여행으로 인해 인디언이 또다시 움막을 버렸으며, 임시로 개발이 금지된 지역의 남동쪽 끝으로 달아난 것 같다고 적었다. 모아시르는 만일 그들이 계속 접촉을 강요한다면, 인디언이 개발 금지 구역을 아예 벗어나 전혀 보호를 받을 수 없는 구역으로 가버리지 않을까 걱정했다. 인디언은 그들이 두고 간 선물을 거절했을 뿐 아니라 그것을 일부러 부수기까지 했다. 모아시르는 이렇게 적었다.

"인디언은 경고의 메시지를 보낸 것입니다. 인디언이 늘 이렇게 도망과 거절의 방법으로 표현하는 메시지를 해석해본다면, 이렇게 말하고 있는 게 아닐까요? '나 좀 가만히 놔두시죠!?!'"

하지만 시드니는 접촉이 정치가들과 지주들의 위협에 직면해 있는 고립된 인디언을 보호하는 유일한 방법이라고 확신했다. 만일 푸나이 직원들이 어떻게든 고립된 인디언과 의사소통을 할 수 있다면, 그들은 인디언이 개발 금지 구역 밖으로 나가려고 할 경우에 맞닥뜨릴 위험을 알려줄 수 있을 터였다. 시드니는 모아시르의 편지를 받고 몇 주 뒤에 올란도를 혼도니아에 보내 인디언과 접촉하는 일을 인계받도록 했다.

올란도는 병원에서 퇴원한 날 인디언과 접촉하기 위한 장기적인 탐사 활동을 준비하기 시작했다. 그는 시간이 오래 걸려도 고립된 인디언을 찾을 때까지 과감히 일을 밀어붙이고 싶었다.

올란도는 탐사대를 꾸릴 때 치코라고 부르는, 스물두 살의 프란시스코 쿠토 리마 로자를 맨 먼저로 뽑았다. 마르셀로와 알테어와 함께 일했던 푸나이의 현장 보조원들은 모두 그만두거나 다른 지역으로 옮겨갔다. 치코는 모아시르가 후임으로 고용한 사람들 가운데 하나였다. 올란도는 치코 옆에 있으면 편했다. 여러 이유 중 하나는 치코의 나이 때문이었다. 올란도는 나이 많은 푸나이 직원들 중 일부가 자신의 아버지를 좋아하지 않는다는 것을 알았다. 그들이 아들을 책임자 자리에 앉혔다고 뒤에서 쑤군댈 것이라고 짐작했다. 그러나 치코에게서는 그런 부정적인 느낌을 전혀 받지 못했다. 마르셀로가 항상 알테어에게 의지했던 것처럼, 올란도는 계획 수립 파트너로 치코에게 의지했다.

다른 두 명의 보조원이 들어와 올란도의 새로운 팀이 결성되었다. 한 명은 프란시스코 모우라였다. 모두 그를 치킨호('작은 치코')라는 별명으로 불렀다. 치킨호는 20대 중반으로 숲에서 보낸 경험이 많지 않았다. 그러나 올란도는 그의 자세가 마음에 들었다. 다른 한 명은 셀소 조세 도스 산토스인데, 투니오라는 별명으로 통했다.

서른네 살인 투니오는 새로운 팀원들 가운데 가장 나이가 많았다. 투니오는 그곳 지역민이었다. 그는 알테어의 가족이 살았던 마을 외곽에 있는 농장에서 성장했다. 사실 몇 년 전에 오메레 캠프에서 보조원으로 투니오의 사촌을 고용했던 사람이 바로 알테어였다. 지난해 모아시르가 탐사를 도울 사람을 찾았을 때 그의 사촌이 투니오를 추천했다. 이미 1년 동안 푸나이를 경험한 투니오는 올란도의 탐사대에서 어느 누구보다 경력이 많은 대원들의 선배인 셈이었다.

올란도는 병원에서 퇴원한 지 한 달도 안 되어 치코와 치킨호, 투니오와 함께 첫 탐사 활동을 벌이기 시작했다. 그들이 탐사를 떠나기 직전에 올란도의 혈액 검사 결과가 나왔다. 의사들은 올란도에게 그가 리슈마니아증(leishmaniasis)에 감염되었다고 말했다. 리슈마니아증은 곤충에게서 생기는 병으로 치료를 하지 않고 방치하면 나병과 비슷한 피부 염증을 일으킬 수 있고, 비장이나 간 또는 골수를 파괴함으로써 사망에 이르게 할 수도 있다고 했다.

올란도는 고립된 인디언을 찾아 정글을 향해 떠나기 전에 의사가 처방해준 정맥 주사약을 챙겼다. 병원에 입원했던 일은 올란도의 이력서에 기재될 또 하나의 기록에 지나지 않을 터였다. 그것은 자존심 있는 탐험가가 그 직함을 얻기 위해 극복해야 할, 불편하지만 필요한 장애물 가운데 하나였다. 리슈마니아증은 말라리아는 아니었지만 말라리아와 유사한 것이었다.

사라진 의심

인디언을 찾는 일은 순조롭지 않았다. 탐사대는 2005년 3월 12일부터 4월 12일까지 정확히 한 달 동안 숲에 머물렀다.* 그러나 아무것도 찾아내지 못했다. 인디언의 발자국이나 그 어떤 흔적도 찾아볼 수 없

● 이 부분은 그 자리에 있던 사람들과의 인터뷰와 올란도의 일기, 그리고 탐사 여행 중에 대원들이 찍은 사진을 참고한 것이다.

었다. 탐사대는 겨우 낡은 움막만 발견하고, 그 옆에서 야영을 하며 며칠을 보냈다. 그들은 인디언이 움막을 영원히 버린 것이라고 생각했다.

대원들 가운데 투니오만큼 의심이 많은 사람은 없었다. 그는 늘 이런저런 의심으로 심란해했다. 투니오는 올란도의 열정을 높이 사기는 했지만 그가 팀 리더가 될 만한 충분한 경험이 있다고는 생각하지 않았다. 투니오와 모아시르의 대원이었던 다른 푸나이 직원들 중 몇몇은 이따금씩 새로운 상사를 조롱했다. 그들은 올란도가 그 주의 다른 지역에 있는 마사코 인디언 보호구역을 방문했을 때 그가 탄 카누가 어떻게 뒤집혔는지 이야기하며 낄낄거렸다. 그중 몇몇은 올란도가 정글 탐사에 대해 아는 것이라고는 GPS를 사용하는 법뿐이라고 투덜거렸다. 투니오는 여덟 명의 형제 가운데 막내로 숲 언저리에 있는 움막에서 성장했고, 그때까지 숲을 탐험해왔다. 그는 올란도가 아직 대원들의 신망을 얻지 못했다고 동료들에게 말했다.

그러나 투니오는 팀 리더에 대한 의심보다도 그들이 찾고 있는 대상이 정말로 존재하는지 확신이 서지 않아서 힘들어했다. 그는 전해에 모아시르와 함께 고립된 인디언의 땅에서 열흘 동안 탐험했다. 그러나 그 인디언의 흔적은 찾지 못했다. 투니오는 고립된 인디언에 대한 이야기만 들었을 뿐 빈센트가 찍었다는 사진이나 그의 전임자들이 모아둔 인디언의 물건 따위는 본 적이 없었다. 그는 숲에서 올란도와 한 달을 보냈을 무렵, 인디언이 실제로 존재한다는 것을 의심하기 시작했다. 아마존에서 탐험을 하는 것이 괜한 헛수고를 하는 것이 아닐까 하는 생각이 들기 시작했던 것이다.

투니오는 두 눈으로 확인하지 않고는 도저히 믿을 수가 없었다. 그는 일주일 안으로 확인하고 싶었다.

올란도 팀은 하루 종일 걷다가 보통 날이 어둑해지면 발길이 멈춘 곳에서 야영을 했다. 매일 밤 숲 속에 해먹을 걸고 방수포를 쳤다. 먹을 것이 충분하지 않아서 음식이 떨어지면 두 대원이 가서 음식을 더 가져오고 나머지 둘은 남아 있곤 했다.

2005년 4월 12일 아침, 탐사대는 자신들이 발견한 캠프가 마음에 들어서 하룻밤 더 그곳에서 보내기로 했다. 팀은 하루 종일 걸어다닌 다음 오후 늦게 같은 장소로 돌아올 계획이었다. 그들은 온종일을 걸어다니다가 오후 4시쯤 돌아오는 길에 한 나무줄기 옆면에서 둥근 끌로 판 듯한 구멍을 발견했다. 구멍은 생긴 지 얼마 안 된 것으로, 기껏해야 이틀 전에 판 것이었다. 그 나무의 상처에서 스며나오는 꿀은 신선했다.

탐사대는 인디언의 흔적을 찾기 위해 인근 지역을 수색했지만 허사였다. 날이 어둑해지고 있었다. 팀은 어두워지기 전에 캠프로 돌아가려고 했다. 치코가 돌아갈 때는 왔던 길이 아닌 다른 길로 가자고 제안했다. 만일 인디언이 낮에 대원들을 보고 달아난 것이라면, 그들이 전에 지나갔던 길보다는 새로운 길로 돌아가는 것이 인디언과 마주칠 가능성이 더 클 터였다.

올란도는 손에 쥔 GPS에 나무 구멍의 위치를 표시했다. 그리고 대원들과 캠프를 향해 걷기 시작했다. 약간 돌아가는 길로 가다 보니 시냇물을 건너야 했다. 그들은 둑에서 인간의 발자국을 발견했다. 발자국 안에는 물이 가득 고여 있었다. 발자국은 생긴 지 얼마 안 된 것 같았다. 기껏해야 몇 시간밖에 되지 않은 듯했다.

치코의 눈에는 발자국이 작아 보였다.

"우리는 네 명이고 인디언은 한 명뿐이에요. 따라서 인디언을 찾아내면 우리가 원할 때 그와 접촉할 수 있을 거예요."

다른 대원들은 치코가 진심으로 하는 말인지 확신이 서지 않았다. 하지만 장시간을 걸어다니고 아무 단서도 못 찾아낸 지 한 달이 지나자, 그들은 접촉이 실제로 가능할 수도 있겠다고 생각하기 시작했다. 고립된 인디언과 마주치고 난 뒤에 행동을 취하자는 치코의 제안은 기발했다. 올란도는 그런 생각을 미처 하지 못했다. 그는 단순히 대원들이 인디언을 찾아다니다가 인디언과 마주치면 그의 반응을 기다렸다가 본능적으로 응수할 것이라고만 생각했다.

올란도는 GPS에 발자국이 찍힌 장소를 표시했다. 탐사대는 조용히 캠프로 향하면서 무언가 흔적이 있지는 않은지 자세히 살폈다.

그다음 5일 동안 탐사대는 그 지역을 수색했지만 매일 아무것도 찾지 못하고, 오후에 캠프로 돌아왔다. 4월 18일 아침, 대원들은 플라스틱 보온병에 담긴 인스턴트 커피와 비스킷을 나눠 먹으며 이번에는 시간을 최대한 활용해서 찾아보기로 합의했다. 안전을 위해 오후 중반에 캠프에 돌아오는 대신 어둑해질 때까지 수색하기로 했던 것이다. 탐사대는 약간의 쌀과 파로파라는 만디오카 가루를 챙겼다. 양껏 식사를 할 필요가 있으면 사냥을 해서 고기를 얻을 생각이었다. 하루 종일 걸을 계획이었으므로 꼭 필요한 짐만 챙겨서 불필요한 짐으로 기력을 떨어뜨리는 일이 없도록 조심했다. 투니오는 광부들이 머리에 쓰는 작은 헤드라이트를 가지고 갔다. 캠프로 돌아오기도 전에 어두워지기 시작하면 사용할 생각이었다.

탐사대는 인디언의 흔적을 찾아 나무 사이사이를 살피며 아침 내내 걸었지만 역시 아무것도 찾지 못했다. 정오쯤에 숲 한가운데서 카사바 나무와 약간의 옥수수를 발견했다. 올란도는 기뻐서 어쩔 줄을 몰라했다.

탐사대는 필요하다면 오후 내내 인디언을 기다릴 작정이었다. 그들은 근처에서 멧돼지 무리를 발견하고 잡아서 포식하기로 했다. 치코는 한번에 제대로 잡으려고 몇 걸음 뒤에서 조용히 멧돼지를 따라 숲속으로 갔다. 그러더니 몇 분 뒤에 멧돼지를 어깨에 메고 돌아왔다.

치코는 배불리 먹을 저녁거리가 있으므로 근처의 목장 옆에서 하룻밤을 보내자고 제안했다.

올란도는 모름지기 팀의 리더였지만 자기보다 나이 많은 대원들의 의견에 지나치게 끌려다닌다는 생각이 들었다. 리더의 권위를 내세울 필요가 있었다.

올란도가 말했다.

"안 돼요. 리슈마니아증 약을 캠프에 두고 왔어요."

치코는 그곳에 계속 있으면 분명히 인디언을 찾게 될 것이라고 고집을 부렸지만, 올란도는 그 문제에 대해 더 이상 말하지 않았다. 탐사대는 일단 기다릴 작정이었다. 만일 오후가 끝날 무렵에도 치코의 생각이 변함없다면 그때 가서 다시 의논하기로 했다.

탐사대는 돼지고기를 네 등분으로 나누었다. 저장할 곳이 없었으므로 각자 자신의 몫을 막대기에 꽂아서 가지고 다녔다. 그들은 인디언의 흔적이 더 있는지 찾으려고 목장 주변을 수색했다. 오랫동안 수색할 필요가 없었다. 멀지 않은 작은 개간지에 훤칠하게 자란 카사바 나무들 한가운데 움막 한 채가 보였다.

탐사대는 인디언이 움막 안에 있는지 확인할 수 없었다. 그래서 일단 두 팀으로 나누어 움막을 에워쌌다. 그렇게 하면 인디언이 안에 있을 경우 움막 반대편으로 몰래 빠져나갈 수 없을 터였다. 그들은 손에 든 막대기를 땅에 꽂아놓고 흩어졌다. 투니오와 치코는 움막 반대편으로 돌아갔고, 올란도와 치킨호는 앞쪽에서 다가갔다.

치코는 땅콩이 몇 개 있어서 인디언에게 줄 선물로 움막 안에 남겨두고 싶었다. 그는 움막으로 조금씩 다가갔고, 투니오는 바로 그의 뒤에 있었다. 올란도와 치킨호는 치코와 투니오가 접근하는 것을 지켜보며 움막 반대편에서 약 9미터 지점 뒤로 물러나 있었다. 올란도는 그들이 가까이 다가가는 것을 보자 마음이 편치 않았다.

"인디언이 안에 있으면 어떡하려고요?"

올란도가 그들에게 물었다.

치코와 투니오는 올란도의 말을 무시했다. 인디언이 안에 있다면 직접 보고 싶었다. 가만히 있다가 인디언에게 몰래 빠져나갈 여지를 주고 싶지 않았다. 치코와 투니오는 흥분한 나머지 인디언에 대해 들었던 모든 주의 사항들을 잠시 잊어버렸다. 푸나이 직원들은 토착 문화를 보호할 때 감수성의 중요성에 대해 종종 이야기했다. 그러나 그것 또한 그 순간에는 떠오르지 않았다. 흥분에 휩싸인 나머지 움막으로 다가갈 뿐 다른 것은 안중에도 없었다. 치코와 투니오는 마음을 졸이며 서서히 움막에 다가가면서도 인디언이 달아날까봐 주의를 바싹 기울였다.

치코는 무릎을 꿇고 움막의 출입문을 향해 기어갔다. 그리고 투니오는 긴장한 채 웅크린 자세로 조용히 뒤를 따라갔다.

치코는 무릎을 꿇은 자세에서 투니오를 돌아보고는, 셔츠를 붙들고 속삭였다.

"인디언이 안에 있는 것 같아요! 무슨 소리를 들었어요."

그 즉시 모든 일이 일어났다. 치킨호가 움막 반대편에서 인디언을 보고 그들에게 소리쳤다.

"거기서 어서 피해요!"

치코는 벌떡 일어났다. 올란도는 생각만 해도 끔찍한, 활시위가 탕하고 울리는 소리를 들었다. 투니오는 가슴에서 뭔가 뜨거운 것을 느꼈다. 순간 피가 솟구쳐 움막 벽에 튀는 것이 보였다.

투니오는 아무 생각 없이 가슴에 박힌 2미터 길이의 대나무 화살을 획 잡아 빼 바닥에 던지고는 소리쳤다.

"뛰어!"

탐사대는 개간지에서 각자 다른 방향으로 황급히 달아났다. 덩굴에 발이 걸려 넘어지고 카사바와 나무에 부딪히기도 하면서 정신없이 뛰었다. 투니오는 휘청거리며 대원들을 쫓아갔다. 그들은 미친 듯 달아난 지 몇 분 뒤에 멈춰 섰다.

"방금 무슨 일이 일어났지?"

치코가 숨을 헐떡이며 물었다. 유일하게 화살을 못 본 사람은 치코였다.

투니오의 작업복 셔츠 왼쪽 가슴주머니 위로 거무튀튀한 얼룩이 번

져 있었다. 투니오가 셔츠 단추 푸는 것을 올란도가 도와주자 시뻘건
그의 얼굴이 제 색깔을 찾았다. 투니오는 얕은 숨을 쉬었다. 그는 화
살이 꽂혔던 가슴 부위에 대고 있던 피 묻은 손을 치웠다. 상처는 깊
게 베인 초승달 모양으로 3센티미터가량 나 있었다. 투니오가 숨을 쉴
때마다 상처에서 피가 홍건히 뿜어져나왔다. 상처가 얼마나 깊은지는
알 수 없었다.

1초라도 빨리 도움을 청해야 했다. 치코는 그들이 목장에서 얼마나
멀리 떨어져 있는지 GPS로 확인해서 알아봐야 한다고 말했다. 그제
야 올란도는 돼지고기를 꽂아놓은 막대기 옆에 GPS를 두고 왔다는
것을 깨달았다. GPS를 가져오려면 움막으로 다시 돌아가야 했다. 대
원들 모두 잠시 동안 서로를 쳐다보았다. 방금 일어난 일을 버젓이 보
고 나서 움막 근처에 가고 싶은 사람은 그들 중 아무도 없었다.

투니오가 바닥에 누워서 신음하며 말했다.

"어서 가자고. 내가 그리로 가서 그 빌어먹을 GPS를 가져올게. 난
여기서 빠져나가야 한다고!"

치코는 개간지 주변을 향해 살금살금 걷다가 올란도가 GPS를 두고
온 지점 쪽으로 돌진했다. 그리고 잠시 후에 무사히 돌아왔다.

치코가 GPS를 가져오는 동안 올란도는 허리띠와 셔츠를 벗고 다른
대원들에게도 똑같이 하라고 요구했다. 그들은 셔츠와 허리띠로 들것
을 만들었다. 그러고는 투니오를 들것에 눕히고 조심스럽게 들었다.
그런 다음 GPS가 가리킨 가장 가까운 목장을 향해 숲 속을 걷기 시작
했다.

들것에 실려가는 것은 힘들었다. 투니오는 들것이 한쪽으로 기울어

질 때마다 신음을 했다. 잠시 후 올란도는 또 다른 장비를 만들었다. 그러고는 장비를 사용해 아주 무거운 배낭을 다루듯 투니오를 들어 올렸다. 올란도와 치코는 교대로 투니오를 들었고, 치킨호는 앞장서서 마체테를 휘둘러 길을 내주었다. 햇빛이 점점 약해졌다. 투니오의 작은 헤드라이트는 짙어지는 어둠을 뚫고 가는 데 거의 도움이 되지 못했다.

면도날 같은 날카로운 풀잎이 어둠 밖으로 손을 뻗어 그들의 맨 팔과 어깨, 옆구리에 생채기를 냈다. 헐거운 장비에 감싸인 투니오는 발걸음을 옮길 때마다 이리저리 흔들렸다. 그는 아무래도 대원들이 자기를 떨어뜨릴 것 같다고 생각하고는 걸어가기로 했다. 투니오는 다른 대원들의 부축을 받으며 목장을 향해 천천히 걸었다.

탐사대는 투니오가 화살을 맞은 지 네 시간 만에 한 달 전에 트럭을 두고 갔던 목장 근처의 울타리에 도착했다. 투니오는 더 이상 걸을 수가 없어서 풀밭에 주저앉았다. 다른 대원들이 도와줄 만한 사람을 찾으러 달려나갔을 때, 올란도는 투니오 곁에 남았다.

올란도는 겁이 났다. 투니오의 의식이 들락날락하는 것 같았다. 투니오는 고개를 뒤로 젖히고 눈을 감더니 불안하게도 한참 동안 침묵에 빠져 있었다. 투니오는 네 시간 동안 걸으면서 한 손으로 상처를 꼭 누르려 애썼다. 그가 걸친 짙은 감색 셔츠 면직물이 피가 흥건한 채 상처에 들러붙어 솟아나는 피를 막아주고 있었다. 이윽고 대원들이 상처를 자세히 보려고 셔츠를 떼어내자 투니오의 호흡에 맞춰 상처에서 부글부글 소리가 나며 피가 흘러나왔다.

올란도와 투니오는 이야기를 나누어보려 했지만, 서로에 대한 원망만 깊어질 뿐이었다. 올란도는 애인이 아이를 낳았는지 궁금하다고 큰 소리로 말했다. 투니오는 올란도를 위해 걱정을 해줄 수가 없었다. 짜증만 났다. 투니오는 화살을 맞기 전에 올란도가 탐사대를 이끌어 가기에는 경험이 너무 없는 것이 아닌가 걱정했다. 화살을 맞고 나자 그런 생각은 더욱 굳어졌다.

치코와 치킨호는 목장에 갔다가 투니오가 누워 있는 울타리로 트럭을 몰고 돌아왔다. 둘은 트럭을 세운 뒤 위성전화기와 의료함을 들고 투니오와 올란도를 향해 달려왔다.

올란도는 의료함의 내용물을 뒤졌다. 병에 적힌 이름은 올란도에게 아주 생소했다. 올란도는 리슈마니아증 때문에 브라질리아에 있는 주치의의 전화번호를 가지고 있었다. 그래서 위성전화기의 번호를 누르고 의사에게 의료함의 내용물에 대해 말해주었다. 그러자 의사는 투니오에게 진통제를 주사하고, 붕대가 상처에 들러붙지 않게 테이프로 고정시키라고 말했다. 투니오가 숨을 들이쉬면 붕대가 상처에 밀착되었다가 숨을 내쉬면 밖으로 떨어져나왔다.

대원들은 투니오를 부축해 트럭에 태우고 빌헤나로 향했다. BR-364 도로를 이용해 도시 한가운데 있는 병원에 도착하자 동이 트기 시작했다.

투니오의 상처를 살펴본 응급실 의사는 일주일가량 입원해야 한다고 말했다. 화살 끝이 폐 속을 찌르기는 했지만 치료받으면 나을 수 있다고 했다. 그나마 운이 좋았다. 화살이 쇄골 밑으로 5센티미터 지점에 있는 뼈를 치고 위쪽으로 비껴갔다. 화살이 아주 조금이라도 더 아래쪽에 있는 뼈를 쳤다면 그것은 아래쪽으로 비껴가 심장에 꽂혔을 터였다.

투니오는 5일 동안 병원 침대에 누워 있었다. 고립된 인디언의 존재에 대해 품고 있던 그의 의심은 완전히 사라졌다. 이제 두 눈으로 똑똑히 보았으니 그 사실을 믿을 수 있었다.

최선의 방법

탐사 활동을 벌인 뒤 올란도는 비행기를 타고 브라질리아로 가서 갓 태어난 아들을 만났다. 그리고 3주 동안 시드니와 함께 지냈다. 올란도는 투니오가 다친 일로 낙담해 있었다. 그러나 시드니는 그 일의 동기가 신성하다는 것을 올란도에게 상기시킴으로써 아들이 회의에 빠져들지 않게 했다. 만일 올란도가 고립된 인디언과 접촉을 하기 위해 무리하게 일을 추진했다고 비난을 받아야 한다면, 시드니도 올란도의 직접적인 조언자로서 비난의 일부를 짊어져야 할 터였다. 하지만 그는 그럴 필요를 느끼지 않았다. 화살에 맞은 지 몇 주 지나서 시드니가 투니오와 올란도에게 그 사건에 대해 이야기했을 때, 그는 들떠 있었다. 그 이야기가 적지 않은 위험이 내포된, 신성한 동기를 가지고 시작한 신나는 모험담이었기 때문이다. 아버지와 아들이 그런 이야기를 공유할 수 있다는 사실에 시드니는 자부심으로 가득차 보였다. 올란도는 아들 이상의 존재가 되어 있었고, 동료가 되어가고 있었으며, 세르타니스타라는 직함을 얻기 위해 갖은 고생을 하며 필요한 경험을 쌓아가고 있었다.

"고립된 인디언과의 접촉은 우리가 취할 수 있는 마지막 수단입니다."

시드니는 그해 5월에 주방 식탁에서 올란도 옆에 앉아 고립된 인디언이 처한 곤경을 기자에게 설명했다.

"나는 접촉을 하고 싶지 않아요. 접촉하는 것이 싫습니다. 절대 좋은 방법이 아니에요. 인디언들이 모든 걸 잃게 되니까요. 하지만 한 부족의 인원이 극히 적어지면, 때로 접촉이 그들을 구하는 유일한 방법이지요."

고립된 인디언들과 접촉하다 보면 그 과정에서 생명을 잃을 수도 있었다. 1996년에 시드니의 동료 중 한 명을 무참히 살해한 한 코루보 부족민이 나중에 시드니에게 그 동기를 설명했다.

"우리가 그때는 당신들을 몰랐으니까요."

시드니는 그 말이 옳다고 생각했다. 2003년에 그 부족민이 아마조나스에 있는 보호구역 근처에서 나무를 베던 세 명의 백인 남자를 무참히 살해했을 때도 시드니는 당황하지 않았다. 당시 근처 기지에 머물고 있던 그는 그들의 카누에서 토막나 있는 세 남자의 시신을 발견했지만, 그들을 동정하지 않았다. 시드니는 살해 소식이 그 지역의 강가에 있는 다른 정착지에 퍼졌을 때 오히려 흡족해했다.

"나는 인디언들이 난폭한 것이 더 좋아요. 그래야 침입자들이 겁을 먹고 얼씬도 하지 않을 테니까요."

나중에 시드니가 스미스소니언 매거진 기자에게 한 말이었다.

그런 맥락에서 투니오가 죽을 뻔한 일은 세르타니스타의 일에 전통적으로 따르는 종류의 위험들 중에서도 비교적 가벼운 사례로 보였다. 시드니는 수차례나 그러한 위험에 맞서는 용기를 잃지 않는 것의 중요성을 강조했다. 그는 푸나이에 정글에 대한 그의 열정을 공유할 탐사 대원들이 점점 줄어드는 현실을 개탄했다. 푸나이에 대한 그의 비난은 더욱 거세졌다. 시드니는 자기 자신과 올란도를 신성한 임무를 수행하는, 사멸해가는 종족의 마지막 생존자로 여겼다. 고립된 인디언에 대해 말할 때는 거기에 따르는 위험보다 더 위대한 위험은 없는 듯 말했다. 그리고 자신이 부족과 40년간 함께 일했던 결과가, 개발업자들이 까맣게 탄 그루터기들의 묘지로 파멸시켜버리겠다고 위협하는 숲에서 도피 생활을 하는 단 한 명의 인디언으로 남아 있는 것처럼 말했다. 시드니는 올란도에게 그 사건을 극복해내고 앞으로 더욱더 조심하라고 격려했다.

아버지의 열정에 자극을 받은 올란도는 마음가짐을 새롭게 다지고 혼도니아로 돌아왔다. 그는 고립된 인디언을 위해 개발이 금지되어 있는 땅에 상설 캠프를 세웠다. 시냇물이 두 갈래로 갈라지는 지점의 평평한 삼각형 모양의 땅이었다. 그곳은 소셀 목장 마구간에서 걸어서 한 시간가량 떨어져 있었다. 거기서 시냇물을 건너 조금만 걸어가면 인디언의 영역이었다. 올란도와 대원들은 커다란 나무 오두막을 지었다. 마르셀로와 알테어가 오메레 캠프에 세웠던 오두막과 약간 비슷했다. 올란도 팀은 서까래에 전구를 매달아놓고 발전기로 불을 밝혔다. 올란도는 캠프에서 대부분의 시간을 보냈다. 밤에는 자고 낮에는 치코와 마사코 보호구역에서 온 열 내지 아홉 명으로 구성된 인디언들과 함께 숲 속을 탐사했다.

올란도는 캠프가 무척 마음에 들었다. 그는 인디언 영역 근처에서의 야영 생활에 익숙한 나머지 마을에서 며칠 밤 동안 침대에서 자는 것이 불편했다고 일기에 적기도 했다. 올란도는 교묘하게 달아나는 인디언과 이번만큼은 접촉하게 될 것이라고 낙관했다.

"이곳, 구덩이 속의 인디언의 영역 밖에서 조만간 접촉이 이루어질 것이라는 희망에 가득 차 있다. 매일 나는 바로 오늘 그 일이 일어날 수도 있다고 생각하며 잠에서 깬다."

올란도가 6월에 기록한 일기의 내용이었다.

그런데 올란도의 예감은 매일 빗나갔다. 시드니와 올란도의 형은 올란도의 스물한 번째 생일을 축하하기 위해 6월에 혼도니아로 왔다. 그들은 과감하게 인디언 영역으로 들어가 투니오가 화살을 맞았던 지역을 살펴보았다. 고립된 인디언은 그곳을 떠나고 없었다. 그다음 3개월 동안 올란도는 함정 몇 개와 사냥을 하기 위한 몇몇 잠복 장소, 그리고 고립된 인디언이 남긴 다른 흔적들을 발견했다. 인디언이 다시 도주 생활을 하고 있는 것이 분명했다. 인디언은 밭을 버렸고, 탐사대가 그를 위해 남겨둔 선물을 받아들이지 않았다. 인디언의 발자국을 발견하는 아주 드문 경우가 있었는데, 그 발자국을 따라가는 것은 불가능했다. 발자국이 다섯 개의 방향으로 흩어져 있었기 때문이다. 그것은 자신을 추적하고 있을지도 모르는 사람을 따돌리려는 인디언의 책략이었다.

연말이 되면서 접촉에 대한 올란도의 희망은 절망과 회의에 가까운 감정으로 바뀌었다. 구멍 난 타이어에서 공기가 쉬익 빠져나가듯이 올란도의 열정은 식어버렸다. 올란도는 직접 탐사 활동을 벌여 고립된 인디언과 마주쳤지만, 결국 그의 전임자들이 그랬듯 마뜩치 않은 결론에 이르렀다. 의도가 아무리 좋아도 억지로 접촉을 하는 것은 고립된 인디언을 돕는 게 아니었다. 이런저런 단편적인 증거들이 그들의 노력이 고립된 인디언의 상황을 더욱 위태롭게 만들고 있음을 보여주었다.

밭을 잘 일구어놓고, 움막을 더 튼튼히 짓고, 선물을 받아들였던 고립된 인디언의 행동, 즉 수년 전에 알테어가 진일보한 단계로 해석했던 모든 징후들은 사라졌다. 푸나이는 발전하기는커녕 퇴보하고 있었다.

고립된 인디언의 태도가 바뀐 이유에 대해서는 짐작만 할 수 있었다. 마르셀로와 알테어가 책임자로 있던 수년 동안 고립된 인디언은 그 대원들의 얼굴이 웬만큼 눈에 익었을 터였다. 그런데 새로운 남자들이 고립된 인디언을 추적하기 시작했을 때, 어쩌면 그는 겁을 먹고 강한 거부감을 지닌 채 도망자의 삶으로 되돌아갔을 수도 있었다. 고립된 인디언으로서는 올란도 팀과 그가 조심스럽게 마음을 열어 보였던 다른 백인 남자들이 어떤 식으로든 관계를 맺고 있다는 사실을 알 리 없었다.

올란도는 탐사 활동을 보류해야 한다고 판단했다. 시드니도 그의 의견에 동의했다. 그들은 최선을 다해 탐사 활동을 벌였지만 모든 증거로 볼 때 고립된 인디언은 신중하게 그들의 접근을 피하는 쪽을 선택한 것 같았다. 인디언은 시드니가 그제껏 목격하지 못한 가장 극단적인 고립 상태에 놓여 있었다. 그리고 그만큼 큰 위험에 처해 있었다. 시드니는 자신의 입장을 뒤집고, 비접촉이 최선의 방법이라고 판단했다.

그 같은 변화는 아무런 효과도 보지 못하고 몇 개월 만에 흐지부지 되고 말았다. 푸나이가 고립된 문화의 상징적인 보호자인 시드니를 해고하기로 결정했기 때문이었다.

갑작스런 해고

2003년에 푸나이 회장이 된 메르시오 페레이라 고메스는 브라질 토착 민의 권리를 진심으로 옹호하는 것으로 명성을 얻은 인류학자였다.●
그런데 2006년 초에 한 기자가 브라질 토지 가운데 인디언 보호구역 으로 지정된 곳이 너무 많다고 주장하는 사람들과 푸나이가 계속 충 돌하는 문제에 대해 고메스에게 질문했다. 그러자 고메스는 "보호구 역이 많긴 하지요"라고 대답하며 그들의 주장을 존중한다고 말했다. 그러면서 대법원이 어느 시점에서 얼마의 땅을 인디언 보호구역으로 정할 수 있는지 그 한계를 설정해야 할 것이라고 덧붙였다.

그 인터뷰 결과 고메스가 브라질의 인디언들이 너무 많은 땅을 차 지하고 있다고 믿는 사람들의 의견에 동조한다는 것을 암시하는 기사 가 실렸다. 푸나이 측은 기자가 고메스의 말을 오해했다면서, 고메스 는 브라질 영토의 12퍼센트를 차지하는 인디언 보호구역으로 설정된 지역의 상당 부분이 사유지인 만큼 앞으로는 보호구역을 설정하는 체 계적인 방식을 정해야 한다는, 있는 그대로의 사실을 인정하려 했던

● "Land Wars: Brazil's Indians", *Economist*, February 4, 2006.

것뿐이라고 주장했다.

그러나 고메스가 자신의 입장을 분명히 밝히기도 전에 몇몇 기자가 시드니에게 고메스의 발언에 대해 어떻게 생각하는지 말해 달라고 부탁했다. 시드니는 할 말이 많았다.

시드니는 당시에 조에 부족 인디언들과 현장에 나가 있었는데, 그는 라디오를 통해 고메스를 노골적으로 비난했다.

"그런 얘기는 목장주들과 땅 투기꾼들, 채굴자들과 벌채업자들에게 들었습니다. 그것도 귀 아프게 들었어요. 하지만 푸나이 회장한테서 그런 얘기를 들은 건 난생 처음입니다. 정말 무섭네요."

시드니는 《오 에스타도 데 상파울루》 신문사의 기자에게 이렇게 말했다.

그리고 다른 기자들에게는 다음과 같이 말했다.

"그건 마치 환경부 장관이 사람들에게 나무를 베라고 부추기는 것과 다를 게 없지요."

며칠 뒤에 푸나이는 기관 내부의 다른 전문가들과 '불화를 일으켰다'는 이유로 시드니를 해고했다.

시드니는 끝까지 저항했다. 그는 사과하기를 거부했다. 정부 기관에서 자신을 파면해도 브라질 인디언들에게 자행되는 불의라고 생각되는 모든 것을 폭로할 생각이었다. 시드니는 사람들에게 올란도 빌라스 보아스가 생애 말에 어떤 특별한 이유도 없이 푸나이의 명예직에서 느닷없이 해고되었던 사실을 사람들에게 상기시켰다. 칸디도 혼돈도 브라질 대통령과 갈등을 빚은 후 1930년에 인디언 보호국의 초대 소장을 그만두었다.

시드니는 자신의 편에 서줄 든든한 동지들이 있을 것이라고 생각했다. 그는 자신을 고용한 정부에 맞서며 일을 추진해왔다. 이제 그만두는 것은 도덕적으로 굴복하는 것이나 다름없었다.

서바이벌 인터내셔널을 비롯해 토착민의 권리를 증진하는 다른 국제 조직들은 시드니를 해고한 일을 브라질 토착민들의 비극으로 표현했다. 그들은 시드니가 자신의 생각을 말했다는 이유로 해고되었고, 그가 한 말은 전혀 틀리지 않았다고 주장했다. 시드니가 고립된 인디언 부서를 이끌지 않는다면, 비접촉 정책은 없어질지도 모르고 목장주들과 벌목업자들은 시드니가 그토록 지키고자 애썼던 보호구역을 제멋대로 베어 젖힐 수도 있다고 걱정했다.

토착민 노동자센터라는 자선단체의 관리 책임자인 길베르토 아잔하는 시드니가 해임되었을 당시 《크리스천 사이언스 모니터》의 기자에게 이렇게 말했다.

"포수엘로에게 일을 인수받아서 유사한 일을 할 수 있는 사람들은 있지만 포수엘로만큼 일을 잘하지는 못할 겁니다. 그의 능력을 따를 사람은 아무도 없어요."•

•Andrew Downie, "Champion for Brazil's Indigenous Gets Fired", *Christian Science Monitor*, January 26, 2006.

2005년에 고립된 인디언을 찾는 탐사대의 리더를 맡은 올란도 포수엘로(앞줄 가운데).
이 탐사 여행에 혼도니아의 마사코 토착민 보호구역에 사는 인디언들이 동참했다.
고립된 인디언이 파놓은 독특한 구덩이 앞에서 사진 촬영을 한 일행.

14장

새로운 시작

THE LAST OF THE TRIBE

여러 사회사업을 총괄하는 푸나이 본부는 외관상 경외감 같은 것을 불러일으키지 않는다. 본부 건물 자체가 자금난에 허덕이는 구역에 있는 도시 학교처럼 보인다. 로비 안에 있는 엘리베이터는 늘 공기가 탁한데다 덜컹대기 일쑤다. 올라갈 때는 심하게 흔들리다가 부르르 떨고, 멈출 때는 내리려는 층과 완벽히 수평을 이루지 않은 채 몇 센티미터 밑으로 불안정하게 멈추는 것이 보통이다. 분류되지 않은 서류, 부서진 의자, 구식 컴퓨터……. 그곳에 있는 모든 것이 비명을 질러대며 관료주의적인 체제를 고발하는 듯하다.

이처럼 비능률적인 업무의 한 원인으로 푸나이의 지도부에 견인차 역할을 할 만큼 오랫동안 한자리에 붙어 있는 사람이 거의 없다는 사실을 들 수 있다. 푸나이는 설립된 뒤 보통 거의 1년에 한 번씩 회장이 바뀌었다. 이렇다 보니 현장에서 뛰는 직원들은 브라질리아에 있는 상사들을 마치 카드놀이에서 맹렬한 속도로 뒤섞여 그들에게 분배되는 카드쯤으로 여기게 되었다. 대부분 새로운 패를 돌릴 때마다 바뀌는 것은 없었지만, 이따금씩 운이 좋을 때도 있었다.

메르시오 고메스는 거의 3년 동안 푸나이를 이끌어왔다. 따라서 1984년에 군사 정부가 무너진 이후로 가장 오랜 기간 복무한 회장이라고 할 수 있다. 그러나 고메스는 시드니를 해고하면서 고립된 인디언 부서의 책임자들을 전면적으로 재정비하겠다고 했다. 고메스가 시드니의 후임으로 처음에 선택한 사람은 호세 카를로스 메이렐레스였다. 메이렐레스는 아크리 주의 푸나이 사업을 책임지고 있는 세르타니스타였다(아포에나 메이렐레스와는 아무 인척 관계도 아니었다). 그러나 메이렐레스는 그 일을 원하지 않았다. 그가 맡은 정글에서의 직책은 푸나이에서 가장 멀리 떨어진 직책들 중 하나였지만, 그 자리를 떠나 본부에서 책상이나 지키고 싶지는 않았다. 그래서 그는 그 제안을 거절했다. 대신 그 자리에 관심을 보일 것 같은 두 명의 세르타니스타를 추천했다.

추천 목록에 오른 이름 중 하나는 마르셀로 도스 산토스였다. 고메스는 마르셀로를 고용했다. 그 자리에 고용되는 것은 혼도니아의 인디언 보호주의자들에게 최고의 대우나 마찬가지였다.

다시 푸나이로

마르셀로의 활동에 대한 의회 조사가 시행된 지 6년 후, 푸나이의 모든 사람들에게 점점 더 분명해진 사실은 마르셀로가 정치적 모략의 희생양이었다는 것이다. 마르셀로의 일을 잘 아는 사람들은 혼도니아에 인디언들을 이주시켰다는 혐의가 터무니없는 것임을 처음부터 알았다. 그동안 많은 사람들이 마르셀로에게 불리한 증언을 했지만 이제 그들의 신용은 누구를 막론하고 회복할 수 없는 지경에 이르렀다.

2006년에 카를로스 안토니오 시케이라, 즉 상원 청문회에서 마르셀로에게 불리한 증언을 했던, 푸나이 소속의 인류학자는 공정한 사람으로 알려졌지만 땅에 대한 토착민의 권리에 이의를 제기하기 위해 목장주들이 돈을 주고 고용한 직원인 것으로 드러났다. 한때 시케이라가 푸나이에서 일한 인류학자인 것은 사실이었다. 그러나 시케이라가 마르셀로의 추적 기록을 '조사'했을 무렵, 그는 사실상 몇몇 농축업 지지 단체의 고문으로 고용된 상태였다. 더구나 2006년에 시케이라는 2000년과 2005년 사이에 마투그로수 주의 한 인디언 보호구역에서 1억 달러 이상의 단단한 재목을 불법으로 뽑아간 혐의로 고소된 벌채업자들과 목장주들, 사업가들로 구성된 열 명의 주도자들과 함께 투옥되었다. 그는 체포된 뒤 자신은 아무 죄도 짓지 않았다고 편지에 적어 한 지역 신문에 보냈다. 그러나 농축업 단체들에 고용되어 그들에게 돈을 받고 그들이 개발하기를 바라는 토착민 보호구역의 정당성에 이의를 제기하는 일을 했다는 사실은 인정했다.

청문회 이후로 마르셀로는 정글 밖의 생활에 익숙해지려고 노력했다. 마르셀로와 디비나는 고이아스에 집과 8094제곱미터의 토지를 구매했다. 혼도니아를 떠올리게 하는 유일한 물건은 그들의 거실에 걸려 있는, 정글 풍경이 그려진 그림 두 점이었다. 그 그림은 이제는 고인이 된 그의 아버지가 수년 전에 남비콰라 보호구역을 방문할 당시에 그린 것이었다.

마르셀로는 이웃들처럼 자신의 사유지에 마치 그것이 목장인 양 이름을 붙여 간판을 걸어놓았다. 그는 사유지를 '더 디비나'라고 불렀다. 그리고 목초지 조성을 위해 개간되었던 땅에 나무를 심었다.

퇴직자의 삶이 아무리 편해도 마르셀로의 성미에는 맞지 않았다. 마르셀로는 푸나이를 그만두고 얼마 후 사회환경연구소라는 비정부기구의 계약직을 받아들였다. 사회환경연구소는 마투그로수의 보호구역에 있는 부족들의 이권을 관리하는 기구였다. 그 계약직은 장기간 여행을 해야 했기 때문에 쉰 살의 마르셀로는 젊었을 때보다 훨씬 더 힘든 육체적 고초를 겪었다. 그는 수년 동안 정글을 누비면서 여러 차례 복통을 앓았다. 그런 병력 때문에 단 한 번의 탐사로 호리호리한 그의 체격에서 9킬로그램가량 체중이 줄 수도 있었다. 집을 나가서 수주 동안 떨어져 지내는 것도 디비나와의 결혼 생활에 부담을 주었다. 혼도니아에 수년씩 머물 때는 전혀 하지 않던 걱정이었다. 사회환경연구소의 계약직은 금세 마르셀로에게 감당하기 벅찬 일이 되었다. 마르셀로와 디비나는 여행이 힘들다는 데 의견을 모았고, 마르셀로는 계약 소멸일 3개월 전에 계약을 파기하기로 결정했다. 그러나 연구소 일을 그만두고 나서는 무엇을 해야 할지 확신이 서지 않았다.

마르셀로는 푸나이를 원망하지 않았다. 그러나 청문회가 열렸을 당시에 자신에게 욕을 했던 사람들을 향한 분노는 억눌러두었다. 그는 푸나이를 그만둔 뒤 멀리서 푸나이를 지켜보았고, 신문과 텔레비전을 통해 시드니와 메르시오 고메스의 불화 소식을 빠짐없이 들었다. 푸나이의 전설적인 인물인 시드니 포수엘로가 해고되었다는 소식을 들었을 때 마르셀로는 가장 먼저 이런 생각을 했다.

'세상에, 메르시오가 그런 일을 하다니 배짱이 두둑한 사람인가보군.'

마르셀로는 시드니의 일이 결국 자신에게 맡겨지리라는 생각은 하지 못했다. 그러나 푸나이가 마르셀로의 복귀를 대대적으로 환영했을 때, 마르셀로와 디비나는 복귀하는 편이 그들에게 좋을 것이라고 결정했다. 그 일이 현장직이 아니라 사무직이었으므로 여행을 많이 다닐 필요가 없을 터였다.

마르셀로는 푸나이의 제의를 받아들임으로써 하다 만 것처럼 생각되었던 일에 착수할 수 있는 기회도 얻었다. 그것은 당연히 과포레벨리의 고립된 인디언에 관련된 일이었다. 마르셀로는 2006년에 브라질리아로 이사하자마자 가장 먼저 고립된 인디언 문제에 달려들었다. 그는 정기적으로 다른 푸나이 직원들과 편지를 주고받았기 때문에 그 문제가 푸나이에서 까맣게 잊혀졌다는 사실을 알았다. 투니오가 화살을 맞은 사건이 일어난 뒤에 고립된 인디언은 사라져버렸다. 혼도니아에 있는 푸나이 직원들 대부분은 인디언이 개발 금지 구역에서 벗어나 길을 잃고 벌채업자들이 활개 치는 숲으로 들어간 것이 아닐까 걱정했다. 그렇다면 무장한 목장 일꾼들과 마주칠 위험이 있었다. 마르셀로가 푸나이에 너무 늦게 복귀한 것이 아니냐고 생각하는 사람들도 일부 있었다. 그들은 그 인디언이 이미 죽었을지도 모른다고 생각했다.

마르셀로는 브라질리아의 책상에 앉아 고립된 인디언을 위해 해줄 수 있는 일에는 한계가 있다는 생각을 했다. 정글에서 일하는 데 필요한 지식과 10년이 넘도록 마무리 짓지 못한 복잡한 일을 관리하기 위해 필요한 경험을 갖춘, 혼도니아 현장에서 뛸 사람이 필요했다.

재소집

알테어 알가예르는 혼도니아 숲 동쪽으로 3220킬로미터 떨어진 곳에 있는 미나스제라이스에 살고 있었다. 그는 논란이 많았던 해임 사건 이후로 고베르나도르 발라다레스라는 마을 인근에 주재하는 푸나이의 계약 직원으로 일해왔다. 그가 매일 하는 판에 박힌 일은 카노에 부족과 아쿤추 부족을 보살피고 고립된 인디언을 찾아다니며 수년 동안 했던 것과 생판 달랐다. 그런데 그의 상관들은 어떤 사람과도 금세 잘 지내는 알테어의 기이한 능력을 이용하는 법을 금방 터득했다. 알테어가 새로 책임을 맡은 지역에 있는, 현대 문명을 수용한 인디언들인 막사칼리 부족은 술 중독에 깊이 빠져 있었다. 그것은 흔한 일이었다. 인디언들은 선물에 넘어가 새로운 문화와 접촉하기 시작하다가 선물이 완전히 끊기면서 그들 자신이 어느 쪽에도 완벽하게 적응할 수 없는 두 세계 사이에 끼어 있는 처지임을 깨달았다. 그럴 때 중독은 쉬운 도피 수단이었다. 대부분의 지역 푸나이 사무실 벽에는 인디언들에게 술을 사주거나 그들을 술집에 태워다주는 행위를 엄금한다는 사실을 환기시키는 팸플릿이 붙어 있었다. 그러나 팸플릿이 너무 늦게 게시되었기 때문에 막사칼리에게는 아무 도움도 되지 못했다. 막사칼리는 종종 인근 마을로 들어가 그들의 요구를 들어주는 술집

주인들에게서 술을 샀다. 알테어가 왔을 무렵에 그 인디언들은 푸나이와 전혀 엮이고 싶어 하지 않았다.

이후 알테어는 푸나이와 부족 간의 거리감을 좁혔다. 그는 인내심을 갖고 편안한 마음으로 막사칼리와 약 3개월에 걸쳐 논의한 끝에, 푸나이 역사상 처음으로 인디언들 캠프에서 자고 가도 된다는 허락을 받은 푸나이 직원이 되었다. 알테어는 인디언들에게 설교를 하는 대신에 술을 마시는 것보다 더 건전하게 즐길 수 있는 것들이 많다고 이야기하려 했다. 그리고 막사칼리에게 술을 파는 업자들 중 몇몇을 설득해 그 인디언들을 표적으로 삼는 일이 없도록 했다. 알테어는 막사칼리의 술 중독을 치유해주지는 못했지만, 적어도 그들이 도움을 받을 수 있도록 마음을 열게 했다.

마르셀로가 고립된 인디언 부서의 새로운 소장이 되고 나서 가장 먼저 한 일은 알테어를 불러 그에게 환경 파수대의 대장 자리를 제안한 것이었다. 알테어로서는 쉽게 결정을 내릴 수가 없었다. 그의 두 딸은 너무 어려서 혼도니아에 대한 기억이 없었다. 부인 주사라는 고베르나도르 발라다레스에 인척이 있었고, 그들은 그곳에 좋은 친구들을 사귀어둔 상태였다. 그러나 알테어는 자신이 아주 좋아하는 일과 지역으로 돌아갈 수 있는 기회가 왔다는 생각에 쉽사리 마음을 접을 수가 없었다. 그는 마르셀로처럼 과포레밸리에 마치지 못한 일이 있다고 생각했다. 주사라는 혼도니아로 돌아가는 것이 알테어에게 큰 의미가 있는 일이라는 사실을 알았기 때문에 그의 결정을 지지했다.

알테어 가족은 빌헤나로 다시 이사했다. 알테어는 햇빛이 내리비치는 야외로 이어지는, 농장 가옥의 후문 현관에 과포레 환경 파수대의 새 본부를 세웠다. 그러고 나서 돌아온 뒤 2주일 안에 팀을 새로 꾸렸다. 아니, 엄밀히 말하자면 재소집이었다. 파울로 페레이라가 돌아왔고, 그는 사실상 알테어의 오른팔이 되었다. 그들은 수년 전에 탐사 여행에 동참했던 많은 계약 직원들에게 팀에 다시 합류하도록 설득했다. 브라질 동부 해안의 올린다에 살고 있는 빈센트 카렐리도 그 일에 다시 뛰어들었다. 그는 몇 년 동안 마을 비영리단체의 프로젝트에서 그의 비디오 작업을 했다. 빈센트는 1996년부터 2000년까지 탐사 활동을 벌이면서 그가 예전에 찍은 비디오의 특정 장면을 모으기 시작했다. 그 장면으로 다큐멘터리를 만들어서 고립된 인디언이 직면한 위협에 대한 브라질 사람들의 인식을 높일 생각이었다.

알테어 팀이 새로운 탐사 활동을 벌이기에 앞서 원래의 팀에서 빠진 사람이 딱 한 명 있었다. 푸라 카노에였다. 알테어가 없는 사이 카노에 부족에게는 많은 일이 있었다. 물론 좋은 일만 있었던 것은 아니었다. 푸라의 어머니 타투아와 그녀의 손자인 어린 오페라가 2002년에 심한 이질에 걸렸다. 그 뒤 그들은 회복하지 못하고 둘 다 죽고 말았다. 결국 그의 부족은 푸라와 그의 누이 티라만투만 남았다. 아쿤추 부족의 아가씨에게 구애하려 했던 푸라의 노력은 계속 그녀의 추장인 코니부의 방해를 받았다. 그러나 카노에 부족과 아쿤추 부족 간의 갈등이 누그러지면서 뜻밖의 결실을 맺었다. 티라만투가 아들을 낳았던 것이다. 아버지는 코니부였다. 아기는 카노에의 정식 부족민으로 양육되었다. 아기의 탄생으로 인해 카노에 부족이 한 세대 더 회생할 가능성이, 미약하긴 하지만 되살아났다.

알테어가 카노에 부족과 재회한 직후 푸라는 새로운 팀과 함께 탐사 활동을 하자는 알테어의 제안을 받아들였다. 이번 탐사는 구덩이 속의 인디언이 아직도 어딘가에서 악조건을 무릅쓰고 생존해 있는지, 아니면 아무 목격자도 없이 죽어서 조용한 것인지를 확인하기 위한 것이었다.

알테어 팀이 10년 전에 처음 결성되었을 때, 그들에게는 많은 일이 있었다. 싸움에서 지고, 평판이 깎이고, 가족이 이사를 가고, 희망이 산산이 부서졌다. 그러나 어느새 예전의 일은 없었던 일이 되어버렸다. 2006년에 알테어는 그와 마르셀로가 1996년에 맹렬한 열의를 가지고 맞닥뜨렸던 것과 놀랄 만큼 비슷한 과제를 앞에 두고 있었다. 알테어는 살아 있을지도 모르고 그렇지 않을 수도 있는, 한 남자의 존재를 증명해야 했다. 그리고 만일 그 일이 성공한다면 점점 줄어드는 그 남자의 주거지가 파괴되지 않도록 보호해야 했다.

고립된 인디언은 투니오가 화살을 맞은 뒤로 보이지 않았다. 올란도의 마지막 탐사 결과에 비추어볼 때, 만일 그 인디언이 아직도 살아 있다면 아마 개발이 일시적으로 금지된 지역에서 나와 헤매고 있을 터였다. 설사 인디언이 한곳에 머물러 있다고 해도 개발 금지 조치는 소멸된 상태였다. 알테어 팀이 살아 있는 그를 발견한다면 행운일 터였다. 아무튼 2006년 9월 알테어 팀은 살아 있는 인디언을 찾기 위해 3일간의 도보 여행을 떠났다.

그들은 올란도 팀이 마지막으로 고립된 인디언을 보았던 숲 속을 걸었다. 이윽고 알테어는 타나루 강 근처에서 대략 어깨 높이의 작은 나뭇가지가 연이어 부러져 있는 것을 발견했다. 부러진 나뭇가지 끝에 매달린 잎은 여전히 초록색이었다. 그리고 가까이에 있는 두 개의 나무줄기에 난, 유액을 채취하려고 칼로 그은 상처는 오래되지 않은 것이었다. 잠시 후 알테어는 약 5개월 전에 지어진 움막을 발견했다.

알테어는 당장 빌헤나로 돌아가서 마르셀로에게 전화하고 싶었다. 그는 친구가 이 소식을 들으면 얼마나 기뻐할까 하는 생각에 마냥 설레다가 상황이 10년 전과 똑같지 않다는 사실을 문득 깨달았다. 어쩌면 더 나아졌는지도 몰랐다. 어쨌든 과포레 환경 파수대는 적어도 10년 동안 혼자 지내며 거의 끊임없는 위협으로부터 도피 생활을 했던 한 남자를 마침내 장기간 보호할 수 있는 기회를 얻어냈다. 끊임없이 갱신해야 하고 지주들에게 쉽게 무시당하는, 일시적인 벌채 금지 조치 이상의 확실한 대책을 마련하려는 그들의 노력은 그 전까지만 해도 항상 푸나이 본부 내부에서 발목을 잡히곤 했다. 그러나 이제 마르셀로는 어떤 제안이든 브라질리아의 미로와도 같은 관료적 수순을 잘 통과시킬 수 있는 완벽한 위치에 있었다. 알테어는 현장에서 뛰고 마르셀로는 사무실에 머물면서 서로 협력하며 고립된 인디언을 위해 싸울 수 있었다.

만일 고립된 인디언이 건강하게 살아 있다는 사실을 더욱 확실히 입증할 수 있다면, 마르셀로는 브라질리아에서 푸나이의 모든 자원을 인디언을 보호하는 일에 투입하는 데 전력을 쏟을 수 있을 터였다. 주변 상황은 완벽했다. 마치 몇 년 동안 불운을 겪다가 운수가 대통한 기분이었다.

그러나 푸나이 내부의 상황이 급속히 바뀔 수도 있다는 것을 고려하면 민첩하게 움직여야 했다. 그럼으로써 전 세계적으로 한 사람만을 위한 토착민 보호구역을 만들 수 있는 가장 좋은 기회이자 어쩌면 마지막이 될지도 모르는 이 기회를 잘 이용해야 했다.

혼자 죽을 권리

마르셀로가 지난 10년간의 서류를 수집하는 동안 알테어 팀은 정글에서 새로운 증거를 수집했다. 그들은 움막과 함정, 발자국과 옥수수 등을 발견했다. 고립된 인디언은 신선한 물과 먹을 수 있는 풍부한 견과와 과일이 가까이 있는 좁은 개간지에 살고 있었다. 도끼로 나무를 깊이 찍어 넘어뜨릴 수 있을 정도로 건강이 좋은 것 같았다. 그 도끼는 5, 6년 전에 인디언이 알테어에게서 받은 선물들 중 하나인 듯했다.

푸나이가 이전에 행한 일시적인 금지 조치는 52제곱킬로미터가 조금 넘는 지역에 적용되었다. 하지만 그 지역의 반 정도는 모델로 목장 주인인 달라피니 형제의 소행으로 대부분 삼림이 파괴되어 있었다. 마르셀로와 알테어는 지도를 펼치고 최근에 발견된 인디언의 움막들이 있었던 지점을 표시해보았다. 인디언의 현재 주거지는 수많은 사유지와 경계를 이룬, 약간 더 넓은 숲 지대 안에 있는 것 같았다.

2006년 10월 마르셀로와 알테어는 푸나이 회장 메르시오 고메스를 찾아갔다. 80제곱킬로미터의 타나루 토착민 보호구역 조성을 정식으로 제안하기 위해서였다. 타나루라는 이름은 그곳을 관통해 흐르는 강 이름을 딴 것이었다. 그들은 만일 타나루 토착민 보호구역이 승인되면, 과포레 환경 파수대가 그 구역의 경계에 캠프를 세우고 고립된 인디언이 건강하게 잘 살고 있는지 확인하기 위해 한 달에 한 번 탐사 활동을 벌이자고 제안했다. 그러면서 고립된 인디언이 자발적으로 접촉을 시도하지 않으면 어떤 상황에서도 그 인디언과 직접적인 접촉을 하지 않을 것이라고 덧붙였다. 타나루 토착민 보호구역은 인디언의 땅을 보호하는 것은 물론이고, 그에게 평화를 준다는 조건이 보장되지 않으면 아무 의미가 없을 터였다.

브라질리아의 푸나이 지도부 입장에서는 그들의 제안에 대해 오랫동안 논의할 필요가 없었다. 시드니가 고립된 인디언 문제에 특별한 관심을 기울이다 해고되긴 했지만, 마르셀로는 그 상황을 더 잘 알고 있었기 때문에 고립된 인디언이 위험에 처해 있고 보호받을 필요가 있다는 주장을 더 설득력 있게 제시했던 것이다. 푸나이 내부에 파다한, 투니오를 화살로 쏜 사건 역시 그 문제를 도드라지게 했다. 마르셀로가 고립된 인디언의 문제가 가장 시급한 과제라고 했을 때 반발하는 사람은 아무도 없었다. 유일한 문제는 고립된 인디언이 푸나이가 법적으로 보호할 수 있는 하나의 '부족'을 대표하는가였다. 푸나이의 법무 담당자는 그 문제를 검토한 후 2006년에 다음과 같은 내용의 의견을 발표했다.

"단 한 명의 개인이라도 그가 그의 문화와 부족의 유일한 생존자이고, 그의 관습과 전통이 여타의 민족 집단과 다르다면 하나의 '부족'으로 여길 수 있다."

푸나이의 토지 관련 담당자는 인디언을 희생시켜 땅을 개방해 개발하려는 유혹에 빠지지 않도록 지역 목장주들을 위한 설명회를 준비했다.

그는 그 자리에서 이렇게 못 박았다.

"토지는 연방정부의 재산인 만큼 인디언은 죽는 날까지 그 상태로 있어야 합니다. 인디언이 사망할 경우에도 그 지역은 계속 정부의 재산이 될 것입니다."

마르셀로가 재촉한 덕택에 새로운 토착민 보호구역 선언에 대한 관료적인 절차가 1년이나 그 이상 지연되는 일은 피할 수 있었다. 알테어가 요청을 하고 한 달도 안 되어, 2007년 1월에 브라질 정부가 토착민 보호구역을 공식화했다. 타나루 토착민 보호구역의 경계가 정해진 것이었다.

10년 이상의 노력 끝에 타나루 토착민 보호구역 설정은 아주 빠르게 진척되었다. 토착민 보호구역은 몇 년이 지나면 재검토될 터였다. 그러나 마르셀로와 알테어는 그들이 제대로 만나본 적이 없는 한 인디언 남자를 위한 보호구역 설정에 마침내 성공했다.

갑작스럽게 일이 성사되다 보니 허무감마저 들었다. 그러나 그것은 적절한 조치였고, 승리를 쟁취한 것이었다. 하지만 고립된 인디언이 얻은 것은 과연 무엇일까? 물론 고립된 인디언은 보호를 받을 수 있게 되었다. 그러나 그에게 아무리 많은 땅을 보호구역으로 지정해준다고 한들 그의 나머지 부족민들을 되찾을 수는 없었다. 마르셀로와 알테어가 할 수 있는 것이라고는 마르셀로가 수년 전에 인지했던 권리, 즉 스스로 죽을 권리를 존중하는 것뿐이었다.

마르셀로와 알테어는 고립된 인디언이 80제곱킬로미터의 지역 안에 머무는 한 안전할 것이라고 믿었다. 그들로서는 인디언을 내쫓는 행위를 못하도록 하겠다고 결의하는 것이 전부였다.

서울과 도쿄 같은 도시에서는 100만 명 정도의 사람들이 보통 80제곱킬로미터의 땅을 차지하고 있다. 맨해튼과 그 주변 지역에서는, 똑같은 면적에 약 250만 명의 사람들이 살고 있다.[*] 만일 80제곱킬로미터의 땅에 홍콩에서 가장 붐비는 지역과 같은 밀도로 인구가 분포되어 있다면, 약 601만 명의 사람들이 살고 있을 것이다.

그런데 타나루 토착민 보호구역에는 단 한 명만이 살고 있다.

● 인구수에 대한 비교는 일리노이 주 벨빌의 부동산 제조업체인 웬델콕스컨설팅(demographia.com)이 최근에 수집한 보고서 "Population Density: Selected International Urban Areas and Components"를 참고한 것이다.

타나루 토착민 보호구역에 걸린, 관계자 외 출입 금지를 알리는 표지판.

I5장

단 한명뿐인 부족

THE LAST OF THE TRIBE

        2008년 5월 29일 푸나이는 브라질과 페루의 국경 지대 근처에 있는 아크리 주에서 고립된 인디언 부족을 찍은 항공 사진 몇 장을 공개했다. 사진은 카를로스 메이렐레스가 찍은 것이었다. 카를로스 메이렐레스는 마르셀로가 맡은 일을 2년 전에 거절했던 세르타니스타였다. 사진에는 선홍색 물감을 칠한 인디언들이 움막 밖에 서서 활과 화살로 메이렐레스가 타고 있는 비행기를 겨누는 모습이 담겨 있었다. 푸나이가 그 사진과 보도자료를 브라질의 언론 매체와 여러 국제 비정부기구에 배포한 후, 런던에 본부를 둔 소수종족 보호 단체인 서바이벌 인터내셔널은 그 사진을 자체적으로 작성한 보도자료와 함께 전 세계의 언론에 배포했다.●

● "Uncontacted Tribe Photographed Near Brazil-Peru Border", Survival International news release, www.survival-international.org, May 28, 2008.

그 사진이 찍힐 당시 페루 정부에서는 브라질과 인접한 국경 지대 인근까지 석유 탐사와 벌채 구역을 확장할 것인가를 논의하고 있었다. 몇몇 사람들은 그럴 경우 그 근처에 살고 있는 것으로 알려진 고립된 인디언 부족들의 생명이 위태로워질 것이라고 주장했다. 그러나 페루의 대통령 알란 가르시아를 비롯한 몇몇 사람들은 그 부족들의 존재 자체를 의심했다.

그때 에너지 회사에 시굴권을 분배해주는 일을 하는 페루 국영 석유 회사인 페루페트로의 법률 담당관인 세실리아 키로스는 이렇게 말했다.

"마치 네스 호 괴물● 이야기를 하는 것 같군요. 다들 접촉이 되지 않는 부족에 대해 보았거나 들은 것처럼 말하지만, 실상 아무 증거가 없습니다."●

메이렐레스는 그들에게 증거를 보여주기로 결심했다.● 그는 아크리의 고립된 부족들을 책임지고 있는 푸나이 직원으로서 국경 지대 근처에 살고 있는 네 개의 다른 부족을 목록으로 작성해두었다. 그 부족들의 땅은 이미 개발이 금지되어 있었다. 그러나 그 보호구역이 너무 외지고 접근하기가 아주 어려워서, 메이렐레스조차 부족들이 정확히 그 구역 안의 어느 지점에 살고 있는지 잘 알지 못했다.

● 네스 호 괴물(Loch Ness monster) 영국 스코틀랜드 지방에 있는 좁고 긴 네스 호수에 산다고 여겨지는 공룡처럼 생긴 괴물. ―옮긴이

● The quote comes from my article, "In Amazonia, Defending Hidden Tribes", *Washington Post*, July 8, 2007.

● Gabriel/Elizondo, "Finding Brazil's Isolated Tribes", Al-Jazeera.net, June 2008 참고.

메이렐레스는 세스나 비행기를 사흘 동안 빌려 그 지역 상공을 날면서, 맨 먼저 연이어진 더 넓은 숲 지대 안에 표시되어 있지 않은 보호구역의 경계를 찾았다. 그런 다음 그 지역 내에서 이루어지는 부족 활동의 흔적을 찾아보았다. 상공을 비행한 지 사흘째 되는 날에 초가 움막이 모여 있는 작은 마을이 보였다. 메이렐레스의 비행기를 본 인디언들은 하늘을 향해 활시위를 당겼다. 충분히 이해할 수 있는 반응이었다. 정글 내에서도 그 지역의 상공에는 비행기가 거의 날지 않기 때문이었다. 메이렐레스는 그 인디언들이 전에 비행기를 한 번도 본 적이 없을 수도 있다고 말했다.

"우리가 그 지역의 상공을 비행한 것은 인디언들의 집과 함께 그들이 그곳에 존재한다는 것을 보여주기 위해서입니다. 이것은 매우 중요합니다. 인디언들의 존재를 의심하는 사람들이 일부 있기 때문이지요."

서바이벌 인터내셔널 보도자료를 보면 메이렐레스가 이렇게 말한 것으로 나와 있었다.

아무튼 메이렐레스가 찍은 사진들은 하룻밤 사이에 전 세계에 방송되었다. 전 세계의 신문사들은 '아마존의 잃어버린 부족'이란 제목의 사진들을 실었고, 시청률이 높은 전 세계의 텔레비전 뉴스 프로그램들이 그 사진들을 방송했다. 그러나 대부분의 언론 매체들은 1910년 이후에 브라질 정부에 그 존재가 알려진 아크리 주의 인디언 부족에 대해서는 거의 다루지 않았다. 그런데다 '고립된' 부족이나 '접촉이 되지 않는' 부족, 즉 외부인들과 접촉을 계속하지 않는 부족이라는 개념을 전에 한 번도 목격되지 않은, 또는 '발견되지 않은' 부족과 혼동

해서 다루는 경우가 많았다.

　메이렐레스는 가장 가까운 작은 마을에서 배로 일곱 시간 걸리는 푸나이 소속의 캠프에서 생활했다. 그와 인터뷰를 하려면 약 한 달이나 걸렸다. 알자지라 방송이 아크리로 와서 그와 자리를 함께했다. 그때 메이렐레스가 기자에게 말한 내용은 대부분 보도자료를 통해 이미 알려져 있었다. 그와 다른 토착민 보호주의자들이 수년 동안 그 부족의 존재에 대해 알고 있었다는 사실도 마찬가지였다.

　그 인터뷰 내용이 보도된 후 런던의 《옵서버》지는 '그것은 잃어버린 부족의 비밀이 아니었다'라는 표제가 붙은 기사를 실었다. 《옵서버》는 알자지라의 보도를 출처로 삼아 메이렐레스가 그 부족의 존재가 이미 알려진 것임을 '인정했다'는 사실을 폭로하듯 기술했다. 그러면서 서바이벌 인터내셔널이 똑같은 사실을 '인정했다'고 덧붙였다.•

　국제 뉴스통신사, 텔레비전 방송국, 신문사는 추가 보도를 하지 않고 《옵서버》의 전제에 동조했고, 일부 언론은 한 걸음 더 나아갔다. AP통신사는 메이렐레스의 사진이 부분적으로 조작되었다는 《옵서버》의 암시를 담은 내용을 보도했다. 중국의 국영 통신사인 신화사는 '잃어버린 아마존 부족의 사진은 가짜'라는 표제를 단 자체 기사를 배포했다.• 드러지 리포트('새로운 아마존 부족은 조작')에서 허핑턴 포스트('조작 : 그것은 잃어버린 아마존 부족이 아니었다')에 이르기까지 수많은

- Peter Beaumont, "Secret of the 'Lost' Tribe That Wasn't", the *Observer*, June 22, 2008.
- "Photos of Lost Amazon Tribe Are Fakes", Xinhuanet (http://news.xinhuanet.com), June 24, 2008.

인터넷 저널이 메이렐레스의 진실성을 의심했으며, 결과적으로 그가 바로잡으려 했던 오해는 더욱더 깊어졌다.

그로부터 한 달 뒤에 《옵서버》가 지면상으로 사과를 했다. 당시 《옵서버》의 옴부즈맨은 이 사건에서 《옵서버》는 정확하지 않거나 오해를 불러일으키는, 또는 왜곡된 정보를 보도하지 않아야 한다는 "본연의 임무에 실패했다"고 적었다. 그 무렵 조작이라는 견해는 이미 널리 방송된 상태였고, 그 한 달 전에 '바로잡은' 사실을 분명히 밝히기 위해 세 번째로 그 문제에 대해 다루는 언론 매체는 거의 없었다.

메이렐레스와 브라질의 몇몇 세르타니스타는 숲에 그들 자신의 상상의 산물을 심어놓았다는, 익숙할 대로 익숙한 비난으로 수세에 몰린 나머지 바짝 움츠러들어 있었다.

보호구역

《옵서버》가 푸나이를 의심하는 기사를 처음 내보낸 지 2주 후 논란이 한창 일고 있을 때, 오데어 플라우지노는 빌헤나 시내에 있는 그의 사무실 책상에 앉아 있었다. 플라우지노는 그 기사를 브라질 지주들에 대항하는, 그가 '녹색 마피아'라고 이름 붙인 세력의 또 다른 음모의 사례로 여기며 대수롭지 않게 생각했다.

"푸나이가 하는 일이 늘 그렇지."

플라우지노는 그것이 푸나이의 상투적 수법이라고 생각했다. 그는 이렇게 말했다.

"다른 나라에서는 재산권을 존중합니다. 그러나 이 나라에는 재산권 존중이라는 게 없습니다. 재산권은 이곳에서는 중요하지가 않습니다. 인디언의 인권이 우선시되지요. 그다음은 인디언의 사회적 권리고요. 재산권보다 그런 것들이 중시됩니다."

다른 한편에서는 호라이마 주에 현존하는 하포자 세하 도 솔 인디언 보호구역의 경계에 대한 대규모의 법정 싸움이 구체화되고 있었다.• 마르셀로를 표적으로 한 의회 조사를 주도한 전 광산업자이자 국회의원인 안토니오 페이자오 같은 반대자들의 저항을 받아온 지 수년 만에 브라질 대법원은 하포자 세하 도 솔 인디언 보호구역의 경계를 변경해 목장, 채굴 및 그 밖의 상업적인 계획의 허가를 결정하는 판결을 내릴 것이라고 발표했다. 보호구역을 비난하는 사람들은 농부들이 그 구역의 경계가 정해지기 전에 그 안의 토지를 소유하고 있었기 때문에 토지를 개발할 합법적인 권리가 있다고 주장했다. 만일 대법원이 그들의 손을 들어준다면, 그것은 선례로 남을 터였다. 고립된 인디언의 타나루 보호구역을 비롯해 법원에 계류 중인 브라질의 토착민 보호구역 100곳 이상이 그와 비슷한 문제에 맞닥뜨리면 타격을 입을 터였다.

정글에서 수년에 걸쳐 탐험을 하며 토착민 보호구역을 지켜온 모든 세르타니스타들은 불안한 마음으로 판결을 기다렸다.

재판관들은 평결을 미루고 더 조사를 한 뒤, 마침내 2008년 12월에

• Adriana Brasileiro, "Brazil Supreme Court Rejects Challenge to Indian Land", Bloomberg News, December 10, 2008.

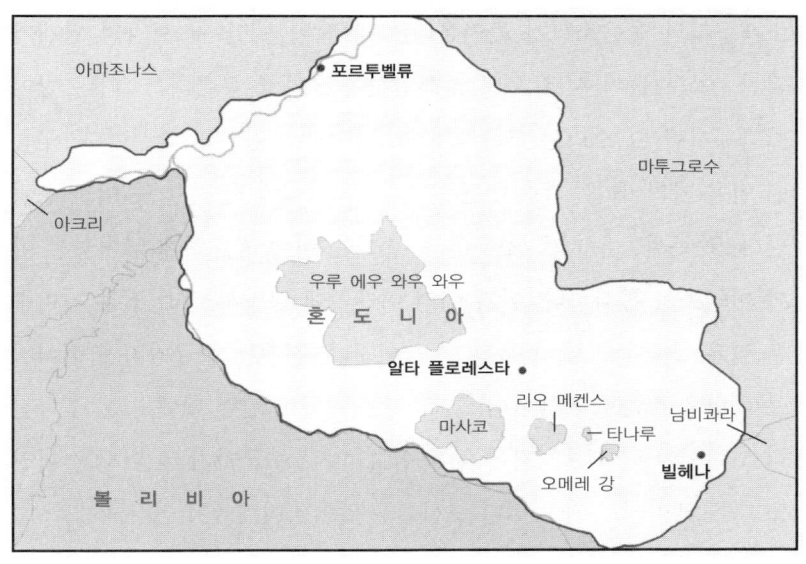

현존하는 보호구역의 경계를 유지하는 안을 지지하는 판결을 내렸다.

재판관들 중 한 명인 카를로스 아이레스 브리토가 말했다.

"이 판결로 우리 브라질은 역사의 거울에 비친 스스로의 모습을 보고 수치심에 얼굴을 붉히지 않아도 될 것이다."

그는 달아나지 않았다

푸나이의 타나루 캠프에 밤이 찾아오면 달은 흐릿한 은빛을 나뭇잎에 내리비친다. 나뭇잎들은 마치 얇은 포일에 싸서 납작하게 눌러놓은 것처럼 반짝반짝 빛을 낸다. 캠프 옆에 있는 개울에서는 이따금씩 황

소개구리의 울음소리가 들려온다. 보름달이 뜨면 낫 모양의 날개가 달린 쏙독새들이 서로 부르고 화답하듯 노래를 부른다. 그러나 밤이 이슥해지면 그 소리는 조용해지고 남는 것은 깊은 적막뿐이다. 구름이 달을 가려버리는 우기에는 움막 지붕 아래에 숨 막힐 듯 어둠이 깔린다. 쏙독새들은 더욱 조용하다. 습기는 아주 정교하게 엮어놓은 야자 이엉조차 통과한다. 야자 이엉 아래쪽에 나란히 걸려 있는 거미줄은 작은 물방울이 맺혀 점점 더 늘어진다. 시간은 불규칙하게 떨어지는 물방울 소리로 가늠된다. 칠흑 같은 어둠이 깔린 탓에 자신이 완전히 고립되어 있다는 생각이 들기 쉽고, 다른 누군가가 몇 미터 떨어진 또 다른 해먹에서 자고 있다는 사실을 잊어버리기 십상이다.

움막에는 벽은 없고 지붕만 있다. 지붕은 2005년에 올란도 포수엘로가 잘라서 세운 나무 지지대 위에 얹혀 있다. 현재 올란도 포수엘로는 '인스티투토 브라질레이로 인디게니스타'라는 비영리 시민단체의 공동 소장으로 아버지와 함께 일하고 있다. 보호구역 지정에 관여했던 다른 많은 사람들은 움막을 지을 때 협력을 요청할 수 있다. 움막은 보잘것없고 위험하다. 방향이 바뀌기 쉬운 바람에 약하다. 그러나 관련된 모든 사람들에게 움막은 단순히 나무와 이엉을 조립해 아담하게 만든 조형물 이상의 훨씬 더 큰 의미를 지닌다. 각각의 움막에는 자부심이 녹아 있다. 그들은 정기적으로 과포레 환경 파수대를 방문해서 움막이 아직 온전히, 그리고 상징적인 의미로 잘 서 있는지를 확인한다.

마르셀로는 복통이 재발하는 바람에 2007년 푸나이를 은퇴하고 디비나와 함께 고이아스에 있는 집으로 돌아왔다. 퇴임한 지 몇 달 후에 마르셀로의 건강은 다시 좋아졌고, 그는 자신이 체질적으로 유유자적한 생활이 맞지 않다는 사실을 다시금 깨달았다. 마르셀로는 다시 한 번 푸나이에 전화를 걸어 푸나이에서 필요로 하는 만큼 계약직으로 일하겠다고 말했다.

마르셀로를 비롯해 혼도니아의 고립된 인디언의 근황을 확인하고 싶은 사람은 누구든지 고립된 인디언의 보호구역을 지켜보는 책무를 맡고 있는 알테어 알가에르에게 연락해야 한다. 빈센트는 올린다에 있는 집에서 마르셀로와 알테어와 정기적으로 연락하고 있다. 그는 2009년에 상파울루의 한 영화제에서 '콜롬비아라'라는 제목의 영화를 상영했다. 그 다큐멘터리는 과포레 파수대가 탐사 활동을 하면서 찍은 특정장면을 보여줌으로써 구덩이 속의 인디언을 비롯, 혼도니아의 인디언들에게 가해지는 끊임없는 위협을 강조했다.

알테어와 과포레 파수대의 새로운 대원들은 한 달에 한 번가량 캠프에서 잠을 자고 낮에 숲으로 걸어 들어간다. 고립된 인디언이 타나루 토착민 보호구역에서 아직도 건재하다는 것을 나타내는 증거를 찾기 위해서다. 알테어는 종종 오메레 캠프에 들러서 푸라 카노에를 데리고 간다. 푸라 카노에가 타나루 토착민 보호구역을 탐사할 기회를 놓치려 들지 않기 때문이다.

대법원이 호라이마의 보호구역 실행 가능성에 관한 결정을 검토하는 동안 푸라는 칼라 달린 셔츠의 단추를 채우고 청바지 지퍼를 올리고 발목까지 오는 카우보이 부츠를 신었다. 그런 다음 알테어의 도요타 자동차에 올라타고 타나루 캠프로 그와 함께 갔다. 그들과 두 명의 다른 직원은 푸나이 움막에서 그날 밤을 보낸 뒤 숲 속을 걸었다. 그

러다 푸나이 캠프에서 2킬로미터가량 떨어진 곳의 한 나무에서 꿀을
채취하기 위해 칼로 벤 흔적을 찾아냈다. 칼로 벤 자국에는 이미 균류
가 자라고 있었다. 칼자국은 최근에 생긴 것이 아니었다. 알테어는 발
자국이 있는지 땅을 자세히 살펴보았지만 하나도 찾을 수 없었다. 다
만 부러진 가지 몇 개만 찾아냈다. 알테어는 잠시 동안 부러진 가지를
따라 조용히 걸어갔고, 다른 일행들은 그의 뒤에서 따라왔다. 몇 분
동안 걸은 뒤에 알테어는 눈을 들었다. 전방 12미터가량 되는 지점에
고립된 인디언이 서 있는 것이 보였다.

인디언은 대원들에게 등을 돌린 채 서 있었고, 그들이 접근해오는
소리를 듣지 못한 상태였다. 알테어는 대원들을 돌아보며 입술에 손
가락을 갖다댔다. 그들은 인디언이 바람에 떨어진 과일을 줍는 모습
을 지켜보았다. 인디언은 허리를 숙여 과일 하나를 집어서 몇 입 베어
먹고 던져버린 다음, 다시 허리를 숙여 다른 과일을 집어들었다. 그런
식으로 각각의 과일을 몇 입 베어 먹은 다음, 두 발자국을 걸어가서
다른 과일을 집어들었다.

알테어는 상자에서 카메라를 꺼내어 사진을 몇 장 찍었다. 그러나
자동 초점 카메라의 초점이 계속 앞쪽의 식물에 맞춰졌다. 알테어는
초점을 더 뚜렷이 맞추려고 과일이 있는 개간지 주위를 걸어갔고, 그
때 인디언이 알테어를 보았다.

알테어는 카메라를 내려놓았다. 그들은 잠시 동안 서로를 마주보고
서 있었다. 인디언은 기저귀 모양의 천만 둘러 사타구니를 가리고 있
었다. 허리에 감긴 밧줄에는 칼이 매달려 있었다. 알테어는 끝은 알루
미늄으로 되어 있고 하단은 나무로 되어 있는 그 칼의 손잡이를 알아

보았다. 그것은 알테어가 고립된 인디언의 움막 밖에 두고 갔던 것과 똑같은 마체테였다. 그 사이에 7년이 넘는 세월이 흘렀다.

알테어와 인디언이 서로를 지켜보며 서 있을 때, 인디언이 몸을 돌려 푸라가 있는 것을 알아챘다. 푸라는 알테어가 개간지 주위를 걸어갈 때 여느 때처럼 조심스러워하며 뒤에 남아 있으려고 했다. 인디언은 푸라를 쳐다본 다음 다시 알테어를 보았다. 그는 달아나지 않았다. 인디언은 땅에 꽂아놓은 또 다른 마체테가 있는 지점으로 몇 발자국 걸어가더니 그것을 뽑아들었다. 그러고는 그들에게 등을 돌리고 걸어가버렸다.

대원들은 조용히 서서 인디언이 사라지는 것을 지켜보았다.

각자의 결론

그들은 따라가지 않고 그곳을 떠나기로 했다.

알테어는 GPS에 그 지점을 표시하고, 푸나이 움막으로 돌아가는 직선 코스를 지도에 그렸다. 그들은 그 길을 따라가다가 버려진 듯한 아주 작은 움막을 우연히 발견했다. 움막에서 약 90미터 떨어진 곳에 2주 내지 3주 전에 불에 타버린 작은 농장이 있었다. 그 개간지 안에는 아까 본 움막보다 더 크고 더 튼튼한 움막이 또 한 채 있었다. 알테어는 그 양식을 알아보았다. 고립된 인디언은 첫 번째 움막을 임시 주거지로 지어놓았고, 그곳에서 살면서 더 견고한 움막을 만든 것이었다. 버린 지 얼마 안 된 파파야 껍질이 움막 출입구 밖에 있었고, 바로 가까이에는 고기를 익히기 위한 불과 까맣게 탄 아르마딜로 껍질이 있었다.

과포레 파수대는 조금도 지체하지 않았다. 알테어는 고구마와 옥수수를 남겨놓았고, 대원들과 함께 캠프를 향해 걸어갔다. 고립된 인디언이 보호구역 경계 안에 살아 있다는 것을 확인했으니 이제 할 일을 다한 셈이었다.

이윽고 알테어와 푸라와 동행했던 두 명의 직원 중 한 명인 마리오 카나가 방금 겪은 경험에 뒤늦게 놀란 듯 고개를 내저으며 말했다.

"인디언이 바로 저기에 있었어요! 바로 우리 앞에 있었다고요!"

마리오 카나는 잠시 입을 다물더니 다시 말했다.

"우리가 인디언을 쫓아갔다면 잡았을지도 몰라요. 활이나 화살도 지니고 있지 않았으니까요."

알테어는 마리오 카나의 말이 낯설지 않게 들렸다. 그것은 그 길고 왜곡된 이야기에 관여한 적이 있는 모든 사람의 마음에 생겨난 의심에서 나온 말이었다. 결과가 어떻든 수수께끼를 푸는 것, 손을 내밀어서, 필요하다면 강제로 답을 움켜잡고 싶은 것은 뿌리칠 수 없는 충동이었다.

고립된 인디언을 추적하는 일에 적잖이 시간을 보낸 모든 사람들처럼, 알테어도 변경 지대가 사라져가는 세계에서 수수께끼를 그대로 남겨두는 것이 해결책 이상의 가치가 있을 것이라는 결론을 내렸다.

앞으로도 계속 신참들, 새로운 세대의 입법 의원들과 법 집행자들, 목장주들과 벌채업자들, 관료들과 현장 직원들이 등장할 것이다. 그리고 그들 모두 그 이야기에 푹 빠져들었다가 각각의 결론에 다다를 것이다. 모든 결정은 잠정적인 것이고, 모든 법령은 즉각 파기될 수도 있다.

고립된 인디언에 대한 논의는 아무도 확실히 알 수 없기 때문에 신비롭고, 그가 본질적인 인간으로 보이는 선택을 고집하는 한 결코 끝나지 않을 터였다. 결국 고립된 인디언은 살아남는 쪽을 택한 셈이었다.

감사의 글

이 책에 등장하는 많은 사람들의 도움이 없었다면 이 책은 세상에 나오지 못했을 것이다. 인터뷰에 아낌없이 시간을 내주고, 인내심을 갖고 질문에 답해준 모든 사람에게 감사한다.

특히 빈센트 카렐리에게 감사한다. 그는 그의 스튜디오와 편집하지 않은 방대한 양의 비디오테이프 보관소를 이용할 수 있게 해주었다. 많은 시간을 투자해서 본 테이프는 매우 귀중한 자료였다. 테이프 덕분에 탐사 활동에 대해 아주 상세히 묘사할 수 있었다. 인터뷰 자료만으로는 그렇게 하기 힘들었을 것이다.

나는 푸나이와 과포레 연락대(나중에 '과포레 환경 파수대'로 이름을 바꿈) 대원들이 준비한 현장 보고서 수십 건도 참고했다. 보고서를 통해 탐사 활동에 관한 더 많은 세부 내용을 얻을 수 있었다. 보고서에는 기본적인 길과 날씨는 물론이고, 탐사할 당시에 탐험가들이 했던 생각과 추측이 적혀 있었다.

이 책의 다른 내용들은 내가 직접 혼도니아의 마을과 숲을 방문해서 쓴 것이다. 당시 프레드 알베스가 없었다면 길을 잃고 헤맸을 것이다. 알베스는 내가 3년 동안 브라질 전역을 여행할 때 동행해주었으며, 이 책에 실린 많은 인터뷰를 준비하고 실행하는 일을 도와주었다.

이 책을 위해 인터뷰를 한 사람들 가운데 특히 다음 분들에게 감사의 말을 하고 싶다. 마르셀로 도스 산토스와 그의 부인 디비나, 알테어 알가예르와 그의 가족, 시드니와 올란도 포수엘로, 웰링턴 고메스 피게이레도, 파울로 페레이라, 아드리아노 소아레스 카마르고, 레지날도 아이크나, 모든 카노에 부족민들과 아쿤추 부족민들, 그중에서도 푸라 카노에, 라에르시오 노라 바셀라, 이네스 하그리브스, 뉴턴 판돌포, 프란시스코 마린호, 오데어 플라우지노, 자이메 바가톨리, 피오나 왓슨, 니콜라스 에플리, 그리고 안드레아 토나치의 식견과 협조에 감사한다.

내가 고립된 인디언에 대해 처음 들은 것은 2005년 시드니와 올란도 포수엘로를 만났을 때였다. 당시 나는 남미에서 《워싱턴포스트》의 남미 특파원으로 일하고 있었다. 그 이야기에 대한 나의 관심을 부채질한 신문사 편집자들의 지지에 감사한다. 특히 폴 베넷, 데이비드 호프먼, 제이슨 어크맨, 그리고 시드니 트렌트에게 감사한다. 나의 대리인 래리 와이스먼은 처음부터 이 책을 쓰도록 응원해주었다. 와이스먼의 열의와 의견에 영원히 고마워할 것이다. 에릭 이슨과 사만다 마틴에게도 감사한다. 에릭 이슨은 부에노스아이레스에서 첫 원고를 읽고 소중한 제안을 해주었다. 사만다 마틴의 예리한 편집 능력과 통찰력 깊은 제안으로 이 책이 훨씬 더 훌륭한 모습으로 나올 수 있었다. 교열자 윌리엄 D. 드레넌에게도 감사의 마음을 전한다. 그의 꼼꼼한

교열 덕택에 많은 실수를 줄일 수 있었다.

누구보다도 나의 아내 메이링 호프굿, 그리고 부모님과 형제들, 딸에게 마음 깊이 고마움을 전한다. 그들에 대한 고마움은 말로 표현할 수 없을 정도다.

옮긴이의 글

   소수 부족민 보호 단체인 서바이벌 인터내셔널에 의하면, 지구상에는 100개 이상의 원시 부족이 존재하고 이중 절반가량이 아마존 밀림에서 생활한다고 한다.

   아마존의 원시 부족은 외부와의 접촉 없이 사냥과 채집으로 먹을거리를 구하면서 살아가고 있다. 그런데 이들 부족의 수는 점점 줄고 있다. 그리고 그 구성원의 수도 눈에 띄게 줄어들어서 아쿤추와 카노에처럼 열 명도 안 되는 부족이 있는가 하면, 이 책에 나오는 '고립된 인디언'의 경우처럼 단 한 명만 남은 부족도 있다.

   아마존 원시 부족의 수가 이처럼 처참하게 줄어든 주요 원인은 인간들의 그칠 줄 모르는 탐욕에 있다. 아마존 역사를 살펴보면 인간의 탐욕만큼 극악무도한 것도 없다는 생각이 든다. 인간의 탐욕에서 비롯된 아마존에 대한 무차별적인 침탈의 역사는 16세기부터 시작되었다. 아마존은 브라질에 속한 부분만 따져도 그 면적이 500만 평방킬로미터가 넘는 광활한 열대우림 지대이다.

16세기 이전, 이 거대한 지역의 주인이던 원주민 부족들은 식민지 개척에 혈안이 된 유럽인들이 들어오면서 갖가지 질병과 노역에 시달리게 되었다. 특히 유럽인들에게서 전염된 감기, 홍역, 백일해 같은 병균은 원주민들에게는 치명적이었다. 면역력이 없기 때문이었다. 브라질 원주민의 경우, 1500년 포르투갈인들이 신대륙을 발견할 당시 그 수는 1000만 명에 달했다. 하지만 정복자들을 비롯한 외부인들의 가혹한 착취와 수탈, 그리고 각종 질병과 학살로 인해 현재는 그 수가 50만 명에서 60만 명 정도밖에 안 된다고 한다.

이 책에도 자세히 소개되어 있지만 광산업자, 벌목업자, 고무채취업자, 목장주, 농장주 등 탐욕에 눈먼 외부인들의 소행은 비열하면서도 악랄하다. 이들은 자신들의 사업에 방해가 된다고 여겨 원주민들의 삶의 터전인 밀림을 멋대로 유린한 것도 모자라 질병을 퍼뜨리거나 무기를 사용함으로써 원주민을 학살하는 만행을 저질러왔다.

이들의 만행은 은밀하면서도 무자비한 방법으로 자행되었다. 독이나 비소 같은 치명적인 물질이 든 설탕 부대를 숲에 놓아 부족 전체를 몰살시키는가 하면, 비행기에서 설탕 부대를 떨어뜨리고 부족민들이 모여들기를 기다렸다 폭격을 가하기도 했다. 최근에는 일단의 벌목업자들이 아마존 강 유역에서 아와 부족의 8세 여자아이를 나무에 묶은 채 불태워 죽이는 끔찍한 만행을 저지르기도 했는데, 원주민들을 그들의 터전인 밀림에서 쫓아내야 나무를 벨 수 있기 때문이라는 것이 그 이유였다.

흔히 아마존은 지구의 허파라고 한다. 전 세계의 산소 중 20~25퍼센트가 아마존에서 생산된다고 하니 그 중요성을 새삼 강조할 필요는 없을 듯하다. 그러나 아마존의 삼림은 해마다 한반도의 면적만큼 사라져가고 있다고 한다. 브라질 국립환경연구소(INPE)의 발표에 의하면, 2011년 10월에만 아마존의 삼림 파괴 면적이 385.56평방킬로미터인데, 이는 축구 경기장 5만 개 넓이에 해당된다. 국제 환경단체들은 앞으로 20년 내에 아마존 삼림의 40퍼센트가 사라질 것이라고 경고한 바 있다. 이에 브라질 정부는 2020년까지 삼림 파괴 면적을 80퍼센트 줄이겠다고 공언했지만, 실제로 그렇게 할지 미심쩍다. 그동안의 아마존 삼림 파괴는 브라질 정부의 암묵적인 용인하에 자행되어 왔기 때문이다. 더욱이 브라질 정부는 2000년대 들어 본격적으로 시작된 경제 성장세를 이어가도록 혼도니아 주를 비롯한 북동부 지역을 개발하겠다고 발표한 바 있다. 브라질 정부의 발표대로 수력 발전소와 송전 시설, 도로, 철도, 항만, 석유와 천연가스, 광산 개발 등이 이루어지면 아마존의 삼림 파괴는 더욱 가속화될 것이다.

지금도 브라질 아마존 지역에서는 외부인들이 밀림 깊숙한 곳까지 들어와서 농경지 개간과 목축 및 벌목 사업을 벌이고 있다. 그리하여 원주민 부족들의 삶을 위협하고 있는 실정이다.

그나마 이들에게 희망으로 작용하는 것은 '원주민 보호구역'이고, 원주민 보호를 위해 활동하는 마르셀로와 알테어 같은 사람들이다.

마르셀로와 알테어는 십 년이 넘은 세월 동안 고립된 채 밀림을 떠도는 한 인디언의 생명을 보호하기 위해 탐욕에 젖은 기업가와 정치가들에 맞서 싸웠다. 게다가 외부 세계와의 접촉을 필사적으로 거부하는 인디언과 갈등을 겪기도 했다. 이들은 또 원주민 보호구역마저

침범하여 갖가지 악행을 일삼는 외부인들을 고발하는 한편, 원주민 보호의 필요성을 전 세계 언론에 호소했다. 그리고 그 과정에서 직장을 잃고 살해 위협까지 받았다.

이들의 노력 덕분에 고립된 인디언을 위한 보호구역이 설정되었지만 단 한 명뿐인 부족을 찾아 밀림을 헤치며 험난한 여정을 감수하는 이들의 활동은 그야말로 감동적이다. 그러나 마르셀로와 알테어 같은 몇몇 사람들만으로 아마존의 원주민 부족과 이들의 삶의 터전인 밀림이 지켜질 수는 없다. 이제는 전 세계인이 나서지 않으면 안 된다. 물론 우리도 나서야 한다.

비행기를 보고 혼비백산하여 달아나거나 비행기를 향해 화살을 겨누는 아마존 원주민들에 대해 더 이상 흥미 차원의 관심만 기울여서는 안 된다. 아마존 원주민들의 비극은 곧 우리의 비극일 수 있기 때문이다. 이미 아마존의 삼림 파괴는 지구온난화를 불러 우리의 일상생활에까지 영향을 미치고 있다. 만약 우리가 아마존 문제를 방치한다면 머지않아 더 나쁜 결과가 우리의 목을 옥죌 것이다. 이 책《아마존 최후의 부족》은 바로 이런 사실을 시사하는데, 이는 브라질 원주민 부족의 하나인 야노마미의 추장이 2009년 10월 영국《뉴인터내셔널리스트》지와 인터뷰한 내용과도 상통한다.

야노마미는 지금 시들고 있소. 당신들의 탐욕과 개발과 바이러스가 우리를 죽이고 있소. 하지만 명심하시오. 우리의 죽음은 곧 자연이, 이 세상이 멸망한다는 뜻이오. 그 대가는 결국 당신들이 짊어져야 할 것이오.

우리는 이 경고를 가슴 깊이 새겨야 한다. 그렇지 않으면 아마존과 함께 공멸하게 될 것이다.

2012년 2월

정희성

아마존 최후의 부족

지은이 | 몬테 릴
옮긴이 | 정회성

초판 1쇄 발행일 2012년 2월 27일

발행인 | 김학원
경영인 | 이상용
편집주간 | 박지홍
기획 | 박세원
책임편집 | 최양순
디자인 | 김태형 유주현 구현석
마케팅 | 이한주 하석진 김창규 이선희
저자 · 독자 서비스 | 조다영 함주미(humanist@humanistbooks.com)
스캔 · 출력 | 이희수 com.
용지 | 화인페이퍼
인쇄 | 청아문화사
제본 | 정민제본

발행처 | 아카이브
출판등록 | 제313-2010-59호(2010년 2월 24일)
주소 | (121-869) 서울시 마포구 연남동 564-40
전화 | 02-335-4422 팩스 | 02-334-3427
홈페이지 | www.humanistbooks.com

• 아카이브는 (주)휴머니스트 출판그룹의 자회사입니다.

ⓒ 2012, 휴머니스트 · 아카이브

ISBN 978-89-5862-456-1 03300